INDONESIANO
VOCABOLARIO

PER STUDIO AUTODIDATTICO

ITALIANO-
INDONESIANO

Le parole più utili
Per ampliare il proprio lessico e affinare
le proprie abilità linguistiche

9000 parole

Vocabolario Italiano-Indonesiano per studio autodidattico - 9000 parole
Di Andrey Taranov

I vocabolari T&P Books si propongono come strumento di aiuto per apprendere, memorizzare e revisionare l'uso di termini stranieri. Il dizionario si divide in vari argomenti che includono la maggior parte delle attività quotidiane, tra cui affari, scienza, cultura, ecc.

Il processo di apprendimento delle parole attraverso i dizionari divisi in liste tematiche della collana T&P Books offre i seguenti vantaggi:

- Le fonti d'informazione correttamente raggruppate garantiscono un buon risultato nella memorizzazione delle parole
- La possibilità di memorizzare gruppi di parole con la stessa radice (piuttosto che memorizzarle separatamente)
- Piccoli gruppi di parole facilitano il processo di apprendimento per associazione, utile al potenziamento lessicale
- Il livello di conoscenza della lingua può essere valutato attraverso il numero di parole apprese

T&P Books Publishing
www.tpbooks.com

ISBN: 978-1-78616-499-5

Questo libro è disponibile anche in formato e-book.
Visitate il sito www.tpbooks.com o le principali librerie online.

VOCABOLARIO INDONESIANO
per studio autodidattico

I vocabolari T&P Books si propongono come strumento di aiuto per apprendere, memorizzare e revisionare l'uso di termini stranieri. Il vocabolario contiene oltre 9000 parole di uso comune ordinate per argomenti.

* Il vocabolario contiene le parole più comunemente usate
* È consigliato in aggiunta ad un corso di lingua
* Risponde alle esigenze degli studenti di lingue straniere sia essi principianti o di livello avanzato
* Pratico per un uso quotidiano, per gli esercizi di revisione e di autovalutazione
* Consente di valutare la conoscenza del proprio lessico

Caratteristiche specifiche del vocabolario:

* Le parole sono ordinate secondo il proprio significato e non alfabeticamente
* Le parole sono riportate in tre colonne diverse per facilitare il metodo di revisione e autovalutazione
* I gruppi di parole sono divisi in sottogruppi per facilitare il processo di apprendimento
* Il vocabolario offre una pratica e semplice trascrizione fonetica per ogni termine straniero

Il vocabolario contiene 256 argomenti tra cui:

Concetti di Base, Numeri, Colori, Mesi, Stagioni, Unità di Misura, Abbigliamento e Accessori, Cibo e Alimentazione, Ristorante, Membri della Famiglia, Parenti, Personalità, Sentimenti, Emozioni, Malattie, Città, Visita Turistica, Acquisti, Denaro, Casa, Ufficio, Lavoro d'Ufficio, Import-export, Marketing, Ricerca di un Lavoro, Sport, Istruzione, Computer, Internet, Utensili, Natura, Paesi, Nazionalità e altro ancora ...

INDICE

GUIDA ALLA PRONUNCIA

Lettera	Esempio indonesiano	Alfabeto fonetico T&P	Esempio italiano
Aa	zaman	[a]	macchia
Bb	besar	[b]	bianco
Cc	kecil, cepat	[ʧ]	cinque
Dd	dugaan	[d]	doccia
Ee	segera, mencium	[e], [ə]	meno, leggere
Ff	berfungsi	[f]	ferrovia
Gg	juga, lagi	[g]	guerriero
Hh	hanya, bahwa	[h]	[h] aspirate
Ii	izin, sebagai ganti	[i], [j]	vittoria, New York
Jj	setuju, ijin	[dʒ]	argilla
Kk	kemudian, tidak	[k], [']	cometa, occlusiva glottidale sorda
Ll	dilarang	[l]	saluto
Mm	melihat	[m]	mostra
Nn	berenang	[n], [ŋ]	notte, fango
Oo	toko roti	[o:]	coordinare
Pp	peribahasa	[p]	pieno
Qq	Aquarius	[k]	cometa
Rr	ratu, riang	[r]	[r] trillo (vibrante)
Ss	sendok, syarat	[s], [ʃ]	sapere, ruscello
Tt	tamu, adat	[t]	tattica
Uu	ambulans	[u]	prugno
Vv	renovasi	[v]	volare
Ww	pariwisata	[w]	week-end
Xx	boxer	[ks]	taxi
Yy	banyak, syarat	[j]	New York
Zz	zamrud	[z]	rosa

Combinazioni di lettere

aa	maaf	[aˀa]	a+occlusiva glottidale sorda
kh	khawatir	[h]	[h] aspirate
th	Gereja Lutheran	[t]	tattica
-k	tidak	[']	occlusiva glottidale sorda

ABBREVIAZIONI
usate nel vocabolario

Italiano. Abbreviazioni

agg	-	aggettivo
anim.	-	animato
avv	-	avverbio
cong	-	congiunzione
ecc.	-	eccetera
f	-	sostantivo femminile
f pl	-	femminile plurale
fem.	-	femminile
form.	-	formale
inanim.	-	inanimato
inform.	-	familiare
m	-	sostantivo maschile
m pl	-	maschile plurale
m, f	-	maschile, femminile
masc.	-	maschile
mil.	-	militare
pl	-	plurale
pron	-	pronome
qc	-	qualcosa
qn	-	qualcuno
sing.	-	singolare
v aus	-	verbo ausiliare
vi	-	verbo intransitivo
vi, vt	-	verbo intransitivo, transitivo
vr	-	verbo riflessivo
vt	-	verbo transitivo

CONCETTI DI BASE

Concetti di base. Parte 1

1. Pronomi

io	saya, aku	[saja], [aku]
tu	engkau, kamu	[eŋkau], [kamu]
egli, ella, esso, essa	beliau, dia, ia	[beliau], [dia], [ia]
noi	kami, kita	[kami], [kita]
voi	kalian	[kalian]
Lei	Anda	[anda]
Voi	Anda sekalian	[anda sekalian]
loro	mereka	[mereka]

2. Saluti. Convenevoli. Saluti di congedo

Salve!	Halo!	[halo!]
Buongiorno!	Halo!	[halo!]
Buongiorno! (la mattina)	Selamat pagi!	[slamat pagi!]
Buon pomeriggio!	Selamat siang!	[slamat siaŋ!]
Buonasera!	Selamat sore!	[slamat sore!]
salutare (vt)	menyapa	[mənjapa]
Ciao! Salve!	Hai!	[hey!]
saluto (m)	sambutan, salam	[sambutan], [salam]
salutare (vt)	menyambut	[mənjambut]
Come sta? Come stai?	Apa kabar?	[apa kabar?]
Che c'è di nuovo?	Apa yang baru?	[apa yaŋ baru?]
Arrivederci!	Selamat tinggal!	[slamat tiŋgal!],
	Selamat jalan!	[slamat dʒalan!]
Ciao!	Dadah!	[dadah!]
A presto!	Sampai bertemu lagi!	[sampaj bərtemu lagi!]
Addio! (inform.)	Sampai jumpa!	[sampaj dʒumpa!]
Addio! (form.)	Selamat tinggal!	[slamat tiŋgal!]
congedarsi (vr)	berpamitan	[berpamitan]
Ciao! (A presto!)	Sampai nanti!	[sampaj nanti!]
Grazie!	Terima kasih!	[tərima kasih!]
Grazie mille!	Terima kasih banyak!	[tərima kasih banjaʔ!]
Prego	Kembali! Sama-sama!	[kembali!], [sama-sama!]
Non c'è di che!	Kembali!	[kembali!]
Di niente	Kembali!	[kembali!]
Scusa! Scusi!	Maaf, ...	[maʔaf, ...]
scusare (vt)	memaafkan	[memaʔafkan]

scusarsi (vr)	meminta maaf	[meminta ma'af]
Chiedo scusa	Maafkan saya	[ma'afkan saja]
Mi perdoni!	Maaf!	[ma'af!]
perdonare (vt)	memaafkan	[mema'afkan]
Non fa niente	Tidak apa-apa!	[tida' apa-apa!]
per favore	tolong	[toloŋ]

Non dimentichi!	Jangan lupa!	[dʒ'aŋan lupa!]
Certamente!	Tentu!	[tentu!]
Certamente no!	Tentu tidak!	[tentu tida'!]
D'accordo!	Baiklah! Baik!	[bajklah!], [baj'!]
Basta!	Cukuplah!	[tʃukuplah!]

3. Come rivolgersi

Mi scusi!	Maaf, ...	[ma'af, ...]
signore	tuan	[tuan]
signora	nyonya	[nenja]
signorina	nona	[nona]
signore	nak	[na']
ragazzo	nak, bocah	[nak], [botʃah]
ragazza	nak	[na']

4. Numeri cardinali. Parte 1

zero (m)	nol	[nol]
uno	satu	[satu]
due	dua	[dua]
tre	tiga	[tiga]
quattro	empat	[empat]

cinque	lima	[lima]
sei	enam	[enam]
sette	tujuh	[tudʒ'uh]
otto	delapan	[delapan]
nove	sembilan	[sembilan]

dieci	sepuluh	[sepuluh]
undici	sebelas	[sebelas]
dodici	dua belas	[dua belas]
tredici	tiga belas	[tiga belas]
quattordici	empat belas	[empat belas]

quindici	lima belas	[lima belas]
sedici	enam belas	[enam belas]
diciassette	tujuh belas	[tudʒ'uh belas]
diciotto	delapan belas	[delapan belas]
diciannove	sembilan belas	[sembilan belas]

venti	dua puluh	[dua puluh]
ventuno	dua puluh satu	[dua puluh satu]
ventidue	dua puluh dua	[dua puluh dua]

ventitre	dua puluh tiga	[dua puluh tiga]
trenta	tiga puluh	[tiga puluh]
trentuno	tiga puluh satu	[tiga puluh satu]
trentadue	tiga puluh dua	[tiga puluh dua]
trentatre	tiga puluh tiga	[tiga puluh tiga]

quaranta	empat puluh	[empat puluh]
quarantuno	empat puluh satu	[empat puluh satu]
quarantadue	empat puluh dua	[empat puluh dua]
quarantatre	empat puluh tiga	[empat puluh tiga]

cinquanta	lima puluh	[lima puluh]
cinquantuno	lima puluh satu	[lima puluh satu]
cinquantadue	lima puluh dua	[lima puluh dua]
cinquantatre	lima puluh tiga	[lima puluh tiga]

sessanta	enam puluh	[enam puluh]
sessantuno	enam puluh satu	[enam puluh satu]
sessantadue	enam puluh dua	[enam puluh dua]
sessantatre	enam puluh tiga	[enam puluh tiga]

settanta	tujuh puluh	[tudʒuh puluh]
settantuno	tujuh puluh satu	[tudʒuh puluh satu]
settantadue	tujuh puluh dua	[tudʒuh puluh dua]
settantatre	tujuh puluh tiga	[tudʒuh puluh tiga]

ottanta	delapan puluh	[delapan puluh]
ottantuno	delapan puluh satu	[delapan puluh satu]
ottantadue	delapan puluh dua	[delapan puluh dua]
ottantatre	delapan puluh tiga	[delapan puluh tiga]

novanta	sembilan puluh	[sembilan puluh]
novantuno	sembulan puluh satu	[sembulan puluh satu]
novantadue	sembilan puluh dua	[sembilan puluh dua]
novantatre	sembilan puluh tiga	[sembilan puluh tiga]

5. Numeri cardinali. Parte 2

cento	seratus	[seratus]
duecento	dua ratus	[dua ratus]
trecento	tiga ratus	[tiga ratus]
quattrocento	empat ratus	[empat ratus]
cinquecento	lima ratus	[lima ratus]

seicento	enam ratus	[enam ratus]
settecento	tujuh ratus	[tudʒuh ratus]
ottocento	delapan ratus	[delapan ratus]
novecento	sembilan ratus	[sembilan ratus]

mille	seribu	[seribu]
duemila	dua ribu	[dua ribu]
tremila	tiga ribu	[tiga ribu]
diecimila	sepuluh ribu	[sepuluh ribu]
centomila	seratus ribu	[seratus ribu]

| milione (m) | juta | [ʤ‌uta] |
| miliardo (m) | miliar | [miliar] |

6. Numeri ordinali

primo	pertama	[pərtama]
secondo	kedua	[kedua]
terzo	ketiga	[ketiga]
quarto	keempat	[keempat]
quinto	kelima	[kelima]

sesto	keenam	[keenam]
settimo	ketujuh	[ketuʤ‌uh]
ottavo	kedelapan	[kedelapan]
nono	kesembilan	[kesembilan]
decimo	kesepuluh	[kesepuluh]

7. Numeri. Frazioni

frazione (f)	pecahan	[peʧahan]
un mezzo	seperdua	[seperdua]
un terzo	sepertiga	[sepertiga]
un quarto	seperempat	[seperempat]

un ottavo	seperdelapan	[seperdelapan]
un decimo	sepersepuluh	[sepersepuluh]
due terzi	dua pertiga	[dua pərtiga]
tre quarti	tiga perempat	[tiga pərempat]

8. Numeri. Operazioni aritmetiche di base

sottrazione (f)	pengurangan	[peŋuraŋan]
sottrarre (vt)	mengurangkan	[məŋuraŋkan]
divisione (f)	pembagian	[pembagian]
dividere (vt)	membagi	[membagi]

addizione (f)	penambahan	[penambahan]
addizionare (vt)	menambahkan	[mənambahkan]
aggiungere (vt)	menambahkan	[mənambahkan]
moltiplicazione (f)	pengalian	[peŋalian]
moltiplicare (vt)	mengalikan	[məŋalikan]

9. Numeri. Varie

cifra (f)	angka	[aŋka]
numero (m)	nomor	[nomor]
numerale (m)	kata bilangan	[kata bilaŋan]
meno (m)	minus	[minus]

più (m)	**plus**	[plus]
formula (f)	**rumus**	[rumus]

calcolo (m)	**perhitungan**	[pərhituŋan]
contare (vt)	**menghitung**	[məŋhituŋ]
calcolare (vt)	**menghitung**	[məŋhituŋ]
comparare (vt)	**membandingkan**	[membandiŋkan]

Quanto? Quanti?	**Berapa?**	[berapa?]
somma (f)	**jumlah**	[dʒʲumlah]
risultato (m)	**hasil**	[hasil]
resto (m)	**sisa, baki**	[sisa], [baki]

qualche ...	**beberapa**	[beberapa]
un po' di ...	**sedikit**	[sedikit]
resto (m)	**selebihnya, sisanya**	[selebihnja], [sisanja]
uno e mezzo	**satu setengah**	[satu seteŋah]
dozzina (f)	**lusin**	[lusin]

in due	**dua bagian**	[dua bagian]
in parti uguali	**rata**	[rata]
metà (f), mezzo (m)	**setengah**	[seteŋah]
volta (f)	**kali**	[kali]

10. I verbi più importanti. Parte 1

accorgersi (vr)	**memperhatikan**	[memperhatikan]
afferrare (vt)	**menangkap**	[menaŋkap]
affittare (dare in affitto)	**menyewa**	[menjewa]
aiutare (vt)	**membantu**	[membantu]
amare (qn)	**mencintai**	[mentʃintaj]

andare (camminare)	**berjalan**	[berdʒʲalan]
annotare (vt)	**mencatat**	[mentʃatat]
appartenere (vi)	**kepunyaan ...**	[kepunja'an ...]
aprire (vt)	**membuka**	[membuka]
arrivare (vi)	**datang**	[dataŋ]
aspettare (vt)	**menunggu**	[menuŋgu]

avere (vt)	**mempunyai**	[mempunjaj]
avere fame	**lapar**	[lapar]
avere fretta	**tergesa-gesa**	[tergesa-gesa]

avere paura	**takut**	[takut]
avere sete	**haus**	[haus]
avvertire (vt)	**memperingatkan**	[memperiŋatkan]
cacciare (vt)	**berburu**	[berburu]
cadere (vi)	**jatuh**	[dʒʲatuh]

cambiare (vt)	**mengubah**	[meŋubah]
capire (vt)	**mengerti**	[meŋerti]
cenare (vi)	**makan malam**	[makan malam]
cercare (vt)	**mencari ...**	[mentʃari ...]
cessare (vt)	**menghentikan**	[meŋhentikan]

chiedere (~ aiuto)	memanggil	[memaŋgil]
chiedere (domandare)	bertanya	[bərtanja]
cominciare (vt)	memulai, membuka	[memulaj], [membuka]
comparare (vt)	membandingkan	[membandiŋkan]
confondere (vt)	bingung membedakan	[biŋuŋ membedakan]
conoscere (qn)	kenal	[kenal]

conservare (vt)	menyimpan	[mənjimpan]
consigliare (vt)	menasihati	[mənasihati]
contare (calcolare)	menghitung	[məŋhituŋ]
contare su …	mengharapkan …	[məŋharapkan …]
continuare (vt)	meneruskan	[məneruskan]

controllare (vt)	mengontrol	[məŋontrol]
correre (vi)	lari	[lari]
costare (vt)	berharga	[bərharga]
creare (vt)	menciptakan	[məntʃiptakan]
cucinare (vi)	memasak	[memasaʔ]

11. I verbi più importanti. Parte 2

dare (vt)	memberi	[memberi]
dare un suggerimento	memberi petunjuk	[memberi petundʒʲuʔ]
decorare (adornare)	menghiasi	[məŋhiasi]
difendere (~ un paese)	membela	[membela]
dimenticare (vt)	melupakan	[melupakan]

dire (~ la verità)	berkata	[bərkata]
dirigere (compagnia, ecc.)	memimpin	[memimpin]
discutere (vt)	membicarakan	[membitʃarakan]
domandare (vt)	meminta	[meminta]
dubitare (vi)	ragu-ragu	[ragu-ragu]

entrare (vi)	masuk, memasuki	[masuk], [memasuki]
esigere (vt)	menuntut	[mənuntut]
esistere (vi)	ada	[ada]
essere (~ a dieta)	sedang	[sedaŋ]
essere (~ un insegnante)	ialah, adalah	[ialah], [adalah]

essere d'accordo	setuju	[setudʒʲu]
fare (vt)	membuat	[membuat]
fare colazione	sarapan	[sarapan]

fare il bagno	berenang	[bərenaŋ]
fermarsi (vr)	berhenti	[bərhenti]
fidarsi (vr)	mempercayai	[mempertʃajaj]
finire (vt)	mengakhiri	[məŋahiri]
firmare (~ un documento)	menandatangani	[mənandataŋani]

giocare (vi)	bermain	[bərmajn]
girare (~ a destra)	membelok	[membeloʔ]
gridare (vi)	berteriak	[bərteriaʔ]
indovinare (vt)	menerka	[mənerka]
informare (vt)	menginformasikan	[məŋinformasikan]

18

ingannare (vt)	menipu	[mənipu]
insistere (vi)	mendesak	[məndesaʔ]
insultare (vt)	menghina	[mənhina]
interessarsi di ...	menaruh minat pada ...	[mənaruh minat pada ...]
invitare (vt)	mengundang	[məŋundaŋ]
lamentarsi (vr)	mengeluh	[məŋeluh]
lasciar cadere	tercecer	[tərtʃetʃer]
lavorare (vi)	bekerja	[bekerdʒia]
leggere (vi, vt)	membaca	[membatʃa]
liberare (vt)	membebaskan	[membebaskan]

12. I verbi più importanti. Parte 3

mancare le lezioni	absen	[absen]
mandare (vt)	mengirim	[məŋirim]
menzionare (vt)	menyebut	[mənjebut]
minacciare (vt)	mengancam	[məŋantʃam]
mostrare (vt)	menunjukkan	[mənundʒiuʔkan]
nascondere (vt)	menyembunyikan	[mənjembunjikan]
nuotare (vi)	berenang	[bərenaŋ]
obiettare (vt)	keberatan	[keberatan]
occorrere (vimp)	dibutuhkan	[dibutuhkan]
ordinare (~ il pranzo)	memesan	[memesan]
ordinare (mil.)	memerintahkan	[memerintahkan]
osservare (vt)	mengamati	[məŋamati]
pagare (vi, vt)	membayar	[membajar]
parlare (vi, vt)	berbicara	[bərbitʃara]
partecipare (vi)	turut serta	[turut serta]
pensare (vi, vt)	berpikir	[bərpikir]
perdonare (vt)	memaafkan	[memaʔafkan]
permettere (vt)	mengizinkan	[məŋizinkan]
piacere (vi)	suka	[suka]
piangere (vi)	menangis	[mənaŋis]
pianificare (vt)	merencanakan	[merentʃanakan]
possedere (vt)	memiliki	[memiliki]
potere (v aus)	bisa	[bisa]
pranzare (vi)	makan siang	[makan siaŋ]
preferire (vt)	lebih suka	[lebih suka]
pregare (vi, vt)	bersembahyang, berdoa	[bərsembahjaŋ], [bərdoa]
prendere (vt)	mengambil	[məŋambil]
prevedere (vt)	menduga	[mənduga]
promettere (vt)	berjanji	[bərdʒiandʒi]
pronunciare (vt)	melafalkan	[melafalkan]
proporre (vt)	mengusulkan	[məŋusulkan]
punire (vt)	menghukum	[məŋhukum]
raccomandare (vt)	merekomendasi	[merekomendasi]
ridere (vi)	tertawa	[tərtawa]

rifiutarsi (vr)	menolak	[mənola']
rincrescere (vi)	menyesal	[mənjesal]
ripetere (ridire)	mengulangi	[məŋulaŋi]
riservare (vt)	memesan	[memesan]
rispondere (vi, vt)	menjawab	[məndʒʲawab]
rompere (spaccare)	memecahkan	[memetʃahkan]
rubare (~ i soldi)	mencuri	[məntʃuri]

13. I verbi più importanti. Parte 4

salvare (~ la vita a qn)	menyelamatkan	[mənjelamatkan]
sapere (vt)	tahu	[tahu]
sbagliare (vi)	salah	[salah]
scavare (vt)	menggali	[məŋgali]
scegliere (vt)	memilih	[memilih]

scendere (vi)	turun	[turun]
scherzare (vi)	bergurau	[bərgurau]
scrivere (vt)	menulis	[mənulis]
scusare (vt)	memaafkan	[mema'afkan]
scusarsi (vr)	meminta maaf	[meminta ma'af]

sedersi (vr)	duduk	[dudu']
seguire (vt)	mengikuti ...	[məŋikuti ...]
sgridare (vt)	memarahi, menegur	[memarahi], [menegur]
significare (vt)	berarti	[bərarti]
sorridere (vi)	tersenyum	[tərsenyum]

sottovalutare (vt)	meremehkan	[meremehkan]
sparare (vi)	menembak	[mənemba']
sperare (vi, vt)	berharap	[bərharap]

spiegare (vt)	menjelaskan	[məndʒʲelaskan]
studiare (vt)	mempelajari	[mempeladʒʲari]

stupirsi (vr)	heran	[heran]
tacere (vi)	diam	[diam]
tentare (vt)	mencoba	[məntʃoba]

toccare (~ con le mani)	menyentuh	[mənjentuh]
tradurre (vt)	menerjemahkan	[mənerdʒʲemahkan]

trovare (vt)	menemukan	[mənemukan]
uccidere (vt)	membunuh	[membunuh]
udire (percepire suoni)	mendengar	[məndeŋar]

unire (vt)	menyatukan	[mənjatukan]
uscire (vi)	keluar	[keluar]

vantarsi (vr)	membual	[membual]
vedere (vt)	melihat	[melihat]
vendere (vt)	menjual	[məndʒʲual]
volare (vi)	terbang	[tərbaŋ]
volere (desiderare)	mau, ingin	[mau], [iŋin]

14. Colori

colore (m)	warna	[warna]
sfumatura (f)	nuansa	[nuansa]
tono (m)	warna	[warna]
arcobaleno (m)	pelangi	[pelaŋi]

bianco (agg)	putih	[putih]
nero (agg)	hitam	[hitam]
grigio (agg)	kelabu	[kelabu]

verde (agg)	hijau	[hiʤ'au]
giallo (agg)	kuning	[kuniŋ]
rosso (agg)	merah	[merah]

blu (agg)	biru	[biru]
azzurro (agg)	biru muda	[biru muda]
rosa (agg)	pink	[pinˀ]
arancione (agg)	oranye, jingga	[oranje], [ʤiŋga]
violetto (agg)	violet, ungu muda	[violet], [uŋu muda]
marrone (agg)	cokelat	[ʧokelat]

d'oro (agg)	keemasan	[keemasan]
argenteo (agg)	keperakan	[keperakan]

beige (agg)	abu-abu kecokelatan	[abu-abu keʧokelatan]
color crema (agg)	krem	[krem]
turchese (agg)	pirus	[pirus]
rosso ciliegia (agg)	merah tua	[merah tua]
lilla (agg)	ungu	[uŋu]
rosso lampone (agg)	merah lembayung	[merah lembajuŋ]

chiaro (agg)	terang	[teraŋ]
scuro (agg)	gelap	[gelap]
vivo, vivido (agg)	terang	[teraŋ]

colorato (agg)	berwarna	[berwarna]
a colori	warna	[warna]
bianco e nero (agg)	hitam-putih	[hitam-putih]
in tinta unita	polos, satu warna	[polos], [satu warna]
multicolore (agg)	berwarna-warni	[berwarna-warni]

15. Domande

Chi?	Siapa?	[siapa?]
Che cosa?	Apa?	[apa?]
Dove? (in che luogo?)	Di mana?	[di mana?]
Dove? (~ vai?)	Ke mana?	[ke mana?]
Di dove?, Da dove?	Dari mana?	[dari mana?]
Quando?	Kapan?	[kapan?]
Perché? (per quale scopo?)	Mengapa?	[meŋapa?]
Perché? (per quale ragione?)	Mengapa?	[meŋapa?]
Per che cosa?	Untuk apa?	[untuˀ apa?]

Come?	Bagaimana?	[bagajmana?]
Che? (~ colore è?)	Apa? Yang mana?	[apa?], [yaŋ mana?]
Quale?	Yang mana?	[yaŋ mana?]

A chi?	Kepada siapa?	[kepada siapa?],
	Untuk siapa?	[untu' siapa?]
Di chi?	Tentang siapa?	[tentaŋ siapa?]
Di che cosa?	Tentang apa?	[tentaŋ apa?]
Con chi?	Dengan siapa?	[deŋan siapa?]

| Quanti?, Quanto? | Berapa? | [berapa?] |
| Di chi? | Milik siapa? | [mili' siapa?] |

16. Preposizioni

con (tè ~ il latte)	dengan	[deŋan]
senza	tanpa	[tanpa]
a (andare ~ ...)	ke	[ke]
di (parlare ~ ...)	tentang ...	[tentaŋ ...]
prima di ...	sebelum	[sebelum]
di fronte a ...	di depan ...	[di depan ...]

sotto (avv)	di bawah	[di bawah]
sopra (al di ~)	di atas	[di atas]
su (sul tavolo, ecc.)	di atas	[di atas]
da, di (via da ..., fuori di ...)	dari	[dari]
di (fatto ~ cartone)	dari	[dari]

| fra (~ dieci minuti) | dalam | [dalam] |
| attraverso (dall'altra parte) | melalui | [melalui] |

17. Parole grammaticali. Avverbi. Parte 1

Dove?	Di mana?	[di mana?]
qui (in questo luogo)	di sini	[di sini]
lì (in quel luogo)	di sana	[di sana]

| da qualche parte (essere ~) | di suatu tempat | [di suatu tempat] |
| da nessuna parte | tak ada di mana pun | [ta' ada di mana pun] |

| vicino a ... | dekat | [dekat] |
| vicino alla finestra | dekat jendela | [dekat dʒendela] |

Dove?	Ke mana?	[ke mana?]
qui (vieni ~)	ke sini	[ke sini]
ci (~ vado stasera)	ke sana	[ke sana]
da qui	dari sini	[dari sini]
da lì	dari sana	[dari sana]

vicino, accanto (avv)	dekat	[dekat]
lontano (avv)	jauh	[dʒauh]
vicino (~ a Parigi)	dekat	[dekat]

vicino (qui ~)	**dekat**	[dekat]
non lontano	**tidak jauh**	[tidaˀ dʒ'auh]
sinistro (agg)	**kiri**	[kiri]
a sinistra (rimanere ~)	**di kiri**	[di kiri]
a sinistra (girare ~)	**ke kiri**	[ke kiri]
destro (agg)	**kanan**	[kanan]
a destra (rimanere ~)	**di kanan**	[di kanan]
a destra (girare ~)	**ke kanan**	[ke kanan]
davanti	**di depan**	[di depan]
anteriore (agg)	**depan**	[depan]
avanti	**ke depan**	[ke depan]
dietro (avv)	**di belakang**	[di belakaŋ]
da dietro	**dari belakang**	[dari belakaŋ]
indietro	**mundur**	[mundur]
mezzo (m), centro (m)	**tengah**	[teŋah]
in mezzo, al centro	**di tengah**	[di teŋah]
di fianco	**di sisi, di samping**	[di sisi], [di sampiŋ]
dappertutto	**di mana-mana**	[di mana-mana]
attorno	**di sekitar**	[di sekitar]
da dentro	**dari dalam**	[dari dalam]
da qualche parte (andare ~)	**ke suatu tempat**	[ke suatu tempat]
dritto (direttamente)	**terus**	[terus]
indietro	**kembali**	[kembali]
da qualsiasi parte	**dari mana pun**	[dari mana pun]
da qualche posto (veniamo ~)	**dari suatu tempat**	[dari suatu tempat]
in primo luogo	**pertama**	[pertama]
in secondo luogo	**kedua**	[kedua]
in terzo luogo	**ketiga**	[ketiga]
all'improvviso	**tiba-tiba**	[tiba-tiba]
all'inizio	**mula-mula**	[mula-mula]
per la prima volta	**untuk pertama kalinya**	[untuˀ pertama kalinja]
molto tempo prima di...	**jauh sebelum ...**	[dʒ'auh sebelum ...]
di nuovo	**kembali**	[kembali]
per sempre	**untuk selama-lamanya**	[untuˀ selama-lamanja]
mai	**tidak pernah**	[tidaˀ pernah]
ancora	**lagi, kembali**	[lagi], [kembali]
adesso	**sekarang**	[sekaraŋ]
spesso (avv)	**sering, seringkali**	[seriŋ], [seriŋkali]
allora	**ketika itu**	[ketika itu]
urgentemente	**segera**	[segera]
di solito	**biasanya**	[biasanja]
a proposito, ...	**ngomong-ngomong ...**	[ŋomoŋ-ŋomoŋ ...]
è possibile	**mungkin**	[muŋkin]

probabilmente	mungkin	[muŋkin]
forse	mungkin	[muŋkin]
inoltre …	selain itu …	[selajn itu …]
ecco perché …	karena itu …	[karena itu …]
nonostante (~ tutto)	meskipun …	[meskipun …]
grazie a …	berkat …	[berkat …]
che cosa (pron)	apa	[apa]
che (cong)	bahwa	[bahwa]
qualcosa (qualsiasi cosa)	sesuatu	[sesuatu]
qualcosa (le serve ~?)	sesuatu	[sesuatu]
niente	tidak sesuatu pun	[tida' sesuatu pun]
chi (pron)	siapa	[siapa]
qualcuno (annuire a ~)	seseorang	[seseoraŋ]
qualcuno (dipendere da ~)	seseorang	[seseoraŋ]
nessuno	tidak seorang pun	[tida' seoraŋ pun]
da nessuna parte	tidak ke mana pun	[tida' ke mana pun]
di nessuno	tidak milik siapa pun	[tida' mili' siapa pun]
di qualcuno	milik seseorang	[mili' seseoraŋ]
così (era ~ arrabbiato)	sangat	[saŋat]
anche (penso ~ a …)	juga	[dʒ'uga]
anche, pure	juga	[dʒ'uga]

18. Parole grammaticali. Avverbi. Parte 2

Perché?	Mengapa?	[məŋapa?]
per qualche ragione	entah mengapa	[entah məŋapa]
perché …	karena …	[karena …]
per qualche motivo	untuk tujuan tertentu	[untu' tudʒ'uan tərtentu]
e (cong)	dan	[dan]
o (sì ~ no?)	atau	[atau]
ma (però)	tetapi, namun	[tetapi], [namun]
per (~ me)	untuk	[untu']
troppo	terlalu	[tərlalu]
solo (avv)	hanya	[hanja]
esattamente	tepat	[tepat]
circa (~ 10 dollari)	sekitar	[sekitar]
approssimativamente	kira-kira	[kira-kira]
approssimativo (agg)	kira-kira	[kira-kira]
quasi	hampir	[hampir]
resto	selebihnya, sisanya	[selebihnja], [sisanja]
l'altro (~ libro)	kedua	[kedua]
altro (differente)	lain	[lain]
ogni (agg)	setiap	[setiap]
qualsiasi (agg)	sebarang	[sebaraŋ]
molti, molto	banyak	[banja']
molta gente	banyak orang	[banja' oraŋ]

tutto, tutti	semua	[semua]
in cambio di ...	sebagai ganti ...	[sebagaj ganti ...]
in cambio	sebagai gantinya	[sebagaj gantinja]
a mano (fatto ~)	dengan tangan	[deŋan taŋan]
poco probabile	hampir tidak	[hampir tida']
probabilmente	mungkin	[muŋkin]
apposta	sengaja	[seŋadʒ'a]
per caso	tidak sengaja	[tida' seŋadʒ'a]
molto (avv)	sangat	[saŋat]
per esempio	misalnya	[misalnja]
fra (~ due)	antara	[antara]
fra (~ più di due)	di antara	[di antara]
tanto (quantità)	banyak sekali	[banja' sekali]
soprattutto	terutama	[terutama]

Concetti di base. Parte 2

19. Giorni della settimana

lunedì (m)	Hari Senin	[hari senin]
martedì (m)	Hari Selasa	[hari selasa]
mercoledì (m)	Hari Rabu	[hari rabu]
giovedì (m)	Hari Kamis	[hari kamis]
venerdì (m)	Hari Jumat	[hari dʒumat]
sabato (m)	Hari Sabtu	[hari sabtu]
domenica (f)	Hari Minggu	[hari miŋgu]
oggi (avv)	hari ini	[hari ini]
domani	besok	[beso']
dopodomani	besok lusa	[beso' lusa]
ieri (avv)	kemarin	[kemarin]
l'altro ieri	kemarin dulu	[kemarin dulu]
giorno (m)	hari	[hari]
giorno (m) lavorativo	hari kerja	[hari kerdʒa]
giorno (m) festivo	hari libur	[hari libur]
giorno (m) di riposo	hari libur	[hari libur]
fine (m) settimana	akhir pekan	[ahir pekan]
tutto il giorno	seharian	[seharian]
l'indomani	hari berikutnya	[hari berikutnja]
due giorni fa	dua hari lalu	[dua hari lalu]
il giorno prima	hari sebelumnya	[hari sebelumnja]
quotidiano (agg)	harian	[harian]
ogni giorno	tiap hari	[tiap hari]
settimana (f)	minggu	[miŋgu]
la settimana scorsa	minggu lalu	[miŋgu lalu]
la settimana prossima	minggu berikutnya	[miŋgu berikutnja]
settimanale (agg)	mingguan	[miŋguan]
ogni settimana	tiap minggu	[tiap miŋgu]
due volte alla settimana	dua kali seminggu	[dua kali semiŋgu]
ogni martedì	tiap Hari Selasa	[tiap hari selasa]

20. Ore. Giorno e notte

mattina (f)	pagi	[pagi]
di mattina	pada pagi hari	[pada pagi hari]
mezzogiorno (m)	tengah hari	[teŋah hari]
nel pomeriggio	pada sore hari	[pada sore hari]
sera (f)	sore, malam	[sore], [malam]
di sera	waktu sore	[waktu sore]

notte (f)	malam	[malam]
di notte	pada malam hari	[pada malam hari]
mezzanotte (f)	tengah malam	[teŋah malam]
secondo (m)	detik	[deti']
minuto (m)	menit	[menit]
ora (f)	jam	[dʒ¡am]
mezzora (f)	setengah jam	[seteŋah dʒ¡am]
un quarto d'ora	seperempat jam	[seperempat dʒ¡am]
quindici minuti	lima belas menit	[lima belas menit]
ventiquattro ore	siang-malam	[siaŋ-malam]
levata (f) del sole	matahari terbit	[matahari tərbit]
alba (f)	subuh	[subuh]
mattutino (m)	dini pagi	[dini pagi]
tramonto (m)	matahari terbenam	[matahari tərbenam]
di buon mattino	pagi-pagi	[pagi-pagi]
stamattina	pagi ini	[pagi ini]
domattina	besok pagi	[beso' pagi]
oggi pomeriggio	sore ini	[sore ini]
nel pomeriggio	pada sore hari	[pada sore hari]
domani pomeriggio	besok sore	[beso' sore]
stasera	sore ini	[sore ini]
domani sera	besok malam	[beso' malam]
alle tre precise	pukul 3 tepat	[pukul tiga tepat]
verso le quattro	sekitar pukul 4	[sekitar pukul empat]
per le dodici	pada pukul 12	[pada pukul belas]
fra venti minuti	dalam 20 menit	[dalam dua puluh menit]
fra un'ora	dalam satu jam	[dalam satu dʒ¡am]
puntualmente	tepat waktu	[tepat waktu]
un quarto di ...	... kurang seperempat	[... kuraŋ seperempat]
entro un'ora	selama sejam	[selama sedʒ¡am]
ogni quindici minuti	tiap 15 menit	[tiap lima belas menit]
giorno e notte	siang-malam	[siaŋ-malam]

21. Mesi. Stagioni

gennaio (m)	Januari	[dʒ¡anuari]
febbraio (m)	Februari	[februari]
marzo (m)	Maret	[maret]
aprile (m)	April	[april]
maggio (m)	Mei	[mei]
giugno (m)	Juni	[dʒ¡uni]
luglio (m)	Juli	[dʒ¡uli]
agosto (m)	Augustus	[augustus]
settembre (m)	September	[september]
ottobre (m)	Oktober	[oktober]
novembre (m)	November	[november]
dicembre (m)	Desember	[desember]

primavera (f)	musim semi	[musim semi]
in primavera	pada musim semi	[pada musim semi]
primaverile (agg)	musim semi	[musim semi]
estate (f)	musim panas	[musim panas]
in estate	pada musim panas	[pada musim panas]
estivo (agg)	musim panas	[musim panas]
autunno (m)	musim gugur	[musim gugur]
in autunno	pada musim gugur	[pada musim gugur]
autunnale (agg)	musim gugur	[musim gugur]
inverno (m)	musim dingin	[musim diŋin]
in inverno	pada musim dingin	[pada musim diŋin]
invernale (agg)	musim dingin	[musim diŋin]
mese (m)	bulan	[bulan]
questo mese	bulan ini	[bulan ini]
il mese prossimo	bulan depan	[bulan depan]
il mese scorso	bulan lalu	[bulan lalu]
un mese fa	sebulan lalu	[sebulan lalu]
fra un mese	dalam satu bulan	[dalam satu bulan]
fra due mesi	dalam 2 bulan	[dalam dua bulan]
un mese intero	sepanjang bulan	[sepandʒʲaŋ bulan]
per tutto il mese	sebulan penuh	[sebulan penuh]
mensile (rivista ~)	bulanan	[bulanan]
mensilmente	tiap bulan	[tiap bulan]
ogni mese	tiap bulan	[tiap bulan]
due volte al mese	dua kali sebulan	[dua kali sebulan]
anno (m)	tahun	[tahun]
quest'anno	tahun ini	[tahun ini]
l'anno prossimo	tahun depan	[tahun depan]
l'anno scorso	tahun lalu	[tahun lalu]
un anno fa	setahun lalu	[setahun lalu]
fra un anno	dalam satu tahun	[dalam satu tahun]
fra due anni	dalam 2 tahun	[dalam dua tahun]
un anno intero	sepanjang tahun	[sepandʒʲaŋ tahun]
per tutto l'anno	setahun penuh	[setahun penuh]
ogni anno	tiap tahun	[tiap tahun]
annuale (agg)	tahunan	[tahunan]
annualmente	tiap tahun	[tiap tahun]
quattro volte all'anno	empat kali setahun	[empat kali setahun]
data (f) (~ di oggi)	tanggal	[taŋgal]
data (f) (~ di nascita)	tanggal	[taŋgal]
calendario (m)	kalender	[kalender]
mezz'anno (m)	setengah tahun	[seteŋah tahun]
semestre (m)	enam bulan	[enam bulan]
stagione (f) (estate, ecc.)	musim	[musim]
secolo (m)	abad	[abad]

22. Orario. Varie

tempo (m)	waktu	[waktu]
istante (m)	sekejap	[sekedʒ'ap]
momento (m)	saat, waktu	[sa'at], [waktu]
istantaneo (agg)	seketika	[seketika]
periodo (m)	jangka waktu	[dʒ'aŋka waktu]
vita (f)	kehidupan, hidup	[kehidupan], [hidup]
eternità (f)	keabadiaan	[keabadia'an]

epoca (f)	zaman	[zaman]
era (f)	era	[era]
ciclo (m)	siklus	[siklus]
periodo (m)	periode, kurun waktu	[periode], [kurun waktu]
scadenza (f)	jangka waktu	[dʒ'aŋka waktu]

futuro (m)	masa depan	[masa depan]
futuro (agg)	yang akan datang	[yaŋ akan dataŋ]
la prossima volta	lain kali	[lain kali]
passato (m)	masa lalu	[masa lalu]
scorso (agg)	lalu	[lalu]
la volta scorsa	terakhir kali	[tərahir kali]

più tardi	kemudian	[kemudian]
dopo	sesudah	[sesudah]
oggigiorno	sekarang	[sekaraŋ]
adesso, ora	saat ini	[sa'at ini]
immediatamente	segera	[segera]
fra poco, presto	segera	[segera]
in anticipo	sebelumnya	[sebelumnja]

tanto tempo fa	dahulu kala	[dahulu kala]
di recente	baru-baru ini	[baru-baru ini]
destino (m)	nasib	[nasib]
ricordi (m pl)	kenang-kenangan	[kenaŋ-kenaŋan]
archivio (m)	arsip	[arsip]

durante ...	selama ...	[selama ...]
a lungo	lama	[lama]
per poco tempo	tidak lama	[tida' lama]
presto (al mattino ~)	pagi-pagi	[pagi-pagi]
tardi (non presto)	terlambat	[tərlambat]

per sempre	untuk selama-lamanya	[untu' selama-lamanja]
cominciare (vt)	memulai	[memulaj]
posticipare (vt)	menunda	[menunda]

simultaneamente	serentak	[serenta']
tutto il tempo	tetap	[tetap]
costante (agg)	terus menerus	[terus menerus]
temporaneo (agg)	sementara	[sementara]

a volte	kadang-kadang	[kadaŋ-kadaŋ]
raramente	jarang	[dʒ'araŋ]
spesso (avv)	sering, seringkali	[seriŋ], [seriŋkali]

23. Contrari

ricco (agg)	kaya	[kaja]
povero (agg)	miskin	[miskin]
malato (agg)	sakit	[sakit]
sano (agg)	sehat	[sehat]
grande (agg)	besar	[besar]
piccolo (agg)	kecil	[ketʃil]
rapidamente	cepat	[tʃepat]
lentamente	perlahan-lahan	[pərlahan-lahan]
veloce (agg)	cepat	[tʃepat]
lento (agg)	lambat	[lambat]
allegro (agg)	riang	[riaŋ]
triste (agg)	sedih	[sedih]
insieme	bersama	[bərsama]
separatamente	terpisah	[tərpisah]
ad alta voce (leggere ~)	dengan keras	[deŋan keras]
in silenzio	dalam hati	[dalam hati]
alto (agg)	tinggi	[tiŋgi]
basso (agg)	rendah	[rendah]
profondo (agg)	dalam	[dalam]
basso (agg)	dangkal	[daŋkal]
sì	ya	[ya]
no	tidak	[tidaʔ]
lontano (agg)	jauh	[dʒʲauh]
vicino (agg)	dekat	[dekat]
lontano (avv)	jauh	[dʒʲauh]
vicino (avv)	dekat	[dekat]
lungo (agg)	panjang	[pandʒʲaŋ]
corto (agg)	pendek	[pendeʔ]
buono (agg)	baik hati	[bajʔ hati]
cattivo (agg)	jahat	[dʒʲahat]
sposato (agg)	menikah	[mənikah]
celibe (agg)	bujang	[budʒʲaŋ]
vietare (vt)	melarang	[melaraŋ]
permettere (vt)	mengizinkan	[məŋizinkan]
fine (f)	akhir	[ahir]
inizio (m)	permulaan	[pərmulaʔan]

| sinistro (agg) | kiri | [kiri] |
| destro (agg) | kanan | [kanan] |

| primo (agg) | pertama | [pertama] |
| ultimo (agg) | terakhir | [tərahir] |

| delitto (m) | kejahatan | [kedʒ'ahatan] |
| punizione (f) | hukuman | [hukuman] |

| ordinare (vt) | memerintahkan | [memerintahkan] |
| obbedire (vi) | mematuhi | [mematuhi] |

| dritto (agg) | lurus | [lurus] |
| curvo (agg) | melengkung | [melenkuŋ] |

| paradiso (m) | surga | [surga] |
| inferno (m) | neraka | [neraka] |

| nascere (vi) | lahir | [lahir] |
| morire (vi) | mati, meninggal | [mati], [meniŋgal] |

| forte (agg) | kuat | [kuat] |
| debole (agg) | lemah | [lemah] |

| vecchio (agg) | tua | [tua] |
| giovane (agg) | muda | [muda] |

| vecchio (agg) | tua | [tua] |
| nuovo (agg) | baru | [baru] |

| duro (agg) | keras | [keras] |
| morbido (agg) | lunak | [lunaʔ] |

| caldo (agg) | hangat | [haŋat] |
| freddo (agg) | dingin | [diɲin] |

| grasso (agg) | gemuk | [gemuʔ] |
| magro (agg) | kurus | [kurus] |

| stretto (agg) | sempit | [sempit] |
| largo (agg) | lebar | [lebar] |

| buono (agg) | baik | [bajʔ] |
| cattivo (agg) | buruk | [buruʔ] |

| valoroso (agg) | pemberani | [pemberani] |
| codardo (agg) | penakut | [penakut] |

24. Linee e forme

quadrato (m)	bujur sangkar	[budʒur saŋkar]
quadrato (agg)	persegi	[persegi]
cerchio (m)	lingkaran	[liŋkaran]
rotondo (agg)	bundar	[bundar]

31

triangolo (m)	segi tiga	[segi tiga]
triangolare (agg)	segi tiga	[segi tiga]
ovale (m)	oval	[oval]
ovale (agg)	oval	[oval]
rettangolo (m)	segi empat	[segi empat]
rettangolare (agg)	siku-siku	[siku-siku]
piramide (f)	piramida	[piramida]
rombo (m)	rombus	[rombus]
trapezio (m)	trapesium	[trapesium]
cubo (m)	kubus	[kubus]
prisma (m)	prisma	[prisma]
circonferenza (f)	lingkar	[liŋkar]
sfera (f)	bulatan	[bulatan]
palla (f)	bola	[bola]
diametro (m)	diameter	[diameter]
raggio (m)	radius, jari-jari	[radius], [dʒ'ari-dʒ'ari]
perimetro (m)	perimeter	[perimeter]
centro (m)	pusat	[pusat]
orizzontale (agg)	horizontal, mendatar	[horizontal], [mendatar]
verticale (agg)	vertikal, tegak lurus	[vertikal], [tega' lurus]
parallela (f)	sejajar	[sedʒ'adʒ'ar]
parallelo (agg)	sejajar	[sedʒ'adʒ'ar]
linea (f)	garis	[garis]
tratto (m)	garis	[garis]
linea (f) retta	garis lurus	[garis lurus]
linea (f) curva	garis lengkung	[garis leŋkuŋ]
sottile (uno strato ~)	tipis	[tipis]
contorno (m)	kontur	[kontur]
intersezione (f)	titik potong	[titi' potoŋ]
angolo (m) retto	sudut siku-siku	[sudut siku-siku]
segmento	segmen	[segmen]
settore (m)	sektor	[sektor]
lato (m)	segi	[segi]
angolo (m)	sudut	[sudut]

25. Unità di misura

peso (m)	berat	[berat]
lunghezza (f)	panjang	[pandʒ'aŋ]
larghezza (f)	lebar	[lebar]
altezza (f)	ketinggian	[ketiŋgian]
profondità (f)	kedalaman	[kedalaman]
volume (m)	volume, isi	[volume], [isi]
area (f)	luas	[luas]
grammo (m)	gram	[gram]
milligrammo (m)	miligram	[miligram]

chilogrammo (m)	kilogram	[kilogram]
tonnellata (f)	ton	[ton]
libbra (f)	pon	[pon]
oncia (f)	ons	[ons]

metro (m)	meter	[meter]
millimetro (m)	milimeter	[milimeter]
centimetro (m)	sentimeter	[sentimeter]
chilometro (m)	kilometer	[kilometer]
miglio (m)	mil	[mil]

pollice (m)	inci	[intʃi]
piede (f)	kaki	[kaki]
iarda (f)	yard	[yard]

metro (m) quadro	meter persegi	[meter pərsegi]
ettaro (m)	hektar	[hektar]

litro (m)	liter	[liter]
grado (m)	derajat	[deradʒiat]
volt (m)	volt	[volt]
ampere (m)	ampere	[ampere]
cavallo vapore (m)	tenaga kuda	[tenaga kuda]

quantità (f)	kuantitas	[kuantitas]
un po' di ...	sedikit ...	[sedikit ...]
metà (f)	setengah	[seteŋah]
dozzina (f)	lusin	[lusin]
pezzo (m)	buah	[buah]

dimensione (f)	ukuran	[ukuran]
scala (f) (modello in ~)	skala	[skala]

minimo (agg)	minimal	[minimal]
minore (agg)	terkecil	[tərketʃil]
medio (agg)	sedang	[sedaŋ]
massimo (agg)	maksimal	[maksimal]
maggiore (agg)	terbesar	[tərbesar]

26. Contenitori

barattolo (m) di vetro	gelas	[gelas]
latta, lattina (f)	kaleng	[kaleŋ]
secchio (m)	ember	[ember]
barile (m), botte (f)	tong	[toŋ]

catino (m)	baskom	[baskom]
serbatoio (m) (per liquidi)	tangki	[taŋki]
fiaschetta (f)	pelples	[pelples]
tanica (f)	jeriken	[dʒieriken]
cisterna (f)	tangki	[taŋki]

tazza (f)	mangkuk	[maŋkuʔ]
tazzina (f) (~ di caffé)	cangkir	[tʃaŋkir]

33

piattino (m)	alas cangkir	[alas ʧaŋkir]
bicchiere (m) (senza stelo)	gelas	[gelas]
calice (m)	gelas anggur	[gelas aŋgur]
casseruola (f)	panci	[panʧi]

| bottiglia (f) | botol | [botol] |
| collo (m) (~ della bottiglia) | leher | [leher] |

caraffa (f)	karaf	[karaf]
brocca (f)	kendi	[kendi]
recipiente (m)	wadah	[wadah]
vaso (m) di coccio	pot	[pot]
vaso (m) di fiori	vas	[vas]

boccetta (f) (~ di profumo)	botol	[botol]
fiala (f)	botol kecil	[botol keʧil]
tubetto (m)	tabung	[tabuŋ]

sacco (m) (~ di patate)	karung	[karuŋ]
sacchetto (m) (~ di plastica)	kantong	[kantoŋ]
pacchetto (m)	bungkus	[buŋkus]
(~ di sigarette, ecc.)		

scatola (f) (~ per scarpe)	kotak, kardus	[kotak], [kardus]
cassa (f) (~ di vino, ecc.)	kotak	[kotaʔ]
cesta (f)	bakul	[bakul]

27. Materiali

materiale (m)	bahan	[bahan]
legno (m)	kayu	[kaju]
di legno	kayu	[kaju]

| vetro (m) | kaca | [katʃa] |
| di vetro | kaca | [katʃa] |

| pietra (f) | batu | [batu] |
| di pietra | batu | [batu] |

| plastica (f) | plastik | [plastiʔ] |
| di plastica | plastik | [plastiʔ] |

| gomma (f) | karet | [karet] |
| di gomma | karet | [karet] |

| stoffa (f) | kain | [kain] |
| di stoffa | kain | [kain] |

| carta (f) | kertas | [kertas] |
| di carta | kertas | [kertas] |

cartone (m)	karton	[karton]
di cartone	karton	[karton]
polietilene (m)	polietilena	[polietilena]

cellofan (m)	selofana	[selofana]
linoleum (m)	linoleum	[linoleum]
legno (m) compensato	kayu lapis	[kaju lapis]

porcellana (f)	porselen	[porselen]
di porcellana	porselen	[porselen]
argilla (f)	tanah liat	[tanah liat]
d'argilla	gerabah	[gerabah]
ceramica (f)	keramik	[kerami?]
ceramico	keramik	[kerami?]

28. Metalli

metallo (m)	logam	[logam]
metallico	logam	[logam]
lega (f)	aloi, lakur	[aloy], [lakur]

oro (m)	emas	[emas]
d'oro	emas	[emas]
argento (m)	perak	[pera?]
d'argento	perak	[pera?]

ferro (m)	besi	[besi]
di ferro	besi	[besi]
acciaio (m)	baja	[baʤia]
d'acciaio	baja	[baʤia]
rame (m)	tembaga	[tembaga]
di rame	tembaga	[tembaga]

alluminio (m)	aluminium	[aluminium]
di alluminio, alluminico	aluminium	[aluminium]
bronzo (m)	perunggu	[peruŋgu]
di bronzo	perunggu	[peruŋgu]

ottone (m)	kuningan	[kuniɲan]
nichel (m)	nikel	[nikel]
platino (m)	platinum	[platinum]
mercurio (m)	air raksa	[air raksa]
stagno (m)	timah	[timah]
piombo (m)	timbal	[timbal]
zinco (m)	seng	[seŋ]

ESSERE UMANO

Essere umano. Il corpo umano

29. L'uomo. Concetti di base

uomo (m) (essere umano)	manusia	[manusia]
uomo (m) (adulto maschio)	laki-laki, pria	[laki-laki], [pria]
donna (f)	perempuan, wanita	[perempuan], [wanita]
bambino (m) (figlio)	anak	[anaʔ]
bambina (f)	anak perempuan	[anaʔ perempuan]
bambino (m)	anak laki-laki	[anaʔ laki-laki]
adolescente (m, f)	remaja	[remadʒʲa]
vecchio (m)	lelaki tua	[lelaki tua]
vecchia (f)	perempuan tua	[perempuan tua]

30. Anatomia umana

organismo (m)	organisme	[organisme]
cuore (m)	jantung	[dʒʲantuŋ]
sangue (m)	darah	[darah]
arteria (f)	arteri, pembuluh darah	[arteri], [pembuluh darah]
vena (f)	vena	[vena]
cervello (m)	otak	[otaʔ]
nervo (m)	saraf	[saraf]
nervi (m pl)	saraf	[saraf]
vertebra (f)	ruas	[ruas]
colonna (f) vertebrale	tulang belakang	[tulaŋ belakaŋ]
stomaco (m)	lambung	[lambuŋ]
intestini (m pl)	usus	[usus]
intestino (m)	usus	[usus]
fegato (m)	hati	[hati]
rene (m)	ginjal	[gindʒʲal]
osso (m)	tulang	[tulaŋ]
scheletro (m)	skelet, rangka	[skelet], [raŋka]
costola (f)	tulang rusuk	[tulaŋ rusuʔ]
cranio (m)	tengkorak	[teŋkoraʔ]
muscolo (m)	otot	[otot]
bicipite (m)	bisep	[bisep]
tricipite (m)	trisep	[trisep]
tendine (m)	tendon	[tendon]
articolazione (f)	sendi	[sendi]

polmoni (m pl)	paru-paru	[paru-paru]
genitali (m pl)	kemaluan	[kemaluan]
pelle (f)	kulit	[kulit]

31. Testa

testa (f)	kepala	[kepala]
viso (m)	wajah	[waʤah]
naso (m)	hidung	[hiduŋ]
bocca (f)	mulut	[mulut]

occhio (m)	mata	[mata]
occhi (m pl)	mata	[mata]
pupilla (f)	pupil, biji mata	[pupil], [biʤi mata]
sopracciglio (m)	alis	[alis]
ciglio (m)	bulu mata	[bulu mata]
palpebra (f)	kelopak mata	[kelopa' mata]

lingua (f)	lidah	[lidah]
dente (m)	gigi	[gigi]
labbra (f pl)	bibir	[bibir]
zigomi (m pl)	tulang pipi	[tulaŋ pipi]
gengiva (f)	gusi	[gusi]
palato (m)	langit-langit mulut	[laŋit-laŋit mulut]

narici (f pl)	lubang hidung	[lubaŋ hiduŋ]
mento (m)	dagu	[dagu]
mascella (f)	rahang	[rahaŋ]
guancia (f)	pipi	[pipi]

fronte (f)	dahi	[dahi]
tempia (f)	pelipis	[pelipis]
orecchio (m)	telinga	[teliŋa]
nuca (f)	tengkuk	[teŋku']
collo (m)	leher	[leher]
gola (f)	tenggorok	[teŋgoro']

capelli (m pl)	rambut	[rambut]
pettinatura (f)	tatanan rambut	[tatanan rambut]
taglio (m)	potongan rambut	[potoŋan rambut]
parrucca (f)	wig, rambut palsu	[wig], [rambut palsu]

baffi (m pl)	kumis	[kumis]
barba (f)	janggut	[ʤaŋgut]
portare (~ la barba, ecc.)	memelihara	[memelihara]
treccia (f)	kepang	[kepaŋ]
basette (f pl)	brewok	[brewo']

rosso (agg)	merah pirang	[merah piraŋ]
brizzolato (agg)	beruban	[beruban]
calvo (agg)	botak, plontos	[botak], [plontos]
calvizie (f)	botak	[bota']
coda (f) di cavallo	ekor kuda	[ekor kuda]
frangetta (f)	poni rambut	[poni rambut]

32. Corpo umano

mano (f)	**tangan**	[taŋan]
braccio (m)	**lengan**	[leŋan]

dito (m)	**jari**	[dʒ'ari]
dito (m) del piede	**jari**	[dʒ'ari]
pollice (m)	**jempol**	[dʒ'empol]
mignolo (m)	**jari kelingking**	[dʒ'ari keliŋkiŋ]
unghia (f)	**kuku**	[kuku]

pugno (m)	**kepalan tangan**	[kepalan taŋan]
palmo (m)	**telapak**	[telapaʔ]
polso (m)	**pergelangan**	[pergelaŋan]
avambraccio (m)	**lengan bawah**	[leŋan bawah]
gomito (m)	**siku**	[siku]
spalla (f)	**bahu**	[bahu]

gamba (f)	**kaki**	[kaki]
pianta (f) del piede	**telapak kaki**	[telapaʔ kaki]
ginocchio (m)	**lutut**	[lutut]
polpaccio (m)	**betis**	[betis]
anca (f)	**paha**	[paha]
tallone (m)	**tumit**	[tumit]

corpo (m)	**tubuh**	[tubuh]
pancia (f)	**perut**	[perut]
petto (m)	**dada**	[dada]
seno (m)	**payudara**	[pajudara]
fianco (m)	**rusuk**	[rusuʔ]
schiena (f)	**punggung**	[puŋguŋ]
zona (f) lombare	**pinggang bawah**	[piŋgaŋ bawah]
vita (f)	**pinggang**	[piŋgaŋ]

ombelico (m)	**pusar**	[pusar]
natiche (f pl)	**pantat**	[pantat]
sedere (m)	**pantat**	[pantat]

neo (m)	**tanda lahir**	[tanda lahir]
voglia (f) (~ di fragola)	**tanda lahir**	[tanda lahir]
tatuaggio (m)	**tato**	[tato]
cicatrice (f)	**parut luka**	[parut luka]

Abbigliamento e Accessori

33. Indumenti. Soprabiti

vestiti (m pl)	pakaian	[pakajan]
soprabito (m)	pakaian luar	[pakajan luar]
abiti (m pl) invernali	pakaian musim dingin	[pakajan musim diɲin]
cappotto (m)	mantel	[mantel]
pelliccia (f)	mantel bulu	[mantel bulu]
pellicciotto (m)	jaket bulu	[dʒʲaket bulu]
piumino (m)	jaket bulu halus	[dʒʲaket bulu halus]
giubbotto (m), giaccha (f)	jaket	[dʒʲaket]
impermeabile (m)	jas hujan	[dʒʲas hudʒʲan]
impermeabile (agg)	kedap air	[kedap air]

34. Abbigliamento uomo e donna

camicia (f)	kemeja	[kemedʒʲa]
pantaloni (m pl)	celana	[tʃelana]
jeans (m pl)	celana jins	[tʃelana dʒins]
giacca (f) (~ di tweed)	jas	[dʒʲas]
abito (m) da uomo	setelan	[setelan]
abito (m)	gaun	[gaun]
gonna (f)	rok	[roʔ]
camicetta (f)	blus	[blus]
giacca (f) a maglia	jaket wol	[dʒʲaket wol]
giacca (f) tailleur	jaket	[dʒʲaket]
maglietta (f)	baju kaus	[badʒʲu kaus]
pantaloni (m pl) corti	celana pendek	[tʃelana pendeʔ]
tuta (f) sportiva	pakaian olahraga	[pakajan olahraga]
accappatoio (m)	jubah mandi	[dʒʲubah mandi]
pigiama (m)	piyama	[piyama]
maglione (m)	sweter	[sweter]
pullover (m)	pulover	[pulover]
gilè (m)	rompi	[rompi]
frac (m)	jas berbuntut	[dʒʲas bərbuntut]
smoking (m)	jas malam	[dʒʲas malam]
uniforme (f)	seragam	[seragam]
tuta (f) da lavoro	pakaian kerja	[pakajan kerdʒʲa]
salopette (f)	baju monyet	[badʒʲu monjet]
camice (m) (~ del dottore)	jas	[dʒʲas]

35. Abbigliamento. Biancheria intima

biancheria (f) intima	pakaian dalam	[pakajan dalam]
boxer (m pl)	celana dalam lelaki	[tʃelana dalam lelaki]
mutandina (f)	celana dalam wanita	[tʃelana dalam wanita]
maglietta (f) intima	singlet	[siŋlet]
calzini (m pl)	kaus kaki	[kaus kaki]
camicia (f) da notte	baju tidur	[badʒʲu tidur]
reggiseno (m)	beha	[beha]
calzini (m pl) alti	kaus kaki selutut	[kaus kaki selutut]
collant (m)	pantihos	[pantihos]
calze (f pl)	kaus kaki panjang	[kaus kaki pandʒʲaŋ]
costume (m) da bagno	baju renang	[badʒʲu renaŋ]

36. Copricapo

cappello (m)	topi	[topi]
cappello (m) di feltro	topi bulat	[topi bulat]
cappello (m) da baseball	topi bisbol	[topi bisbol]
coppola (f)	topi pet	[topi pet]
basco (m)	baret	[baret]
cappuccio (m)	kerudung kepala	[keruduŋ kepala]
panama (m)	topi panama	[topi panama]
berretto (m) a maglia	topi rajut	[topi radʒʲut]
fazzoletto (m) da capo	tudung kepala	[tuduŋ kepala]
cappellino (m) donna	topi wanita	[topi wanita]
casco (m) (~ di sicurezza)	topi baja	[topi badʒʲa]
bustina (f)	topi lipat	[topi lipat]
casco (m) (~ moto)	helm	[helm]
bombetta (f)	topi bulat	[topi bulat]
cilindro (m)	topi tinggi	[topi tiŋgi]

37. Calzature

calzature (f pl)	sepatu	[sepatu]
stivaletti (m pl)	sepatu bot	[sepatu bot]
scarpe (f pl)	sepatu wanita	[sepatu wanita]
stivali (m pl)	sepatu lars	[sepatu lars]
pantofole (f pl)	pantofel	[pantofel]
scarpe (f pl) da tennis	sepatu tenis	[sepatu tenis]
scarpe (f pl) da ginnastica	sepatu kets	[sepatu kets]
sandali (m pl)	sandal	[sandal]
calzolaio (m)	tukang sepatu	[tukaŋ sepatu]
tacco (m)	tumit	[tumit]

paio (m)	sepasang	[sepasaŋ]
laccio (m)	tali sepatu	[tali sepatu]
allacciare (vt)	mengikat tali	[məŋikat tali]
calzascarpe (m)	sendok sepatu	[sendo' sepatu]
lucido (m) per le scarpe	semir sepatu	[semir sepatu]

38. Tessuti. Stoffe

cotone (m)	katun	[katun]
di cotone	katun	[katun]
lino (m)	linen	[linen]
di lino	linen	[linen]

seta (f)	sutra	[sutra]
di seta	sutra	[sutra]
lana (f)	wol	[wol]
di lana	wol	[wol]

velluto (m)	beledu	[beledu]
camoscio (m)	suede	[suede]
velluto (m) a coste	korduroi	[korduroy]

nylon (m)	nilon	[nilon]
di nylon	nilon	[nilon]
poliestere (m)	poliester	[poliester]
di poliestere	poliester	[poliester]

pelle (f)	kulit	[kulit]
di pelle	kulit	[kulit]
pelliccia (f)	kulit berbulu	[kulit bərbulu]
di pelliccia	bulu	[bulu]

39. Accessori personali

guanti (m pl)	sarung tangan	[saruŋ taŋan]
manopole (f pl)	sarung tangan	[saruŋ taŋan]
sciarpa (f)	selendang	[selendaŋ]

occhiali (m pl)	kacamata	[katʃamata]
montatura (f)	bingkai	[biŋkaj]
ombrello (m)	payung	[pajuŋ]
bastone (m)	tongkat jalan	[toŋkat dʒʲalan]
spazzola (f) per capelli	sikat rambut	[sikat rambut]
ventaglio (m)	kipas	[kipas]

cravatta (f)	dasi	[dasi]
cravatta (f) a farfalla	dasi kupu-kupu	[dasi kupu-kupu]
bretelle (f pl)	bretel	[bretel]
fazzoletto (m)	sapu tangan	[sapu taŋan]

| pettine (m) | sisir | [sisir] |
| fermaglio (m) | jepit rambut | [dʒʲepit rambut] |

41

| forcina (f) | harnal | [harnal] |
| fibbia (f) | gesper | [gesper] |

| cintura (f) | sabuk | [sabuʔ] |
| spallina (f) | tali tas | [tali tas] |

borsa (f)	tas	[tas]
borsetta (f)	tas tangan	[tas taŋan]
zaino (m)	ransel	[ransel]

40. Abbigliamento. Varie

moda (f)	mode	[mode]
di moda	modis	[modis]
stilista (m)	perancang busana	[perantʃaŋ busana]

collo (m)	kerah	[kerah]
tasca (f)	saku	[saku]
tascabile (agg)	saku	[saku]
manica (f)	lengan	[leŋan]
asola (f) per appendere	tali kait	[tali kait]
patta (f) (~ dei pantaloni)	golbi	[golbi]

cerniera (f) lampo	ritsleting	[ritsletiŋ]
chiusura (f)	kancing	[kantʃiŋ]
bottone (m)	kancing	[kantʃiŋ]
occhiello (m)	lubang kancing	[lubaŋ kantʃiŋ]
staccarsi (un bottone)	terlepas	[terlepas]

cucire (vi, vt)	menjahit	[mendʒ'ahit]
ricamare (vi, vt)	membordir	[membordir]
ricamo (m)	bordiran	[bordiran]
ago (m)	jarum	[dʒ'arum]
filo (m)	benang	[benaŋ]
cucitura (f)	setik	[setiʔ]

sporcarsi (vr)	kena kotor	[kena kotor]
macchia (f)	bercak	[bertʃaʔ]
sgualcirsi (vr)	kumal	[kumal]
strappare (vt)	merobek	[merobeʔ]
tarma (f)	ngengat	[ŋeŋat]

41. Cura della persona. Cosmetici

dentifricio (m)	pasta gigi	[pasta gigi]
spazzolino (m) da denti	sikat gigi	[sikat gigi]
lavarsi i denti	menggosok gigi	[meŋgosoʔ gigi]

rasoio (m)	pisau cukur	[pisau tʃukur]
crema (f) da barba	krim cukur	[krim tʃukur]
rasarsi (vr)	bercukur	[bertʃukur]
sapone (m)	sabun	[sabun]

shampoo (m)	sampo	[sampo]
forbici (f pl)	gunting	[guntiŋ]
limetta (f)	kikir kuku	[kikir kuku]
tagliaunghie (m)	pemotong kuku	[pemotoŋ kuku]
pinzette (f pl)	pinset	[pinset]
cosmetica (f)	kosmetik	[kosmetiʔ]
maschera (f) di bellezza	masker	[masker]
manicure (m)	manikur	[manikur]
fare la manicure	melakukan manikur	[melakukan manikur]
pedicure (m)	pedi	[pedi]
borsa (f) del trucco	tas kosmetik	[tas kosmetiʔ]
cipria (f)	bedak	[bedaʔ]
portacipria (m)	kotak bedak	[kotaʔ bedaʔ]
fard (m)	perona pipi	[perona pipi]
profumo (m)	parfum	[parfum]
acqua (f) da toeletta	minyak wangi	[minjaʔ waŋi]
lozione (f)	losion	[losjon]
acqua (f) di Colonia	kolonye	[kolone]
ombretto (m)	pewarna mata	[pewarna mata]
eyeliner (m)	pensil alis	[pensil alis]
mascara (m)	celak	[ʧelaʔ]
rossetto (m)	lipstik	[lipstiʔ]
smalto (m)	kuteks, cat kuku	[kuteks], [ʧat kuku]
lacca (f) per capelli	semprotan rambut	[semprotan rambut]
deodorante (m)	deodoran	[deodoran]
crema (f)	krim	[krim]
crema (f) per il viso	krim wajah	[krim waʤah]
crema (f) per le mani	krim tangan	[krim taŋan]
crema (f) antirughe	krim antikerut	[krim antikerut]
crema (f) da giorno	krim siang	[krim siaŋ]
crema (f) da notte	krim malam	[krim malam]
da giorno	siang	[siaŋ]
da notte	malam	[malam]
tampone (m)	tampon	[tampon]
carta (f) igienica	kertas toilet	[kertas toylet]
fon (m)	pengering rambut	[peŋeriŋ rambut]

42. Gioielli

gioielli (m pl)	perhiasan	[perhiasan]
prezioso (agg)	mulia, berharga	[mulia], [berharga]
marchio (m)	tanda kadar	[tanda kadar]
anello (m)	cincin	[ʧinʧin]
anello (m) nuziale	cincin kawin	[ʧinʧin kawin]
braccialetto (m)	gelang	[gelaŋ]
orecchini (m pl)	anting-anting	[antiŋ-antiŋ]

collana (f)	kalung	[kaluŋ]
corona (f)	mahkota	[mahkota]
perline (f pl)	kalung manik-manik	[kaluŋ maniʔ-maniʔ]

diamante (m)	berlian	[bɘrlian]
smeraldo (m)	zamrud	[zamrud]
rubino (m)	batu mirah delima	[batu mirah delima]
zaffiro (m)	nilakandi	[nilakandi]
perle (f pl)	mutiara	[mutiara]
ambra (f)	batu amber	[batu amber]

43. Orologi da polso. Orologio

orologio (m) (~ da polso)	arloji	[arloʤi]
quadrante (m)	piringan jam	[piriŋan ʤʲam]
lancetta (f)	jarum	[ʤʲarum]
braccialetto (m)	rantai arloji	[rantaj arloʤi]
cinturino (m)	tali arloji	[tali arloʤi]

pila (f)	baterai	[bateraj]
essere scarico	mati	[mati]
cambiare la pila	mengganti baterai	[mɘŋganti bateraj]
andare avanti	cepat	[ʧepat]
andare indietro	terlambat	[tɘrlambat]

orologio (m) da muro	jam dinding	[ʤʲam dindiŋ]
clessidra (f)	jam pasir	[ʤʲam pasir]
orologio (m) solare	jam matahari	[ʤʲam matahari]
sveglia (f)	weker	[weker]
orologiaio (m)	tukang jam	[tukaŋ ʤʲam]
riparare (vt)	mereparasi, memperbaiki	[mereparasi], [memperbajki]

Cibo. Alimentazione

44. Cibo

carne (f)	daging	[dagiŋ]
pollo (m)	ayam	[ajam]
pollo (m) novello	anak ayam	[ana' ajam]
anatra (f)	bebek	[bebe']
oca (f)	angsa	[aŋsa]
cacciagione (f)	binatang buruan	[binataŋ buruan]
tacchino (m)	kalkun	[kalkun]
maiale (m)	daging babi	[dagiŋ babi]
vitello (m)	daging anak sapi	[dagiŋ ana' sapi]
agnello (m)	daging domba	[dagiŋ domba]
manzo (m)	daging sapi	[dagiŋ sapi]
coniglio (m)	kelinci	[kelintʃi]
salame (m)	sosis	[sosis]
w?rstel (m)	sosis	[sosis]
pancetta (f)	bakon	[beykon]
prosciutto (m)	ham, daging kornet	[ham], [dagiŋ kornet]
prosciutto (m) affumicato	ham	[ham]
pâté (m)	pasta	[pasta]
fegato (m)	hati	[hati]
carne (f) trita	daging giling	[dagiŋ giliŋ]
lingua (f)	lidah	[lidah]
uovo (m)	telur	[telur]
uova (f pl)	telur	[telur]
albume (m)	putih telur	[putih telur]
tuorlo (m)	kuning telur	[kuniŋ telur]
pesce (m)	ikan	[ikan]
frutti (m pl) di mare	makanan laut	[makanan laut]
crostacei (m pl)	krustasea	[krustasea]
caviale (m)	caviar	[kaviar]
granchio (m)	kepiting	[kepitiŋ]
gamberetto (m)	udang	[udaŋ]
ostrica (f)	tiram	[tiram]
aragosta (f)	lobster berduri	[lobster berduri]
polpo (m)	gurita	[gurita]
calamaro (m)	cumi-cumi	[tʃumi-tʃumi]
storione (m)	ikan sturgeon	[ikan sturdʒʲen]
salmone (m)	salmon	[salmon]
ippoglosso (m)	ikan turbot	[ikan turbot]
merluzzo (m)	ikan kod	[ikan kod]

scombro (m)	ikan kembung	[ikan kembuŋ]
tonno (m)	tuna	[tuna]
anguilla (f)	belut	[belut]

trota (f)	ikan forel	[ikan forel]
sardina (f)	sarden	[sarden]
luccio (m)	ikan pike	[ikan paik]
aringa (f)	ikan haring	[ikan hariŋ]

pane (m)	roti	[roti]
formaggio (m)	keju	[kedʒu]
zucchero (m)	gula	[gula]
sale (m)	garam	[garam]

riso (m)	beras, nasi	[beras], [nasi]
pasta (f)	makaroni	[makaroni]
tagliatelle (f pl)	mi	[mi]

burro (m)	mentega	[mentega]
olio (m) vegetale	minyak nabati	[minja' nabati]
olio (m) di girasole	minyak bunga matahari	[minja' buŋa matahari]
margarina (f)	margarin	[margarin]

| olive (f pl) | buah zaitun | [buah zajtun] |
| olio (m) d'oliva | minyak zaitun | [minja' zajtun] |

latte (m)	susu	[susu]
latte (m) condensato	susu kental	[susu kental]
yogurt (m)	yogurt	[yogurt]
panna (f) acida	krim asam	[krim asam]
panna (f)	krim, kepala susu	[krim], [kepala susu]

| maionese (m) | mayones | [majones] |
| crema (f) | krim | [krim] |

cereali (m pl)	menir	[menir]
farina (f)	tepung	[tepuŋ]
cibi (m pl) in scatola	makanan kalengan	[makanan kaleŋan]

fiocchi (m pl) di mais	emping jagung	[empiŋ dʒ'aguŋ]
miele (m)	madu	[madu]
marmellata (f)	selai	[selaj]
gomma (f) da masticare	permen karet	[permen karet]

45. Bevande

acqua (f)	air	[air]
acqua (f) potabile	air minum	[air minum]
acqua (f) minerale	air mineral	[air mineral]

liscia (non gassata)	tanpa gas	[tanpa gas]
gassata (agg)	berkarbonasi	[berkarbonasi]
frizzante (agg)	bergas	[bergas]
ghiaccio (m)	es	[es]

con ghiaccio	dengan es	[deŋan es]
analcolico (agg)	tanpa alkohol	[tanpa alkohol]
bevanda (f) analcolica	minuman ringan	[minuman riŋan]
bibita (f)	minuman penygar	[minuman penigar]
limonata (f)	limun	[limun]

bevande (f pl) alcoliche	minoman beralkohol	[minoman beralkohol]
vino (m)	anggur	[aŋgur]
vino (m) bianco	anggur putih	[aŋgur putih]
vino (m) rosso	anggur merah	[aŋgur merah]

liquore (m)	likeur	[likeur]
champagne (m)	sampanye	[sampanje]
vermouth (m)	vermouth	[vermut]

whisky	wiski	[wiski]
vodka (f)	vodka	[vodka]
gin (m)	jin, jenewer	[dʒin], [dʒenewer]
cognac (m)	konyak	[konja']
rum (m)	rum	[rum]

caffè (m)	kopi	[kopi]
caffè (m) nero	kopi pahit	[kopi pahit]
caffè latte (m)	kopi susu	[kopi susu]
cappuccino (m)	cappuccino	[kaputʃino]
caffè (m) solubile	kopi instan	[kopi instan]

latte (m)	susu	[susu]
cocktail (m)	koktail	[koktajl]
frullato (m)	susu kocok	[susu kotʃo']

succo (m)	jus	[dʒus]
succo (m) di pomodoro	jus tomat	[dʒus tomat]
succo (m) d'arancia	jus jeruk	[dʒus dʒeru']
spremuta (f)	jus peras	[dʒus peras]

birra (f)	bir	[bir]
birra (f) chiara	bir putih	[bir putih]
birra (f) scura	bir hitam	[bir hitam]

tè (m)	teh	[teh]
tè (m) nero	teh hitam	[teh hitam]
tè (m) verde	teh hijau	[teh hidʒau]

46. Verdure

| ortaggi (m pl) | sayuran | [sajuran] |
| verdura (f) | sayuran hijau | [sajuran hidʒau] |

pomodoro (m)	tomat	[tomat]
cetriolo (m)	mentimun, ketimun	[mentimun], [ketimun]
carota (f)	wortel	[wortel]
patata (f)	kentang	[kentaŋ]
cipolla (f)	bawang	[bawaŋ]

aglio (m)	bawang putih	[bawaŋ putih]
cavolo (m)	kol	[kol]
cavolfiore (m)	kembang kol	[kembaŋ kol]
cavoletti (m pl) di Bruxelles	kol Brussels	[kol brusels]
broccolo (m)	brokoli	[brokoli]

barbabietola (f)	ubi bit merah	[ubi bit merah]
melanzana (f)	terung, terong	[teruŋ], [teroŋ]
zucchina (f)	labu siam	[labu siam]
zucca (f)	labu	[labu]
rapa (f)	turnip	[turnip]

prezzemolo (m)	peterseli	[peterseli]
aneto (m)	adas sowa	[adas sowa]
lattuga (f)	selada	[selada]
sedano (m)	seledri	[seledri]
asparago (m)	asparagus	[asparagus]
spinaci (m pl)	bayam	[bajam]

pisello (m)	kacang polong	[katʃaŋ poloŋ]
fave (f pl)	kacang-kacangan	[katʃaŋ-katʃaŋan]
mais (m)	jagung	[dʒʲaguŋ]
fagiolo (m)	kacang buncis	[katʃaŋ buntʃis]

peperone (m)	cabai	[tʃabaj]
ravanello (m)	radis	[radis]
carciofo (m)	artisyok	[artiʃoˀ]

47. Frutta. Noci

frutto (m)	buah	[buah]
mela (f)	apel	[apel]
pera (f)	pir	[pir]
limone (m)	jeruk sitrun	[dʒʲeruˀ sitrun]
arancia (f)	jeruk manis	[dʒʲeruˀ manis]
fragola (f)	stroberi	[stroberi]

mandarino (m)	jeruk mandarin	[dʒʲeruˀ mandarin]
prugna (f)	plum	[plum]
pesca (f)	persik	[persiˀ]
albicocca (f)	aprikot	[aprikot]
lampone (m)	buah frambus	[buah frambus]
ananas (m)	nanas	[nanas]

banana (f)	pisang	[pisaŋ]
anguria (f)	semangka	[semaŋka]
uva (f)	buah anggur	[buah aŋgur]
amarena (f)	buah ceri asam	[buah tʃeri asam]
ciliegia (f)	buah ceri manis	[buah tʃeri manis]
melone (m)	melon	[melon]

pompelmo (m)	jeruk Bali	[dʒʲeruˀ bali]
avocado (m)	avokad	[avokad]
papaia (f)	pepaya	[pepaja]

mango (m)	mangga	[maŋga]
melagrana (f)	buah delima	[buah delima]
ribes (m) rosso	redcurrant	[redkaren]
ribes (m) nero	blackcurrant	[ble'karen]
uva (f) spina	buah arbei hijau	[buah arbei hidʒiau]
mirtillo (m)	buah bilberi	[buah bilberi]
mora (f)	beri hitam	[beri hitam]
uvetta (f)	kismis	[kismis]
fico (m)	buah ara	[buah ara]
dattero (m)	buah kurma	[buah kurma]
arachide (f)	kacang tanah	[katʃaŋ tanah]
mandorla (f)	badam	[badam]
noce (f)	buah walnut	[buah walnut]
nocciola (f)	kacang hazel	[katʃaŋ hazel]
noce (f) di cocco	buah kelapa	[buah kelapa]
pistacchi (m pl)	badam hijau	[badam hidʒiau]

48. Pane. Dolci

pasticceria (f)	kue-mue	[kue-mue]
pane (m)	roti	[roti]
biscotti (m pl)	biskuit	[biskuit]
cioccolato (m)	cokelat	[tʃokelat]
al cioccolato (agg)	cokelat	[tʃokelat]
caramella (f)	permen	[permen]
tortina (f)	kue	[kue]
torta (f)	kue tar	[kue tar]
crostata (f)	pai	[pai]
ripieno (m)	inti	[inti]
marmellata (f)	selai buah utuh	[selaj buah utuh]
marmellata (f) di agrumi	marmelade	[marmelade]
wafer (m)	wafel	[wafel]
gelato (m)	es krim	[es krim]
budino (m)	puding	[pudiŋ]

49. Pietanze cucinate

piatto (m) (~ principale)	masakan, hidangan	[masakan], [hidaŋan]
cucina (f)	masakan	[masakan]
ricetta (f)	resep	[resep]
porzione (f)	porsi	[porsi]
insalata (f)	salada	[salada]
minestra (f)	sup	[sup]
brodo (m)	kaldu	[kaldu]
panino (m)	roti lapis	[roti lapis]

uova (f pl) al tegamino	telur mata sapi	[telur mata sapi]
hamburger (m)	hamburger	[hamburger]
bistecca (f)	bistik	[bisti']

contorno (m)	lauk	[lau']
spaghetti (m pl)	spageti	[spageti]
purè (m) di patate	kentang tumbuk	[kentaŋ tumbu']
pizza (f)	piza	[piza]
porridge (m)	bubur	[bubur]
frittata (f)	telur dadar	[telur dadar]

bollito (agg)	rebus	[rebus]
affumicato (agg)	asap	[asap]
fritto (agg)	goreng	[goreŋ]
secco (agg)	kering	[keriŋ]
congelato (agg)	beku	[beku]
sottoaceto (agg)	marinade	[marinade]

dolce (gusto)	manis	[manis]
salato (agg)	asin	[asin]
freddo (agg)	dingin	[diŋin]
caldo (agg)	panas	[panas]
amaro (agg)	pahit	[pahit]
buono, gustoso (agg)	enak	[ena']

cuocere, preparare (vt)	merebus	[merebus]
cucinare (vi)	memasak	[memasa']
friggere (vt)	menggoreng	[meŋgoreŋ]
riscaldare (vt)	memanaskan	[memanaskan]

salare (vt)	menggarami	[meŋgarami]
pepare (vt)	membubuh merica	[membubuh meritʃa]
grattugiare (vt)	memarut	[memarut]
buccia (f)	kulit	[kulit]
sbucciare (vt)	mengupas	[meŋupas]

50. Spezie

sale (m)	garam	[garam]
salato (agg)	asin	[asin]
salare (vt)	menggarami	[meŋgarami]

pepe (m) nero	merica	[meritʃa]
peperoncino (m)	cabai merah	[tʃabaj merah]
senape (f)	mustar	[mustar]
cren (m)	lobak pedas	[loba' pedas]

condimento (m)	bumbu	[bumbu]
spezie (f pl)	rempah-rempah	[rempah-rempah]
salsa (f)	saus	[saus]
aceto (m)	cuka	[tʃuka]

anice (m)	adas manis	[adas manis]
basilico (m)	selasih	[selasih]

chiodi (m pl) di garofano	cengkih	[ʧeŋkih]
zenzero (m)	jahe	[dʒ'ahe]
coriandolo (m)	ketumbar	[ketumbar]
cannella (f)	kayu manis	[kaju manis]

sesamo (m)	wijen	[widʒ'en]
alloro (m)	daun salam	[daun salam]
paprica (f)	cabai	[ʧabaj]
cumino (m)	jintan	[dʒintan]
zafferano (m)	kuma-kuma	[kuma-kuma]

51. Pasti

cibo (m)	makanan	[makanan]
mangiare (vi, vt)	makan	[makan]

colazione (f)	makan pagi, sarapan	[makan pagi], [sarapan]
fare colazione	sarapan	[sarapan]
pranzo (m)	makan siang	[makan siaŋ]
pranzare (vi)	makan siang	[makan siaŋ]
cena (f)	makan malam	[makan malam]
cenare (vi)	makan malam	[makan malam]

appetito (m)	nafsu makan	[nafsu makan]
Buon appetito!	Selamat makan!	[selamat makan!]

aprire (vt)	membuka	[membuka]
rovesciare (~ il vino, ecc.)	menumpahkan	[menumpahkan]

bollire (vi)	mendidih	[mendidih]
far bollire	mendidihkan	[mendidihkan]
bollito (agg)	masak	[masaʔ]

raffreddare (vt)	mendinginkan	[mendiɲinkan]
raffreddarsi (vr)	mendingin	[mendiɲin]

gusto (m)	rasa	[rasa]
retrogusto (m)	nuansa rasa	[nuansa rasa]

essere a dieta	berdiet	[berdiet]
dieta (f)	diet, pola makan	[diet], [pola makan]
vitamina (f)	vitamin	[vitamin]
caloria (f)	kalori	[kalori]

vegetariano (m)	vegetarian	[vegetarian]
vegetariano (agg)	vegetarian	[vegetarian]

grassi (m pl)	lemak	[lemaʔ]
proteine (f pl)	protein	[protein]
carboidrati (m pl)	karbohidrat	[karbohidrat]

fetta (f), fettina (f)	irisan	[irisan]
pezzo (m) (~ di torta)	potongan	[potoŋan]
briciola (f) (~ di pane)	remah	[remah]

52. Preparazione della tavola

cucchiaio (m)	sendok	[sendoʔ]
coltello (m)	pisau	[pisau]
forchetta (f)	garpu	[garpu]
tazza (f)	cangkir	[ʧaŋkir]
piatto (m)	piring	[piriŋ]
piattino (m)	alas cangkir	[alas ʧaŋkir]
tovagliolo (m)	serbet	[serbet]
stuzzicadenti (m)	tusuk gigi	[tusuʔ gigi]

53. Ristorante

ristorante (m)	restoran	[restoran]
caffè (m)	warung kopi	[waruŋ kopi]
pub (m), bar (m)	bar	[bar]
sala (f) da tè	warung teh	[waruŋ teh]
cameriere (m)	pelayan lelaki	[pelajan lelaki]
cameriera (f)	pelayan perempuan	[pelajan perempuan]
barista (m)	pelayan bar	[pelajan bar]
menù (m)	menu	[menu]
lista (f) dei vini	daftar anggur	[daftar aŋgur]
prenotare un tavolo	memesan meja	[memesan medʒʲa]
piatto (m)	masakan, hidangan	[masakan], [hidaŋan]
ordinare (~ il pranzo)	memesan	[memesan]
fare un'ordinazione	memesan	[memesan]
aperitivo (m)	aperitif	[aperitif]
antipasto (m)	makanan ringan	[makanan riŋan]
dolce (m)	hidangan penutup	[hidaŋan penutup]
conto (m)	bon	[bon]
pagare il conto	membayar bon	[membajar bon]
dare il resto	memberikan uang kembalian	[memberikan uaŋ kembalian]
mancia (f)	tip	[tip]

Famiglia, parenti e amici

54. Informazioni personali. Moduli

nome (m)	nama, nama depan	[nama], [nama depan]
cognome (m)	nama keluarga	[nama keluarga]
data (f) di nascita	tanggal lahir	[taŋgal lahir]
luogo (m) di nascita	tempat lahir	[tempat lahir]
nazionalità (f)	kebangsaan	[kebaŋsa'an]
domicilio (m)	tempat tinggal	[tempat tiŋgal]
paese (m)	negara, negeri	[negara], [negeri]
professione (f)	profesi	[profesi]
sesso (m)	jenis kelamin	[dʒ¦enis kelamin]
statura (f)	tinggi badan	[tiŋgi badan]
peso (m)	berat	[berat]

55. Membri della famiglia. Parenti

madre (f)	ibu	[ibu]
padre (m)	ayah	[ajah]
figlio (m)	anak lelaki	[ana' lelaki]
figlia (f)	anak perempuan	[ana' pərempuan]
figlia (f) minore	anak perempuan bungsu	[ana' pərempuan buŋsu]
figlio (m) minore	anak lelaki bungsu	[ana' lelaki buŋsu]
figlia (f) maggiore	anak perempuan sulung	[ana' pərempuan suluŋ]
figlio (m) maggiore	anak lelaki sulung	[ana' lelaki suluŋ]
fratello (m)	saudara lelaki	[saudara lelaki]
fratello (m) maggiore	kakak lelaki	[kaka' lelaki]
fratello (m) minore	adik lelaki	[adi' lelaki]
sorella (f)	saudara perempuan	[saudara pərempuan]
sorella (f) maggiore	kakak perempuan	[kaka' pərempuan]
sorella (f) minore	adik perempuan	[adi' pərempuan]
cugino (m)	sepupu lelaki	[sepupu lelaki]
cugina (f)	sepupu perempuan	[sepupu pərempuan]
mamma (f)	mama, ibu	[mama], [ibu]
papà (m)	papa, ayah	[papa], [ajah]
genitori (m pl)	orang tua	[oraŋ tua]
bambino (m)	anak	[ana']
bambini (m pl)	anak-anak	[ana'-ana']
nonna (f)	nenek	[nene']
nonno (m)	kakek	[kake']

nipote (m) (figlio di un figlio)	cucu laki-laki	[ʧuʧu laki-laki]
nipote (f)	cucu perempuan	[ʧuʧu perempuan]
nipoti (pl)	cucu	[ʧuʧu]

zio (m)	paman	[paman]
zia (f)	bibi	[bibi]
nipote (m) (figlio di un fratello)	keponakan laki-laki	[keponakan laki-laki]
nipote (f)	keponakan perempuan	[keponakan perempuan]

suocera (f)	ibu mertua	[ibu mertua]
suocero (m)	ayah mertua	[ajah mertua]
genero (m)	menantu laki-laki	[menantu laki-laki]
matrigna (f)	ibu tiri	[ibu tiri]
patrigno (m)	ayah tiri	[ajah tiri]

neonato (m)	bayi	[baji]
infante (m)	bayi	[baji]
bimbo (m), ragazzino (m)	bocah cilik	[boʧah ʧili']

moglie (f)	istri	[istri]
marito (m)	suami	[suami]
coniuge (m)	suami	[suami]
coniuge (f)	istri	[istri]

sposato (agg)	menikah, beristri	[menikah], [beristri]
sposata (agg)	menikah, bersuami	[menikah], [bersuami]
celibe (agg)	bujang	[budʒaŋ]
scapolo (m)	bujang	[budʒaŋ]
divorziato (agg)	bercerai	[berʧeraj]
vedova (f)	janda	[dʒanda]
vedovo (m)	duda	[duda]

parente (m)	kerabat	[kerabat]
parente (m) stretto	kerabat dekat	[kerabat dekat]
parente (m) lontano	kerabat jauh	[kerabat dʒauh]
parenti (m pl)	kerabat, sanak saudara	[kerabat], [sana' saudara]

orfano (m), orfana (f)	yatim piatu	[yatim piatu]
tutore (m)	wali	[wali]
adottare (~ un bambino)	mengadopsi	[meŋadopsi]
adottare (~ una bambina)	mengadopsi	[meŋadopsi]

56. Amici. Colleghi

amico (m)	sahabat	[sahabat]
amica (f)	sahabat	[sahabat]
amicizia (f)	persahabatan	[persahabatan]
essere amici	bersahabat	[bersahabat]

amico (m) (inform.)	teman	[teman]
amica (f) (inform.)	teman	[teman]
partner (m)	mitra	[mitra]
capo (m)	atasan	[atasan]
capo (m), superiore (m)	atasan	[atasan]

proprietario (m)	pemilik	[pemiliʔ]
subordinato (m)	bawahan	[bawahan]
collega (m)	kolega	[kolega]

conoscente (m)	kenalan	[kenalan]
compagno (m) di viaggio	rekan seperjalanan	[rekan seperdʒalanan]
compagno (m) di classe	teman sekelas	[teman sekelas]

vicino (m)	tetangga	[tetaŋga]
vicina (f)	tetangga	[tetaŋga]
vicini (m pl)	para tetangga	[para tetaŋga]

57. Uomo. Donna

donna (f)	perempuan, wanita	[perempuan], [wanita]
ragazza (f)	gadis	[gadis]
sposa (f)	mempelai perempuan	[mempelaj perempuan]

bella (agg)	cantik	[tʃantiʔ]
alta (agg)	tinggi	[tiŋgi]
snella (agg)	ramping	[rampiŋ]
bassa (agg)	pendek	[pendeʔ]

| bionda (f) | orang berambut pirang | [oraŋ berambut piraŋ] |
| bruna (f) | orang berambut cokelat | [oraŋ berambut tʃokelat] |

da donna (agg)	wanita	[wanita]
vergine (f)	perawan	[perawan]
incinta (agg)	hamil	[hamil]

uomo (m) (adulto maschio)	laki-laki, pria	[laki-laki], [pria]
biondo (m)	orang berambut pirang	[oraŋ berambut piraŋ]
bruno (m)	orang berambut cokelat	[oraŋ berambut tʃokelat]
alto (agg)	tinggi	[tiŋgi]
basso (agg)	pendek	[pendeʔ]

sgarbato (agg)	kasar	[kasar]
tozzo (agg)	kekar	[kekar]
robusto (agg)	tegap	[tegap]
forte (agg)	kuat	[kuat]
forza (f)	kekuatan	[kekuatan]

grasso (agg)	gemuk	[gemuʔ]
bruno (agg)	berkulit hitam	[berkulit hitam]
snello (agg)	ramping	[rampiŋ]
elegante (agg)	anggun	[aŋgun]

58. Età

età (f)	umur	[umur]
giovinezza (f)	usia muda	[usia muda]
giovane (agg)	muda	[muda]

più giovane (agg)	lebih muda	[lebih muda]
più vecchio (agg)	lebih tua	[lebih tua]

giovane (m)	pemuda	[pemuda]
adolescente (m, f)	remaja	[remadʒia]
ragazzo (m)	cowok	[tʃowoʔ]

vecchio (m)	lelaki tua	[lelaki tua]
vecchia (f)	perempuan tua	[perempuan tua]

adulto (m)	dewasa	[dewasa]
di mezza età	paruh baya	[paruh baja]
anziano (agg)	lansia	[lansia]
vecchio (agg)	tua	[tua]

pensionamento (m)	pensiun	[pensiun]
andare in pensione	pensiun	[pensiun]
pensionato (m)	pensiunan	[pensiunan]

59. Bambini

bambino (m), bambina (f)	anak	[anaʔ]
bambini (m pl)	anak-anak	[anaʔ-anaʔ]
gemelli (m pl)	kembar	[kembar]

culla (f)	buaian	[buajan]
sonaglio (m)	ocehan	[otʃehan]
pannolino (m)	popok	[popoʔ]

tettarella (f)	dot	[dot]
carrozzina (f)	kereta bayi	[kereta baji]
scuola (f) materna	taman kanak-kanak	[taman kanaʔ-kanaʔ]
baby-sitter (f)	pengasuh anak	[peŋasuh anaʔ]

infanzia (f)	masa kanak-kanak	[masa kanaʔ-kanaʔ]
bambola (f)	boneka	[boneka]
giocattolo (m)	mainan	[majnan]
gioco (m) di costruzione	alat permainan bongkah	[alat permajnan boŋkah]

educato (agg)	beradab	[beradab]
maleducato (agg)	biadab	[biadab]
viziato (agg)	manja	[mandʒia]

essere disubbidiente	nakal	[nakal]
birichino (agg)	nakal	[nakal]
birichinata (f)	kenakalan	[kenakalan]
bambino (m) birichino	anak nakal	[anaʔ nakal]

ubbidiente (agg)	patuh	[patuh]
disubbidiente (agg)	tidak patuh	[tidaʔ patuh]

docile (agg)	penurut	[penurut]
intelligente (agg)	pandai, pintar	[pandaj], [pintar]
bambino (m) prodigio	anak ajaib	[anaʔ adʒiajb]

60. Coppie sposate. Vita di famiglia

baciare (vt)	mencium	[mənʧium]
baciarsi (vr)	berciuman	[bərʧiuman]
famiglia (f)	keluarga	[keluarga]
familiare (agg)	keluarga	[keluarga]
coppia (f)	pasangan	[pasaŋan]
matrimonio (m)	pernikahan	[pərnikahan]
focolare (m) domestico	rumah tangga	[rumah taŋga]
dinastia (f)	dinasti	[dinasti]
appuntamento (m)	kencan	[kenʧan]
bacio (m)	ciuman	[ʧiuman]
amore (m)	cinta	[ʧinta]
amare (qn)	mencintai	[mənʧintaj]
amato (agg)	kekasih	[kekasih]
tenerezza (f)	kelembutan	[kelembutan]
dolce, tenero (agg)	lembut	[lembut]
fedeltà (f)	kesetiaan	[kesetia'an]
fedele (agg)	setia	[setia]
premura (f)	perhatian	[pərhatian]
premuroso (agg)	penuh perhatian	[penuh pərhatian]
sposi (m pl) novelli	pengantin baru	[peŋantin baru]
luna (f) di miele	bulan madu	[bulan madu]
sposarsi (per una donna)	menikah, bersuami	[mənikah], [bərsuami]
sposarsi (per un uomo)	menikah, beristri	[mənikah], [beristri]
nozze (f pl)	pernikahan	[pərnikahan]
nozze (f pl) d'oro	pernikahan emas	[pərnikahan emas]
anniversario (m)	hari jadi, HUT	[hari dʒadi], [ha-u-te]
amante (m)	pria idaman lain	[pria idaman lajn]
amante (f)	wanita idaman lain	[wanita idaman lajn]
adulterio (m)	perselingkuhan	[pərseliŋkuhan]
tradire (commettere adulterio)	berselingkuh dari ...	[bərseliŋkuh dari ...]
geloso (agg)	cemburu	[ʧemburu]
essere geloso	cemburu	[ʧemburu]
divorzio (m)	perceraian	[pərʧerajan]
divorziare (vi)	bercerai	[bərʧeraj]
litigare (vi)	bertengkar	[bərteŋkar]
fare pace	berdamai	[bərdamaj]
insieme	bersama	[bərsama]
sesso (m)	seks	[seks]
felicità (f)	kebahagiaan	[kebahagia'an]
felice (agg)	berbahagia	[bərbahagia]
disgrazia (f)	kemalangan	[kemalaŋan]
infelice (agg)	malang	[malaŋ]

Personalità. Sentimenti. Emozioni

61. Sentimenti. Emozioni

sentimento (m)	perasaan	[pərasa'an]
sentimenti (m pl)	perasaan	[pərasa'an]
sentire (vt)	merasa	[merasa]
fame (f)	kelaparan	[kelaparan]
avere fame	lapar	[lapar]
sete (f)	kehausan	[kehausan]
avere sete	haus	[haus]
sonnolenza (f)	kantuk	[kantu']
avere sonno	mengantuk	[məŋantu']
stanchezza (f)	rasa lelah	[rasa lelah]
stanco (agg)	lelah	[lelah]
stancarsi (vr)	lelah	[lelah]
umore (m) (buon ~)	suasana hati	[suasana hati]
noia (f)	kebosanan	[kebosanan]
annoiarsi (vr)	bosan	[bosan]
isolamento (f)	kesendirian	[kesendirian]
isolarsi (vr)	menyendiri	[mənjendiri]
preoccupare (vt)	membuat khawatir	[membuat hawatir]
essere preoccupato	khawatir	[hawatir]
agitazione (f)	kekhawatiran	[kehawatiran]
preoccupazione (f)	kegelisahan	[kegelisahan]
preoccupato (agg)	prihatin	[prihatin]
essere nervoso	gugup, gelisah	[gugup], [gelisah]
andare in panico	panik	[pani']
speranza (f)	harapan	[harapan]
sperare (vi, vt)	berharap	[bərharap]
certezza (f)	kepastian	[kepastian]
sicuro (agg)	pasti	[pasti]
incertezza (f)	ketidakpastian	[ketidakpastian]
incerto (agg)	tidak pasti	[tida' pasti]
ubriaco (agg)	mabuk	[mabu']
sobrio (agg)	sadar, tidak mabuk	[sadar], [tida' mabu']
debole (agg)	lemah	[lemah]
fortunato (agg)	berbahagia	[bərbahagia]
spaventare (vt)	menakuti	[mənakuti]
furia (f)	kemarahan	[kemarahan]
rabbia (f)	kemarahan	[kemarahan]
depressione (f)	depresi	[depresi]
disagio (m)	ketidaknyamanan	[ketidaknjamanan]

conforto (m)	kenyamanan	[kenjamanan]
rincrescere (vi)	menyesal	[mənjesal]
rincrescimento (m)	penyesalan	[penjesalan]
sfortuna (f)	kesialan	[kesialan]
tristezza (f)	kekesalan	[kekesalan]

vergogna (f)	rasa malu	[rasa malu]
allegria (f)	kegirangan	[kegiraŋan]
entusiasmo (m)	antusiasme	[antusiasme]
entusiasta (m)	antusias	[antusias]
mostrare entusiasmo	memperlihatkan antusiasme	[memperlihatkan antusiasme]

62. Personalità. Carattere

carattere (m)	watak	[wataʔ]
difetto (m)	kepincangan	[kepintʃaŋan]
mente (f)	otak	[otaʔ]
intelletto (m)	akal	[akal]

coscienza (f)	nurani	[nurani]
abitudine (f)	kebiasaan	[kebiasaʔan]
capacità (f)	kemampuan, bakat	[kemampuan], [bakat]
sapere (~ nuotare)	dapat	[dapat]

paziente (agg)	sabar	[sabar]
impaziente (agg)	tidak sabar	[tidaʔ sabar]
curioso (agg)	ingin tahu	[iŋin tahu]
curiosità (f)	rasa ingin tahu	[rasa iŋin tahu]

modestia (f)	kerendahan hati	[kerendahan hati]
modesto (agg)	rendah hati	[rendah hati]
immodesto (agg)	tidak tahu malu	[tidaʔ tahu malu]

pigrizia (f)	kemalasan	[kemalasan]
pigro (agg)	malas	[malas]
poltrone (m)	pemalas	[pemalas]

furberia (f)	kelicikan	[kelitʃikan]
furbo (agg)	licik	[litʃiʔ]
diffidenza (f)	ketidakpercayaan	[ketidakpertʃajaʔan]
diffidente (agg)	tidak percaya	[tidaʔ pertʃaja]

generosità (f)	kemurahan hati	[kemurahan hati]
generoso (agg)	murah hati	[murah hati]
di talento	berbakat	[bərbakat]
talento (m)	bakat	[bakat]

coraggioso (agg)	berani	[bərani]
coraggio (m)	keberanian	[keberanian]
onesto (agg)	jujur	[dʒʲudʒʲur]
onestà (f)	kejujuran	[kedʒʲudʒʲuran]
prudente (agg)	berhati-hati	[bərhati-hati]
valoroso (agg)	berani	[bərani]

serio (agg)	serius	[serius]
severo (agg)	keras	[keras]

deciso (agg)	tegas	[tegas]
indeciso (agg)	ragu-ragu	[ragu-ragu]
timido (agg)	malu	[malu]
timidezza (f)	sifat pemalu	[sifat pemalu]

fiducia (f)	kepercayaan	[kepertʃajaʔan]
fidarsi (vr)	percaya	[pərtʃaja]
fiducioso (agg)	mudah percaya	[mudah pərtʃaja]

sinceramente	ikhlas	[ihlas]
sincero (agg)	ikhlas	[ihlas]
sincerità (f)	keikhlasan	[keihlasan]
aperto (agg)	terbuka	[tərbuka]

tranquillo (agg)	tenang	[tenaŋ]
sincero (agg)	terus terang	[terus təraŋ]
ingenuo (agg)	naif	[naif]
distratto (agg)	lalai	[lalaj]
buffo (agg)	lucu	[lutʃu]

avidità (f)	kerakusan	[kerakusan]
avido (agg)	rakus	[rakus]
avaro (agg)	pelit, kikir	[pelit], [kikir]
cattivo (agg)	jahat	[dʒˈahat]
testardo (agg)	keras kepala, degil	[keras kepala], [degil]
antipatico (agg)	tidak menyenangkan	[tidaʔ menjenaŋkan]

egoista (m)	egois	[egois]
egoistico (agg)	egoistis	[egoistis]
codardo (m)	penakut	[penakut]
codardo (agg)	penakut	[penakut]

63. Dormire. Sogni

dormire (vi)	tidur	[tidur]
sonno (m) (stato di sonno)	tidur	[tidur]
sogno (m)	mimpi	[mimpi]
sognare (fare sogni)	bermimpi	[bərmimpi]
sonnolento (agg)	mengantuk	[meŋantuʔ]

letto (m)	ranjang	[randʒˈaŋ]
materasso (m)	kasur	[kasur]
coperta (f)	selimut	[selimut]
cuscino (m)	bantal	[bantal]
lenzuolo (m)	seprai	[sepraj]

insonnia (f)	insomnia	[insomnia]
insonne (agg)	tanpa tidur	[tanpa tidur]
sonnifero (m)	obat tidur	[obat tidur]
prendere il sonnifero	meminum obat tidur	[meminum obat tidur]
avere sonno	mengantuk	[meŋantuʔ]

sbadigliare (vi)	menguap	[məŋuap]
andare a letto	tidur	[tidur]
fare il letto	menyiapkan ranjang	[mənjiapkan randʒ'aŋ]
addormentarsi (vr)	tertidur	[tərtidur]

incubo (m)	mimpi buruk	[mimpi buruʔ]
russare (m)	dengkuran	[deŋkuran]
russare (vi)	berdengkur	[bərdeŋkur]

sveglia (f)	weker	[weker]
svegliare (vt)	membangunkan	[membaŋunkan]
svegliarsi (vr)	bangun	[baŋun]
alzarsi (vr)	bangun	[baŋun]
lavarsi (vr)	mencuci muka	[məntʃutʃi muka]

64. Umorismo. Risata. Felicità

umorismo (m)	humor	[humor]
senso (m) dello humour	rasa humor	[rasa humor]
divertirsi (vr)	bersukaria	[bərsukaria]
allegro (agg)	riang, gembira	[riaŋ], [gembira]
allegria (f)	keriangan, kegembiraan	[keriaŋan], [kegembira'an]

sorriso (m)	senyuman	[senyuman]
sorridere (vi)	tersenyum	[tərsenyum]
mettersi a ridere	tertawa	[tərtawa]
ridere (vi)	tertawa	[tərtawa]
riso (m)	gelak tawa	[gela' tawa]

aneddoto (m)	anekdot, lelucon	[anekdot], [lelutʃon]
divertente (agg)	lucu	[lutʃu]
ridicolo (agg)	lucu	[lutʃu]

scherzare (vi)	bergurau	[bərgurau]
scherzo (m)	lelucon	[lelutʃon]
gioia (f) (fare salti di ~)	kegembiraan	[kegembira'an]
rallegrarsi (vr)	bergembira	[bərgembira]
allegro (agg)	gembira	[gembira]

65. Discussione. Conversazione. Parte 1

| comunicazione (f) | komunikasi | [komunikasi] |
| comunicare (vi) | berkomunikasi | [bərkomunikasi] |

conversazione (f)	pembicaraan	[pembitʃara'an]
dialogo (m)	dialog	[dialog]
discussione (f)	diskusi	[diskusi]
dibattito (m)	perdebatan	[pərdebatan]
discutere (vi)	berdebat	[bərdebat]

| interlocutore (m) | lawan bicara | [lawan bitʃara] |
| tema (m) | topik, tema | [topik], [tema] |

61

punto (m) di vista	sudut pandang	[sudut pandaŋ]
opinione (f)	opini, pendapat	[opini], [pendapat]
discorso (m)	pidato, tuturan	[pidato], [tuturan]

discussione (f)	pembicaraan	[pembitʃaraʔan]
discutere (~ una proposta)	membicarakan	[membitʃarakan]
conversazione (f)	pembicaraan	[pembitʃaraʔan]
conversare (vi)	berbicara	[berbitʃara]
incontro (m)	pertemuan	[pertemuan]
incontrarsi (vr)	bertemu	[bertemu]

proverbio (m)	peribahasa	[peribahasa]
detto (m)	peribahasa	[peribahasa]
indovinello (m)	teka-teki	[teka-teki]
fare un indovinello	memberi teka-teki	[memberi teka-teki]
parola (f) d'ordine	kata sandi	[kata sandi]
segreto (m)	rahasia	[rahasia]

giuramento (m)	sumpah	[sumpah]
giurare (prestare giuramento)	bersumpah	[bersumpah]
promessa (f)	janji	[dʒandʒi]
promettere (vt)	berjanji	[berdʒandʒi]

consiglio (m)	nasihat	[nasihat]
consigliare (vt)	menasihati	[menasihati]
seguire il consiglio	mengikuti nasihat	[meŋikuti nasihat]
ubbidire (ai genitori)	mendengar ...	[mendeŋar ...]

notizia (f)	berita	[berita]
sensazione (f)	sensasi	[sensasi]
informazioni (f pl)	data, informasi	[data], [informasi]
conclusione (f)	kesimpulan	[kesimpulan]
voce (f)	suara	[suara]
complimento (m)	pujian	[pudʒian]
gentile (agg)	ramah	[ramah]

parola (f)	kata	[kata]
frase (f)	frasa	[frasa]
risposta (f)	jawaban	[dʒawaban]

| verità (f) | kebenaran | [kebenaran] |
| menzogna (f) | kebohongan | [kebohoŋan] |

pensiero (m)	pikiran	[pikiran]
idea (f)	ide	[ide]
fantasia (f)	fantasi	[fantasi]

66. Discussione. Conversazione. Parte 2

rispettato (agg)	terhormat	[terhormat]
rispettare (vt)	menghormati	[meŋhormati]
rispetto (m)	penghormatan	[peŋhormatan]
Egregio ...	Yth. ... (Yang Terhormat)	[yaŋ terhormat]
presentare (~ qn)	memperkenalkan	[memperkenalkan]

fare la conoscenza di ...	berkenalan	[bərkenalan]
intenzione (f)	niat	[niat]
avere intenzione	berniat	[bərniat]
augurio (m)	pengharapan	[peŋharapan]
augurare (vt)	mengharapkan	[məŋharapkan]
sorpresa (f)	keheranan	[keheranan]
sorprendere (stupire)	mengherankan	[məŋherankan]
stupirsi (vr)	heran	[heran]
dare (vt)	memberi	[memberi]
prendere (vt)	mengambil	[məŋambil]
rendere (vt)	mengembalikan	[məŋembalikan]
restituire (vt)	mengembalikan	[məŋembalikan]
scusarsi (vr)	meminta maaf	[meminta maʔaf]
scusa (f)	permintaan maaf	[pərmintaʔan maʔaf]
perdonare (vt)	memaafkan	[memaʔafkan]
parlare (vi, vt)	berbicara	[bərbitʃara]
ascoltare (vi)	mendengarkan	[məndeŋarkan]
ascoltare fino in fondo	mendengar	[məndeŋar]
capire (vt)	mengerti	[məŋerti]
mostrare (vt)	menunjukkan	[mənundʒʲuʔkan]
guardare (vt)	melihat ...	[melihat ...]
chiamare (rivolgersi a)	memanggil	[memaŋgil]
dare fastidio	mengganggu	[məŋgaŋgu]
disturbare (vt)	mengganggu	[məŋgaŋgu]
consegnare (vt)	menyampaikan	[mənjampajkan]
richiesta (f)	permintaan	[pərmintaʔan]
chiedere (vt)	meminta	[meminta]
esigenza (f)	tuntutan	[tuntutan]
esigere (vt)	menuntut	[mənuntut]
stuzzicare (vt)	mengejek	[məŋedʒʲeʔ]
canzonare (vt)	mencemooh	[mentʃemooh]
burla (f), beffa (f)	cemoohan	[tʃemoohan]
soprannome (m)	nama panggilan	[nama paŋgilan]
allusione (f)	isyarat	[iʃarat]
alludere (vi)	mengisyaratkan	[məŋiʃaratkan]
intendere (cosa intendi dire?)	berarti	[bərarti]
descrizione (f)	penggambaran	[peŋgambaran]
descrivere (vt)	menggambarkan	[məŋgambarkan]
lode (f)	pujian	[pudʒian]
lodare (vt)	memuji	[memudʒi]
delusione (f)	kekecewaan	[keketʃewaʔan]
deludere (vt)	mengecewakan	[məŋetʃewakan]
rimanere deluso	kecewa	[ketʃewa]
supposizione (f)	dugaan	[dugaʔan]
supporre (vt)	menduga	[mənduga]

avvertimento (m)	peringatan	[pəriŋatan]
avvertire (vt)	memperingatkan	[mempəriŋatkan]

67. Discussione. Conversazione. Parte 3

persuadere (vt)	meyakinkan	[meyakinkan]
tranquillizzare (vt)	menenangkan	[mənenaŋkan]

silenzio (m) (il ~ è d'oro)	kebisuan	[kebisuan]
tacere (vi)	membisu	[membisu]
sussurrare (vt)	berbisik	[bərbisiʔ]
sussurro (m)	bisikan	[bisikan]

francamente	terus terang	[terus təraŋ]
secondo me ...	menurut saya ...	[mənurut saja ...]

dettaglio (m)	detail, perincian	[detajl], [pərintʃian]
dettagliato (agg)	mendetail	[mendetajl]
dettagliatamente	dengan mendetail	[deŋan mendetajl]

suggerimento (m)	petunjuk	[petundʒⁱuʔ]
suggerire (vt)	memberi petunjuk	[memberi petundʒⁱuʔ]

sguardo (m)	melihat	[melihat]
gettare uno sguardo	melihat	[melihat]
fisso (agg)	kaku	[kaku]
battere le palpebre	berkedip	[bərkedip]
ammiccare (vi)	mengedipkan mata	[meŋedipkan mata]
accennare col capo	mengangguk	[məŋaŋguʔ]

sospiro (m)	desah	[desah]
sospirare (vi)	mendesah	[mendesah]
sussultare (vi)	tersentak	[tərsentaʔ]
gesto (m)	gerak tangan	[gəraʔ taŋan]
toccare (~ il braccio)	menyentuh	[mənjentuh]
afferrare (~ per il braccio)	memegang	[memegaŋ]
picchiettare (~ la spalla)	menepuk	[mənepuʔ]

Attenzione!	Awas! Hati-hati!	[awas!], [hati-hati!]
Davvero?	Sungguh?	[suŋguh?]
Sei sicuro?	Kamu yakin?	[kamu yakin?]
Buona fortuna!	Semoga behasil!	[semoga behasil!]
Capito!	Begitu!	[begitu!]
Peccato!	Sayang sekali!	[sajaŋ sekali!]

68. Accordo. Rifiuto

accordo (m)	persetujuan	[pərsetudʒⁱuan]
essere d'accordo	setuju, ijin	[setudʒⁱu], [idʒin]
approvazione (f)	persetujuan	[pərsetudʒⁱuan]
approvare (vt)	menyetujui	[mənjetudʒⁱui]
rifiuto (m)	penolakan	[penolakan]

rifiutarsi (vr)	menolak	[mənola']
Perfetto!	Bagus!	[bagus!]
Va bene!	Baiklah! Baik!	[bajklah!], [baj'!]
D'accordo!	Baiklah! Baik!	[bajklah!], [baj'!]

vietato, proibito (agg)	larangan	[laraŋan]
è proibito	dilarang	[dilaraŋ]
è impossibile	mustahil	[mustahil]
sbagliato (agg)	salah	[salah]

respingere (~ una richiesta)	menolak	[mənola']
sostenere (~ un'idea)	mendukung	[məndukuŋ]
accettare (vt)	menerima	[mənerima]

confermare (vt)	mengonfirmasi	[məŋonfirmasi]
conferma (f)	konfirmasi	[konfirmasi]
permesso (m)	izin	[izin]
permettere (vt)	mengizinkan	[məŋizinkan]
decisione (f)	keputusan	[keputusan]
non dire niente	membisu	[membisu]

condizione (f)	syarat	[ʃarat]
pretesto (m)	alasan, dalih	[alasan], [dalih]
lode (f)	pujian	[pudʒian]
lodare (vt)	memuji	[memudʒi]

69. Successo. Fortuna. Fiasco

successo (m)	sukses, berhasil	[sukses], [bərhasil]
con successo	dengan sukses	[deŋan sukses]
ben riuscito (agg)	sukses, berhasil	[sukses], [bərhasil]

fortuna (f)	keberuntungan	[keberuntuŋan]
Buona fortuna!	Semoga behasil!	[semoga behasil!]
fortunato (giorno ~)	beruntung	[bəruntuŋ]
fortunato (persona ~a)	beruntung	[bəruntuŋ]

fiasco (m)	kegagalan	[kegagalan]
disdetta (f)	kesialan	[kesialan]
sfortuna (f)	kesialan	[kesialan]

fallito (agg)	gagal	[gagal]
disastro (m)	gagal total	[gagal total]

orgoglio (m)	kebanggaan	[kebaŋga'an]
orgoglioso (agg)	bangga	[baŋga]
essere fiero di ...	bangga	[baŋga]

vincitore (m)	pemenang	[pemenaŋ]
vincere (vi)	menang	[menaŋ]
perdere (subire una sconfitta)	kalah	[kalah]
tentativo (m)	percobaan	[pərtʃoba'an]
tentare (vi)	mencoba	[məntʃoba]
chance (f)	kans, peluang	[kans], [peluaŋ]

70. Dispute. Sentimenti negativi

grido (m)	teriakan	[təriakan]
gridare (vi)	berteriak	[bərteria']
mettersi a gridare	berteriak	[bərteria']

litigio (m)	pertengkaran	[pərteŋkaran]
litigare (vi)	bertengkar	[bərteŋkar]
lite (f)	pertengkaran	[pərteŋkaran]
dare scandalo (litigare)	bertengkar	[bərteŋkar]
conflitto (m)	konflik	[konfli']
fraintendimento (m)	kesalahpahaman	[kesalahpahaman]

insulto (m)	penghinaan	[peɲhina'an]
insultare (vt)	menghina	[məŋhina]
offeso (agg)	terhina	[tərhina]
offesa (f)	perasaan tersinggung	[pərasa'an tərsiŋguŋ]
offendere (qn)	menyinggung	[məɲjiŋguŋ]
offendersi (vr)	tersinggung	[tərsiŋguŋ]

indignazione (f)	kemarahan	[kemarahan]
indignarsi (vr)	marah	[marah]
lamentela (f)	komplain, pengaduan	[kompleyn], [peɲaduan]
lamentarsi (vr)	mengeluh	[məŋeluh]

scusa (f)	permintaan maaf	[pərminta'an ma'af]
scusarsi (vr)	meminta maaf	[meminta ma'af]
chiedere scusa	minta maaf	[minta ma'af]

critica (f)	kritik	[kriti']
criticare (vt)	mengkritik	[məŋkriti']
accusa (f)	tuduhan	[tuduhan]
accusare (vt)	menuduh	[mənuduh]

vendetta (f)	dendam	[dendam]
vendicare (vt)	membalas dendam	[membalas dendam]
vendicarsi (vr)	membalas	[membalas]

disprezzo (m)	penghinaan	[peɲhina'an]
disprezzare (vt)	benci, membenci	[bentʃi], [membentʃi]
odio (m)	rasa benci	[rasa bentʃi]
odiare (vt)	membenci	[membentʃi]

nervoso (agg)	gugup, grogi	[gugup], [grogi]
essere nervoso	gugup, gelisah	[gugup], [gelisah]
arrabbiato (agg)	marah	[marah]
fare arrabbiare	membuat marah	[membuat marah]

umiliazione (f)	penghinaan	[peɲhina'an]
umiliare (vt)	merendahkan	[merendahkan]
umiliarsi (vr)	merendahkan diri sendiri	[merendahkan diri sendiri]

shock (m)	keterkejutan	[keterkedʒ'utan]
scandalizzare (vt)	mengejutkan	[məɲedʒ'utkan]
problema (m) (avere ~i)	kesulitan	[kesulitan]

spiacevole (agg)	tidak menyenangkan	[tida' menjenaŋkan]
spavento (m), paura (f)	ketakutan	[ketakutan]
terribile (una tempesta ~)	dahsyat	[dahʃat]
spaventoso (un racconto ~)	menakutkan	[mənakutkan]
orrore (m)	horor, ketakutan	[horor], [ketakutan]
orrendo (un crimine ~)	buruk, parah	[buruk], [parah]
cominciare a tremare	gemetar	[gemetar]
piangere (vi)	menangis	[mənaŋis]
mettersi a piangere	menangis	[mənaŋis]
lacrima (f)	air mata	[air mata]
colpa (f)	kesalahan	[kesalahan]
senso (m) di colpa	rasa bersalah	[rasa bərsalah]
vergogna (f)	aib	[aib]
protesta (f)	protes	[protes]
stress (m)	stres	[stres]
disturbare (vt)	mengganggu	[məŋgaŋgu]
essere arrabbiato	marah	[marah]
arrabbiato (agg)	marah	[marah]
porre fine a ...	menghentikan	[mənhentikan]
(~ una relazione)		
rimproverare (vt)	menyumpahi	[mənyumpahi]
spaventarsi (vr)	takut	[takut]
colpire (vt)	memukul	[memukul]
picchiarsi (vr)	berkelahi	[bərkelahi]
regolare (~ un conflitto)	menyelesaikan	[mənjelesajkan]
scontento (agg)	tidak puas	[tida' puas]
furioso (agg)	garam	[garam]
Non sta bene!	Tidak baik!	[tida' bai'!]
Fa male!	Jelek! Buruk!	[dʒ'ele'!], [buru'!]

Medicinali

71. Malattie

malattia (f)	penyakit	[penjakit]
essere malato	sakit	[sakit]
salute (f)	kesehatan	[kesehatan]
raffreddore (m)	hidung meler	[hiduŋ meler]
tonsillite (f)	radang tonsil	[radaŋ tonsil]
raffreddore (m)	pilek, selesma	[pilek], [selesma]
raffreddarsi (vr)	masuk angin	[masu' aŋin]
bronchite (f)	bronkitis	[bronkitis]
polmonite (f)	radang paru-paru	[radaŋ paru-paru]
influenza (f)	flu	[flu]
miope (agg)	rabun jauh	[rabun dʒ'auh]
presbite (agg)	rabun dekat	[rabun dekat]
strabismo (m)	mata juling	[mata dʒ'uliŋ]
strabico (agg)	bermata juling	[bermata dʒ'uliŋ]
cateratta (f)	katarak	[katara']
glaucoma (m)	glaukoma	[glaukoma]
ictus (m) cerebrale	stroke	[stroke]
attacco (m) di cuore	infark	[infar']
infarto (m) miocardico	serangan jantung	[seraŋan dʒ'antuŋ]
paralisi (f)	kelumpuhan	[kelumpuhan]
paralizzare (vt)	melumpuhkan	[melumpuhkan]
allergia (f)	alergi	[alergi]
asma (f)	asma	[asma]
diabete (m)	diabetes	[diabetes]
mal (m) di denti	sakit gigi	[sakit gigi]
carie (f)	karies	[karies]
diarrea (f)	diare	[diare]
stitichezza (f)	konstipasi, sembelit	[konstipasi], [sembelit]
disturbo (m) gastrico	gangguan pencernaan	[gaŋuan pentʃarna'an]
intossicazione (f) alimentare	keracunan makanan	[keratʃunan makanan]
intossicarsi (vr)	keracunan makanan	[keratʃunan makanan]
artrite (f)	artritis	[artritis]
rachitide (f)	rakitis	[rakitis]
reumatismo (m)	rematik	[remati']
aterosclerosi (f)	aterosklerosis	[aterosklerosis]
gastrite (f)	radang perut	[radaŋ perut]
appendicite (f)	apendisitis	[apendisitis]

colecistite (f)	radang pundi empedu	[radaŋ pundi empedu]
ulcera (f)	tukak lambung	[tuka' lambuŋ]
morbillo (m)	penyakit campak	[penjakit tʃampa']
rosolia (f)	penyakit campak Jerman	[penjakit tʃampa' dʒerman]
itterizia (f)	sakit kuning	[sakit kuniŋ]
epatite (f)	hepatitis	[hepatitis]
schizofrenia (f)	skizofrenia	[skizofrenia]
rabbia (f)	rabies	[rabies]
nevrosi (f)	neurosis	[neurosis]
commozione (f) cerebrale	gegar otak	[gegar ota']
cancro (m)	kanker	[kanker]
sclerosi (f)	sklerosis	[sklerosis]
sclerosi (f) multipla	sklerosis multipel	[sklerosis multipel]
alcolismo (m)	alkoholisme	[alkoholisme]
alcolizzato (m)	alkoholik	[alkoholi']
sifilide (f)	sifilis	[sifilis]
AIDS (m)	AIDS	[ajds]
tumore (m)	tumor	[tumor]
maligno (agg)	ganas	[ganas]
benigno (agg)	jinak	[dʒina']
febbre (f)	demam	[demam]
malaria (f)	malaria	[malaria]
cancrena (f)	gangren	[gaŋren]
mal (m) di mare	mabuk laut	[mabu' laut]
epilessia (f)	epilepsi	[epilepsi]
epidemia (f)	epidemi	[epidemi]
tifo (m)	tifus	[tifus]
tubercolosi (f)	tuberkulosis	[tuberkulosis]
colera (m)	kolera	[kolera]
peste (f)	penyakit pes	[penjakit pes]

72. Sintomi. Cure. Parte 1

sintomo (m)	gejala	[gedʒ'ala]
temperatura (f)	temperatur, suhu	[temperatur], [suhu]
febbre (f) alta	temperatur tinggi	[temperatur tiŋgi]
polso (m)	denyut nadi	[denyut nadi]
capogiro (m)	rasa pening	[rasa peniŋ]
caldo (agg)	panas	[panas]
brivido (m)	menggigil	[məŋgigil]
pallido (un viso ~)	pucat	[putʃat]
tosse (f)	batuk	[batu']
tossire (vi)	batuk	[batu']
starnutire (vi)	bersin	[bersin]
svenimento (m)	pingsan	[piŋsan]

svenire (vi)	jatuh pingsan	[dʒ!atuh piŋsan]
livido (m)	luka memar	[luka memar]
bernoccolo (m)	bengkak	[beŋkaʔ]
farsi un livido	terantuk	[tərantuʔ]
contusione (f)	luka memar	[luka memar]
farsi male	kena luka memar	[kena luka memar]

zoppicare (vi)	pincang	[pintʃaŋ]
slogatura (f)	keseleo	[keseleo]
slogarsi (vr)	keseleo	[keseleo]
frattura (f)	fraktura, patah tulang	[fraktura], [patah tulaŋ]
fratturarsi (vr)	patah tulang	[patah tulaŋ]

taglio (m)	teriris	[təriris]
tagliarsi (vr)	teriris	[təriris]
emorragia (f)	perdarahan	[pərdarahan]

| scottatura (f) | luka bakar | [luka bakar] |
| scottarsi (vr) | menderita luka bakar | [mənderita luka bakar] |

pungere (vt)	menusuk	[mənusuʔ]
pungersi (vr)	tertusuk	[tərtusuʔ]
ferire (vt)	melukai	[melukaj]
ferita (f)	cedera	[tʃedera]
lesione (f)	luka	[luka]
trauma (m)	trauma	[trauma]

delirare (vi)	mengigau	[məŋigau]
tartagliare (vi)	gagap	[gagap]
colpo (m) di sole	sengatan matahari	[seŋatan matahari]

73. Sintomi. Cure. Parte 2

| dolore (m), male (m) | sakit | [sakit] |
| scheggia (f) | selumbar | [selumbar] |

sudore (m)	keringat	[keriŋat]
sudare (vi)	berkeringat	[bərkeriŋat]
vomito (m)	muntah	[muntah]
convulsioni (f pl)	kram	[kram]

incinta (agg)	hamil	[hamil]
nascere (vi)	lahir	[lahir]
parto (m)	persalinan	[pərsalinan]
essere in travaglio di parto	melahirkan	[melahirkan]
aborto (m)	aborsi	[aborsi]

respirazione (f)	pernapasan	[pərnapasan]
inspirazione (f)	tarikan napas	[tarikan napas]
espirazione (f)	napas keluar	[napas keluar]
espirare (vi)	mengembuskan napas	[məŋembuskan napas]
inspirare (vi)	menarik napas	[mənariʔ napas]
invalido (m)	penderita cacat	[penderita tʃatʃat]
storpio (m)	penderita cacat	[penderita tʃatʃat]

drogato (m)	pecandu narkoba	[petʃandu narkoba]
sordo (agg)	tunarungu	[tunaruŋu]
muto (agg)	tunawicara	[tunawitʃara]
sordomuto (agg)	tunarungu-wicara	[tunaruŋu-witʃara]

matto (agg)	gila	[gila]
matto (m)	lelaki gila	[lelaki gila]
matta (f)	perempuan gila	[perempuan gila]
impazzire (vi)	menggila	[meŋgila]

gene (m)	gen	[gen]
immunità (f)	imunitas	[imunitas]
ereditario (agg)	turun-temurun	[turun-temurun]
innato (agg)	bawaan	[bawa'an]

virus (m)	virus	[virus]
microbo (m)	mikroba	[mikroba]
batterio (m)	bakteri	[bakteri]
infezione (f)	infeksi	[infeksi]

74. Sintomi. Cure. Parte 3

| ospedale (m) | rumah sakit | [rumah sakit] |
| paziente (m) | pasien | [pasien] |

diagnosi (f)	diagnosis	[diagnosis]
cura (f)	perawatan	[perawatan]
trattamento (m)	pengobatan medis	[peŋobatan medis]
curarsi (vr)	berobat	[berobat]
curare (vt)	merawat	[merawat]
accudire (un malato)	merawat	[merawat]
assistenza (f)	pengasuhan	[peŋasuhan]

operazione (f)	operasi, pembedahan	[operasi], [pembedahan]
bendare (vt)	membalut	[membalut]
fasciatura (f)	pembalutan	[pembalutan]

vaccinazione (f)	vaksinasi	[vaksinasi]
vaccinare (vt)	memvaksinasi	[memvaksinasi]
iniezione (f)	suntikan	[suntikan]
fare una puntura	menyuntik	[menyunti']

attacco (m) (~ epilettico)	serangan	[seraŋan]
amputazione (f)	amputasi	[amputasi]
amputare (vt)	mengamputasi	[meŋamputasi]
coma (m)	koma	[koma]
essere in coma	dalam keadaan koma	[dalam keada'an koma]
rianimazione (f)	perawatan intensif	[perawatan intensif]

guarire (vi)	sembuh	[sembuh]
stato (f) (del paziente)	keadaan	[keada'an]
conoscenza (f)	kesadaran	[kesadaran]
memoria (f)	memori, daya ingat	[memori], [daja iŋat]
estrarre (~ un dente)	mencabut	[mentʃabut]

| otturazione (f) | tambalan | [tambalan] |
| otturare (vt) | menambal | [mənambal] |

| ipnosi (f) | hipnosis | [hipnosis] |
| ipnotizzare (vt) | menghipnosis | [məŋhipnosis] |

75. Medici

medico (m)	dokter	[dokter]
infermiera (f)	suster, juru rawat	[suster], [dʒˈuru rawat]
medico (m) personale	dokter pribadi	[dokter pribadi]

dentista (m)	dokter gigi	[dokter gigi]
oculista (m)	dokter mata	[dokter mata]
internista (m)	ahli penyakit dalam	[ahli penjakit dalam]
chirurgo (m)	dokter bedah	[dokter bedah]

psichiatra (m)	psikiater	[psikiater]
pediatra (m)	dokter anak	[dokter anaʔ]
psicologo (m)	psikolog	[psikolog]
ginecologo (m)	ginekolog	[ginekolog]
cardiologo (m)	kardiolog	[kardiolog]

76. Medicinali. Farmaci. Accessori

medicina (f)	obat	[obat]
rimedio (m)	obat	[obat]
prescrivere (vt)	meresepkan	[meresepkan]
prescrizione (f)	resep	[resep]

compressa (f)	pil, tablet	[pil], [tablet]
unguento (m)	salep	[salep]
fiala (f)	ampul	[ampul]
pozione (f)	obat cair	[obat tʃajr]
sciroppo (m)	sirop	[sirop]
pillola (f)	pil	[pil]
polverina (f)	bubuk	[bubuʔ]

benda (f)	perban	[perban]
ovatta (f)	kapas	[kapas]
iodio (m)	iodium	[iodium]

cerotto (m)	plester obat	[plester obat]
contagocce (m)	tetes mata	[tetes mata]
termometro (m)	termometer	[termometer]
siringa (f)	alat suntik	[alat suntiʔ]

| sedia (f) a rotelle | kursi roda | [kursi roda] |
| stampelle (f pl) | kruk | [kruʔ] |

| analgesico (m) | obat bius | [obat bius] |
| lassativo (m) | laksatif, obat pencuci perut | [laksatif], [obat pentʃutʃi perut] |

alcol (m)	spiritus, alkohol	[spiritus], [alkohol]
erba (f) officinale	tanaman obat	[tanaman obat]
d'erbe (infuso ~)	herbal	[herbal]

77. Fumo. Prodotti di tabaccheria

tabacco (m)	tembakau	[tembakau]
sigaretta (f)	rokok	[roko']
sigaro (m)	cerutu	[ʧerutu]
pipa (f)	pipa	[pipa]
pacchetto (m) (di sigarette)	bungkus	[buŋkus]

fiammiferi (m pl)	korek api	[kore' api]
scatola (f) di fiammiferi	kotak korek api	[kota' kore' api]
accendino (m)	pemantik	[pemanti']
portacenere (m)	asbak	[asba']
portasigarette (m)	selepa	[selepa]

| bocchino (m) | pemegang rokok | [pemegaŋ roko'] |
| filtro (m) | filter | [filter] |

fumare (vi, vt)	merokok	[meroko']
accendere una sigaretta	menyulut rokok	[menyulut roko']
fumo (m)	merokok	[meroko']
fumatore (m)	perokok	[peroko']

cicca (f), mozzicone (m)	puntung rokok	[puntuŋ roko']
fumo (m)	asap	[asap]
cenere (f)	abu	[abu]

HABITAT UMANO

Città

78. Città. Vita di città

città (f)	kota	[kota]
capitale (f)	ibu kota	[ibu kota]
villaggio (m)	desa	[desa]
mappa (f) della città	peta kota	[peta kota]
centro (m) della città	pusat kota	[pusat kota]
sobborgo (m)	pinggir kota	[piŋgir kota]
suburbano (agg)	pinggir kota	[piŋgir kota]
periferia (f)	pinggir	[piŋgir]
dintorni (m pl)	daerah sekitarnya	[daerah sekitarnja]
isolato (m)	blok	[bloʔ]
quartiere residenziale	blok perumahan	[bloʔ pərumahan]
traffico (m)	lalu lintas	[lalu lintas]
semaforo (m)	lampu lalu lintas	[lampu lalu lintas]
trasporti (m pl) urbani	angkot	[aŋkot]
incrocio (m)	persimpangan	[pərsimpaŋan]
passaggio (m) pedonale	penyeberangan	[penjeberaŋan]
sottopassaggio (m)	terowongan	[tərowoŋan
	penyeberangan	penjeberaŋan]
attraversare (vt)	menyeberang	[mənjeberaŋ]
pedone (m)	pejalan kaki	[pedʒʲalan kaki]
marciapiede (m)	trotoar	[trotoar]
ponte (m)	jembatan	[dʒʲembatan]
banchina (f)	tepi sungai	[tepi suŋaj]
fontana (f)	air mancur	[air mantʃur]
vialetto (m)	jalan kecil	[dʒʲalan ketʃil]
parco (m)	taman	[taman]
boulevard (m)	bulevar, adimarga	[bulevar], [adimarga]
piazza (f)	lapangan	[lapaŋan]
viale (m), corso (m)	jalan raya	[dʒʲalan raja]
via (f), strada (f)	jalan	[dʒʲalan]
vicolo (m)	gang	[gaŋ]
vicolo (m) cieco	jalan buntu	[dʒʲalan buntu]
casa (f)	rumah	[rumah]
edificio (m)	gedung	[geduŋ]
grattacielo (m)	pencakar langit	[pentʃakar laŋit]
facciata (f)	bagian depan	[bagian depan]

tetto (m)	atap	[atap]
finestra (f)	jendela	[dʒiendela]
arco (m)	lengkungan	[leŋkuŋan]
colonna (f)	pilar	[pilar]
angolo (m)	sudut	[sudut]

vetrina (f)	etalase	[etalase]
insegna (f) (di negozi, ecc.)	papan nama	[papan nama]
cartellone (m)	poster	[poster]
cartellone (m) pubblicitario	poster iklan	[poster iklan]
tabellone (m) pubblicitario	papan iklan	[papan iklan]

pattume (m), spazzatura (f)	sampah	[sampah]
pattumiera (f)	tong sampah	[toŋ sampah]
sporcare (vi)	menyampah	[mǝnjampah]
discarica (f) di rifiuti	tempat pemrosesan akhir (TPA)	[tempat pemrosesan ahir]

cabina (f) telefonica	gardu telepon umum	[gardu telepon umum]
lampione (m)	tiang lampu	[tiaŋ lampu]
panchina (f)	bangku	[baŋku]

poliziotto (m)	polisi	[polisi]
polizia (f)	polisi, kepolisian	[polisi], [kepolisian]
mendicante (m)	pengemis	[pǝŋemis]
barbone (m)	tuna wisma	[tuna wisma]

79. Servizi cittadini

negozio (m)	toko	[toko]
farmacia (f)	apotek, toko obat	[apotek], [toko obat]
ottica (f)	optik	[opti']
centro (m) commerciale	toserba	[toserba]
supermercato (m)	pasar swalayan	[pasar swalajan]

panetteria (f)	toko roti	[toko roti]
fornaio (m)	pembuat roti	[pembuat roti]
pasticceria (f)	toko kue	[toko kue]
drogheria (f)	toko pangan	[toko paŋan]
macelleria (f)	toko daging	[toko dagiŋ]

fruttivendolo (m)	toko sayur	[toko sajur]
mercato (m)	pasar	[pasar]

caffè (m)	warung kopi	[waruŋ kopi]
ristorante (m)	restoran	[restoran]
birreria (f), pub (m)	kedai bir	[kedaj bir]
pizzeria (f)	kedai piza	[kedaj piza]

salone (m) di parrucchiere	salon rambut	[salon rambut]
ufficio (m) postale	kantor pos	[kantor pos]
lavanderia (f) a secco	penatu kimia	[penatu kimia]
studio (m) fotografico	studio foto	[studio foto]
negozio (m) di scarpe	toko sepatu	[toko sepatu]

| libreria (f) | toko buku | [toko buku] |
| negozio (m) sportivo | toko alat olahraga | [toko alat olahraga] |

riparazione (f) di abiti	reparasi pakaian	[reparasi pakajan]
noleggio (m) di abiti	rental pakaian	[rental pakajan]
noleggio (m) di film	rental film	[rental film]

circo (m)	sirkus	[sirkus]
zoo (m)	kebun binatang	[kebun binataŋ]
cinema (m)	bioskop	[bioskop]
museo (m)	museum	[museum]
biblioteca (f)	perpustakaan	[pərpustakaʔan]

teatro (m)	teater	[teater]
teatro (m) dell'opera	opera	[opera]
locale notturno (m)	klub malam	[klub malam]
casinò (m)	kasino	[kasino]

moschea (f)	masjid	[masdʒid]
sinagoga (f)	sinagoga, kanisah	[sinagoga], [kanisah]
cattedrale (f)	katedral	[katedral]
tempio (m)	kuil, candi	[kuil], [tʃandi]
chiesa (f)	gereja	[geredʒ'a]

istituto (m)	institut, perguruan tinggi	[institut], [pərguruan tiŋgi]
università (f)	universitas	[universitas]
scuola (f)	sekolah	[sekolah]

prefettura (f)	prefektur, distrik	[prefektur], [distriʔ]
municipio (m)	balai kota	[balaj kota]
albergo, hotel (m)	hotel	[hotel]
banca (f)	bank	[banʔ]

ambasciata (f)	kedutaan besar	[kedutaʔan besar]
agenzia (f) di viaggi	kantor pariwisata	[kantor pariwisata]
ufficio (m) informazioni	kantor penerangan	[kantor peneraŋan]
ufficio (m) dei cambi	kantor penukaran uang	[kantor penukaran uaŋ]

| metropolitana (f) | kereta api bawah tanah | [kereta api bawah tanah] |
| ospedale (m) | rumah sakit | [rumah sakit] |

| distributore (m) di benzina | SPBU, stasiun bensin | [es-pe-be-u], [stasjun bensin] |
| parcheggio (m) | tempat parkir | [tempat parkir] |

80. Cartelli

insegna (f) (di negozi, ecc.)	papan nama	[papan nama]
iscrizione (f)	tulisan	[tulisan]
cartellone (m)	poster	[poster]
segnale (m) di direzione	penunjuk arah	[penundʒ'uʔ arah]
freccia (f)	anak panah	[anaʔ panah]

| avvertimento (m) | peringatan | [periŋatan] |
| avviso (m) | tanda peringatan | [tanda pəriŋatan] |

avvertire, avvisare (vt)	memperingatkan	[memperiŋatkan]
giorno (m) di riposo	hari libur	[hari libur]
orario (m)	jadwal	[dʒadwal]
orario (m) di apertura	jam buka	[dʒam buka]

BENVENUTI!	SELAMAT DATANG!	[selamat dataŋ!]
ENTRATA	MASUK	[masuʔ]
USCITA	KELUAR	[keluar]

SPINGERE	DORONG	[doroŋ]
TIRARE	TARIK	[tariʔ]
APERTO	BUKA	[buka]
CHIUSO	TUTUP	[tutup]

| DONNE | WANITA | [wanita] |
| UOMINI | PRIA | [pria] |

SCONTI	DISKON	[diskon]
SALDI	OBRAL	[obral]
NOVITÀ!	BARU!	[baru!]
GRATIS	GRATIS	[gratis]

ATTENZIONE!	PERHATIAN!	[perhatian!]
COMPLETO	PENUH	[penuh]
RISERVATO	DIRESERVASI	[direservasi]

| AMMINISTRAZIONE | ADMINISTRASI | [administrasi] |
| RISERVATO AL PERSONALE | KHUSUS STAF | [husus staf] |

ATTENTI AL CANE	AWAS, ANJING GALAK!	[awas], [andʒiŋ galaʔ!]
VIETATO FUMARE!	DILARANG MEROKOK!	[dilaraŋ merokoʔ!]
NON TOCCARE	JANGAN SENTUH!	[dʒaŋan sentuh!]

PERICOLOSO	BERBAHAYA	[bərbahaja]
PERICOLO	BAHAYA	[bahaja]
ALTA TENSIONE	TEGANGAN TINGGI	[teganaŋ tiŋgi]
DIVIETO DI BALNEAZIONE	DILARANG BERENANG!	[dilaraŋ bərenaŋ!]
GUASTO	RUSAK	[rusaʔ]

INFIAMMABILE	BAHAN MUDAH TERBAKAR	[bahan mudah terbakar]
VIETATO	DILARANG	[dilaraŋ]
VIETATO L'INGRESSO	DILARANG MASUK!	[dilaraŋ masuʔ!]
VERNICE FRESCA	AWAS CAT BASAH	[awas tʃat basah]

81. Mezzi pubblici in città

autobus (m)	bus	[bus]
tram (m)	trem	[trem]
filobus (m)	bus listrik	[bus listriʔ]
itinerario (m)	trayek	[traeʔ]
numero (m)	nomor	[nomor]
andare in ...	naik ...	[naiʔ ...]

salire (~ sull'autobus)	naik	[nai']
scendere da ...	turun ...	[turun ...]
fermata (f) (~ dell'autobus)	halte, pemberhentian	[halte], [pemberhentian]
prossima fermata (f)	halte berikutnya	[halte berikutnja]
capolinea (m)	halte terakhir	[halte terahir]
orario (m)	jadwal	[dʒadwal]
aspettare (vt)	menunggu	[mənuŋgu]
biglietto (m)	tiket	[tiket]
prezzo (m) del biglietto	harga karcis	[harga kartʃis]
cassiere (m)	kasir	[kasir]
controllo (m) dei biglietti	pemeriksaan tiket	[pemeriksa'an tiket]
bigliettaio (m)	kondektur	[kondektur]
essere in ritardo	terlambat ...	[terlambat ...]
perdere (~ il treno)	ketinggalan	[ketiŋgalan]
avere fretta	tergesa-gesa	[tergesa-gesa]
taxi (m)	taksi	[taksi]
taxista (m)	sopir taksi	[sopir taksi]
in taxi	naik taksi	[nai' taksi]
parcheggio (m) di taxi	pangkalan taksi	[paŋkalan taksi]
chiamare un taxi	memanggil taksi	[memaŋgil taksi]
prendere un taxi	menaiki taksi	[mənajki taksi]
traffico (m)	lalu lintas	[lalu lintas]
ingorgo (m)	kemacetan lalu lintas	[kematʃetan lalu lintas]
ore (f pl) di punta	jam sibuk	[dʒam sibu']
parcheggiarsi (vr)	parkir	[parkir]
parcheggiare (vt)	memarkir	[memarkir]
parcheggio (m)	tempat parkir	[tempat parkir]
metropolitana (f)	kereta api bawah tanah	[kereta api bawah tanah]
stazione (f)	stasiun	[stasiun]
prendere la metropolitana	naik kereta	[nai' kereta
	api bawah tanah	api bawah tanah]
treno (m)	kereta api	[kereta api]
stazione (f) ferroviaria	stasiun kereta api	[stasiun kereta api]

82. Visita turistica

monumento (m)	monumen, patung	[monumen], [patuŋ]
fortezza (f)	benteng	[benteŋ]
palazzo (m)	istana	[istana]
castello (m)	kastil	[kastil]
torre (f)	menara	[menara]
mausoleo (m)	mausoleum	[mausoleum]
architettura (f)	arsitektur	[arsitektur]
medievale (agg)	abad pertengahan	[abad perteŋahan]
antico (agg)	kuno	[kuno]
nazionale (agg)	nasional	[nasional]

famoso (agg)	terkenal	[tərkenal]
turista (m)	turis, wisatawan	[turis], [wisatawan]
guida (f)	pemandu wisata	[pemandu wisata]
escursione (f)	ekskursi	[ekskursi]
fare vedere	menunjukkan	[mənundʒʲuˀkan]
raccontare (vt)	menceritakan	[məntʃeritakan]
trovare (vt)	mendapatkan	[məndapatkan]
perdersi (vr)	tersesat	[tərsesat]
mappa (f)	denah	[denah]
(~ della metropolitana)		
piantina (f) (~ della città)	peta	[peta]
souvenir (m)	suvenir	[suvenir]
negozio (m) di articoli	toko suvenir	[toko suvenir]
da regalo		
fare foto	memotret	[memotret]
fotografarsi	berfoto	[bərfoto]

83. Acquisti

comprare (vt)	membeli	[membeli]
acquisto (m)	belanjaan	[belandʒʲaˀan]
fare acquisti	berbelanja	[bərbelandʒʲa]
shopping (m)	berbelanja	[bərbelandʒʲa]
essere aperto (negozio)	buka	[buka]
essere chiuso	tutup	[tutup]
calzature (f pl)	sepatu	[sepatu]
abbigliamento (m)	pakaian	[pakajan]
cosmetica (f)	kosmetik	[kosmetiˀ]
alimentari (m pl)	produk makanan	[produˀ makanan]
regalo (m)	hadiah	[hadiah]
commesso (m)	pramuniaga	[pramuniaga]
commessa (f)	pramuniaga perempuan	[pramuniaga pərempuan]
cassa (f)	kas	[kas]
specchio (m)	cermin	[tʃermin]
banco (m)	konter	[konter]
camerino (m)	kamar pas	[kamar pas]
provare (~ un vestito)	mengepas	[məŋepas]
stare bene (vestito)	pas, cocok	[pas], [tʃotʃoˀ]
piacere (vi)	suka	[suka]
prezzo (m)	harga	[harga]
etichetta (f) del prezzo	label harga	[label harga]
costare (vt)	berharga	[bərharga]
Quanto?	Berapa?	[berapa?]
sconto (m)	diskon	[diskon]
no muy caro (agg)	tidak mahal	[tidaˀ mahal]
a buon mercato	murah	[murah]

caro (agg)	mahal	[mahal]
È caro	Ini mahal	[ini mahal]

noleggio (m)	rental, persewaan	[rental], [pərsewaʔan]
noleggiare (~ un abito)	menyewa	[mənjewa]
credito (m)	kredit	[kredit]
a credito	secara kredit	[seʧara kredit]

84. Denaro

soldi (m pl)	uang	[uaŋ]
cambio (m)	pertukaran mata uang	[pertukaran mata uaŋ]
corso (m) di cambio	nilai tukar	[nilaj tukar]
bancomat (m)	Anjungan Tunai Mandiri, ATM	[andʒuŋan tunaj mandiri], [a-te-em]
moneta (f)	koin	[koin]

dollaro (m)	dolar	[dolar]
euro (m)	euro	[euro]

lira (f)	lira	[lira]
marco (m)	Mark Jerman	[marʔ dʒerman]
franco (m)	franc	[franʧ]
sterlina (f)	poundsterling	[paundsterliŋ]
yen (m)	yen	[yen]

debito (m)	utang	[utaŋ]
debitore (m)	pengutang	[peŋutaŋ]
prestare (~ i soldi)	meminjamkan	[memindʒamkan]
prendere in prestito	meminjam	[memindʒam]

banca (f)	bank	[banʔ]
conto (m)	rekening	[rekeniŋ]
versare (vt)	memasukkan	[memasuʔkan]
versare sul conto	memasukkan ke rekening	[memasuʔkan ke rekeniŋ]
prelevare dal conto	menarik uang	[menariʔ uaŋ]

carta (f) di credito	kartu kredit	[kartu kredit]
contanti (m pl)	uang kontan, uang tunai	[uaŋ kontan], [uaŋ tunaj]
assegno (m)	cek	[ʧeʔ]
emettere un assegno	menulis cek	[menulis ʧeʔ]
libretto (m) di assegni	buku cek	[buku ʧeʔ]

portafoglio (m)	dompet	[dompet]
borsellino (m)	dompet, pundi-pundi	[dompet], [pundi-pundi]
cassaforte (f)	brankas	[brankas]

erede (m)	pewaris	[pewaris]
eredità (f)	warisan	[warisan]
fortuna (f)	kekayaan	[kekajaʔan]

affitto (m), locazione (f)	sewa	[sewa]
canone (m) d'affitto	uang sewa	[uaŋ sewa]
affittare (dare in affitto)	menyewa	[mənjewa]

prezzo (m)	harga	[harga]
costo (m)	harga	[harga]
somma (f)	jumlah	[dʒiumlah]

spendere (vt)	menghabiskan	[məŋhabiskan]
spese (f pl)	ongkos	[oŋkos]
economizzare (vi, vt)	menghemat	[məŋhemat]
economico (agg)	hemat	[hemat]

pagare (vi, vt)	membayar	[membajar]
pagamento (m)	pembayaran	[pembajaran]
resto (m) (dare il ~)	kembalian	[kembalian]

imposta (f)	pajak	[padʒia⁷]
multa (f), ammenda (f)	denda	[denda]
multare (vt)	mendenda	[mendenda]

85. Posta. Servizio postale

ufficio (m) postale	kantor pos	[kantor pos]
posta (f) (lettere, ecc.)	surat	[surat]
postino (m)	tukang pos	[tukaŋ pos]
orario (m) di apertura	jam buka	[dʒiam buka]

lettera (f)	surat	[surat]
raccomandata (f)	surat tercatat	[surat tərtʃatat]
cartolina (f)	kartu pos	[kartu pos]
telegramma (m)	telegram	[telegram]
pacco (m) postale	parsel, paket pos	[parsel], [paket pos]
vaglia (m) postale	wesel pos	[wesel pos]

ricevere (vt)	menerima	[mənerima]
spedire (vt)	mengirim	[məŋirim]
invio (m)	pengiriman	[peŋiriman]

indirizzo (m)	alamat	[alamat]
codice (m) postale	kode pos	[kode pos]
mittente (m)	pengirim	[peŋirim]
destinatario (m)	penerima	[penerima]

nome (m)	nama	[nama]
cognome (m)	nama keluarga	[nama keluarga]

tariffa (f)	tarif	[tarif]
ordinario (agg)	biasa, standar	[biasa], [standar]
standard (agg)	ekonomis	[ekonomis]

peso (m)	berat	[berat]
pesare (vt)	menimbang	[mənimbaŋ]
busta (f)	amplop	[amplop]
francobollo (m)	prangko	[praŋko]
affrancare (vt)	menempelkan prangko	[mənempelkan praŋko]

Abitazione. Casa

86. Casa. Abitazione

casa (f)	rumah	[rumah]
a casa	di rumah	[di rumah]
cortile (m)	pekarangan	[pekaraŋan]
recinto (m)	pagar	[pagar]
mattone (m)	bata, batu bata	[bata], [batu bata]
di mattoni	bata, batu bata	[bata], [batu bata]
pietra (f)	batu	[batu]
di pietra	batu	[batu]
beton (m)	beton	[beton]
di beton	beton	[beton]
nuovo (agg)	baru	[baru]
vecchio (agg)	tua	[tua]
fatiscente (edificio ~)	reyot	[reyot]
moderno (agg)	modern	[modern]
a molti piani	susun	[susun]
alto (agg)	tinggi	[tiŋgi]
piano (m)	lantai	[lantaj]
di un piano	berlantai satu	[bərlantaj satu]
pianoterra (m)	lantai bawah	[lantaj bawah]
ultimo piano (m)	lantai atas	[lantaj atas]
tetto (m)	atap	[atap]
ciminiera (f)	cerobong	[tʃeroboŋ]
tegola (f)	genting	[gentiŋ]
di tegole	bergenting	[bərgentiŋ]
soffitta (f)	loteng	[loteŋ]
finestra (f)	jendela	[dʒʲendela]
vetro (m)	kaca	[katʃa]
davanzale (m)	ambang jendela	[ambaŋ dʒʲendela]
imposte (f pl)	daun jendela	[daun dʒʲendela]
muro (m)	dinding	[dindiŋ]
balcone (m)	balkon	[balkon]
tubo (m) pluviale	pipa talang	[pipa talaŋ]
su, di sopra	di atas	[di atas]
andare di sopra	naik	[naiʔ]
scendere (vi)	turun	[turun]
trasferirsi (vr)	pindah	[pindah]

87. Casa. Ingresso. Ascensore

entrata (f)	pintu masuk	[pintu masu']
scala (f)	tangga	[taŋga]
gradini (m pl)	anak tangga	[ana' taŋga]
ringhiera (f)	pegangan tangan	[pegaŋan taŋan]
hall (f) (atrio d'ingresso)	lobi, ruang depan	[lobi], [ruaŋ depan]
cassetta (f) della posta	kotak pos	[kota' pos]
secchio (m) della spazzatura	tong sampah	[toŋ sampah]
scivolo (m) per la spazzatura	saluran pembuangan sampah	[saluran pembuaŋan sampah]
ascensore (m)	elevator	[elevator]
montacarichi (m)	lift barang	[lift baraŋ]
cabina (f) di ascensore	kabin lift	[kabin lift]
prendere l'ascensore	naik elevator	[nai' elevator]
appartamento (m)	apartemen	[apartemen]
inquilini (m pl)	penghuni	[peŋhuni]
vicino (m)	tetangga	[tetaŋga]
vicina (f)	tetangga	[tetaŋga]
vicini (m pl)	para tetangga	[para tetaŋga]

88. Casa. Elettricità

elettricità (f)	listrik	[listri']
lampadina (f)	bohlam	[bohlam]
interruttore (m)	sakelar	[sakelar]
fusibile (m)	sekring	[sekriŋ]
filo (m)	kabel, kawat	[kabel], [kawat]
impianto (m) elettrico	rangkaian kabel	[raŋkajan kabel]
contatore (m) dell'elettricità	meteran listrik	[meteran listri']
lettura, indicazione (f)	pencatatan	[pentʃatatan]

89. Casa. Porte. Serrature

porta (f)	pintu	[pintu]
cancello (m)	pintu gerbang	[pintu gerbaŋ]
maniglia (f)	gagang pintu	[gagaŋ pintu]
togliere il catenaccio	membuka kunci	[membuka kuntʃi]
aprire (vt)	membuka	[membuka]
chiudere (vt)	menutup	[menutup]
chiave (f)	kunci	[kuntʃi]
mazzo (m)	serangkaian kunci	[seraŋkajan kuntʃi]
cigolare (vi)	bergerit	[bergerit]
cigolio (m)	gerit	[gerit]
cardine (m)	engsel	[eŋsel]
zerbino (m)	tikar	[tikar]

serratura (f)	kunci pintu	[kuntʃi pintu]
buco (m) della serratura	lubang kunci	[lubaŋ kuntʃi]
chiavistello (m)	gerendel	[gerendel]
catenaccio (m)	gerendel	[gerendel]
lucchetto (m)	gembok	[gembo']

suonare (~ il campanello)	membunyikan	[membunjikan]
suono (m)	dering	[deriŋ]
campanello (m)	bel	[bel]
pulsante (m)	kenop	[kenop]
bussata (f)	ketukan	[ketukan]
bussare (vi)	mengetuk	[meŋetu']

codice (m)	kode	[kode]
serratura (f) a codice	gembok berkode	[gembo' berkode]
citofono (m)	interkom	[interkom]
numero (m) (~ civico)	nomor	[nomor]
targhetta (f) di porta	papan tanda	[papan tanda]
spioncino (m)	lubang intip	[lubaŋ intip]

90. Casa di campagna

villaggio (m)	desa	[desa]
orto (m)	kebun sayur	[kebun sajur]
recinto (m)	pagar	[pagar]
steccato (m)	pagar	[pagar]
cancelletto (m)	pintu pagar	[pintu pagar]

granaio (m)	lumbung	[lumbuŋ]
cantina (f), scantinato (m)	kelder	[kelder]
capanno (m)	gubuk	[gubu']
pozzo (m)	sumur	[sumur]

stufa (f)	tungku	[tuŋku]
attizzare (vt)	menyalakan tungku	[menjalakan tuŋku]
legna (f) da ardere	kayu bakar	[kaju bakar]
ciocco (m)	potongan kayu bakar	[potoŋan kaju bakar]

veranda (f)	beranda	[beranda]
terrazza (f)	teras	[teras]
scala (f) d'ingresso	anjungan depan	[andʒuŋan depan]
altalena (f)	ayunan	[ajunan]

91. Villa. Palazzo

casa (f) di campagna	rumah luar kota	[rumah luar kota]
villa (f)	vila	[vila]
ala (f)	sayap	[sajap]

giardino (m)	kebun	[kebun]
parco (m)	taman	[taman]
serra (f)	rumah kaca	[rumah katʃa]

prendersi cura (~ del giardino)	memelihara	[memelihara]
piscina (f)	kolam renang	[kolam renaŋ]
palestra (f)	gym	[dʒim]
campo (m) da tennis	lapangan tenis	[lapaŋan tenis]
home cinema (m)	bioskop rumah	[bioskop rumah]
garage (m)	garasi	[garasi]
proprietà (f) privata	milik pribadi	[mili' pribadi]
terreno (m) privato	tanah pribadi	[tanah pribadi]
avvertimento (m)	peringatan	[pəriŋatan]
cartello (m) di avvertimento	tanda peringatan	[tanda pəriŋatan]
sicurezza (f)	keamanan	[keamanan]
guardia (f) giurata	satpam, pengawal	[satpam], [peŋawal]
allarme (f) antifurto	alarm antirampok	[alarm antirampo']

92. Castello. Reggia

castello (m)	kastil	[kastil]
palazzo (m)	istana	[istana]
fortezza (f)	benteng	[benteŋ]
muro (m)	tembok	[tembo']
torre (f)	menara	[mənara]
torre (f) principale	menara utama	[mənara utama]
saracinesca (f)	jeruji pintu kota	[dʒ'erudʒi pintu kota]
tunnel (m)	jalan bawah tanah	[dʒ'alan bawah tanah]
fossato (m)	parit	[parit]
catena (f)	rantai	[rantaj]
feritoia (f)	laras panah, lop panah	[laras panah], [lop panah]
magnifico (agg)	megah	[megah]
maestoso (agg)	megah sekali	[megah sekali]
inespugnabile (agg)	sulit dicapai	[sulit ditʃapaj]
medievale (agg)	abad pertengahan	[abad pərteŋahan]

93. Appartamento

appartamento (m)	apartemen	[apartemen]
camera (f), stanza (f)	kamar	[kamar]
camera (f) da letto	kamar tidur	[kamar tidur]
sala (f) da pranzo	ruang makan	[ruaŋ makan]
salotto (m)	ruang tamu	[ruaŋ tamu]
studio (m)	ruang kerja	[ruaŋ kerdʒ'a]
ingresso (m)	ruang depan	[ruaŋ depan]
bagno (m)	kamar mandi	[kamar mandi]
gabinetto (m)	kamar kecil	[kamar ketʃil]
soffitto (m)	plafon, langit-langit	[plafon], [laŋit-laŋit]

| pavimento (m) | lantai | [lantaj] |
| angolo (m) | sudut | [sudut] |

94. Appartamento. Pulizie

| pulire (vt) | membereskan | [membereskan] |
| mettere via | meletakkan | [meleta'kan] |

polvere (f)	debu	[debu]
impolverato (agg)	debu	[debu]
spolverare (vt)	menyapu debu	[mənjapu debu]
aspirapolvere (m)	pengisap debu	[peŋisap debu]
passare l'aspirapolvere	membersihkan dengan pengisap debu	[membersihkan deŋan peŋisap debu]

spazzare (vi, vt)	menyapu	[mənjapu]
spazzatura (f)	sampah	[sampah]
ordine (m)	kerapian	[kerapian]
disordine (m)	berantakan	[berantakan]

frettazzo (m)	kain pel	[kain pel]
strofinaccio (m)	lap	[lap]
scopa (f)	sapu lidi	[sapu lidi]
paletta (f)	pengki	[peŋki]

95. Arredamento. Interno

mobili (m pl)	mebel	[mebel]
tavolo (m)	meja	[medʒʲa]
sedia (f)	kursi	[kursi]
letto (m)	ranjang	[randʒʲaŋ]
divano (m)	dipan	[dipan]
poltrona (f)	kursi malas	[kursi malas]

| libreria (f) | lemari buku | [lemari buku] |
| ripiano (m) | rak | [ra'] |

armadio (m)	lemari pakaian	[lemari pakajan]
attaccapanni (m) da parete	kapstok	[kapsto']
appendiabiti (m) da terra	kapstok berdiri	[kapsto' berdiri]

| comò (m) | lemari laci | [lemari latʃi] |
| tavolino (m) da salotto | meja kopi | [medʒʲa kopi] |

specchio (m)	cermin	[tʃermin]
tappeto (m)	permadani	[permadani]
tappetino (m)	karpet kecil	[karpet ketʃil]

camino (m)	perapian	[perapian]
candela (f)	lilin	[lilin]
candeliere (m)	kaki lilin	[kaki lilin]
tende (f pl)	gorden	[gorden]

| carta (f) da parati | kertas dinding | [kertas dindiŋ] |
| tende (f pl) alla veneziana | kerai | [keraj] |

lampada (f) da tavolo	lampu meja	[lampu medʒ'a]
lampada (f) da parete	lampu dinding	[lampu dindiŋ]
lampada (f) a stelo	lampu lantai	[lampu lantaj]
lampadario (m)	lampu bercabang	[lampu bertʃabaŋ]

gamba (f)	kaki	[kaki]
bracciolo (m)	lengan	[leŋan]
spalliera (f)	sandaran	[sandaran]
cassetto (m)	laci	[latʃi]

96. Biancheria da letto

biancheria (f) da letto	kain kasur	[kain kasur]
cuscino (m)	bantal	[bantal]
federa (f)	sarung bantal	[saruŋ bantal]
coperta (f)	selimut	[selimut]
lenzuolo (m)	seprai	[sepraj]
copriletto (m)	selubung kasur	[selubuŋ kasur]

97. Cucina

cucina (f)	dapur	[dapur]
gas (m)	gas	[gas]
fornello (m) a gas	kompor gas	[kompor gas]
fornello (m) elettrico	kompor listrik	[kompor listri']
forno (m)	oven	[oven]
forno (m) a microonde	microwave	[majkrowav]

frigorifero (m)	lemari es, kulkas	[lemari es], [kulkas]
congelatore (m)	lemari pembeku	[lemari pembeku]
lavastoviglie (f)	mesin pencuci piring	[mesin pentʃutʃi piriŋ]

tritacarne (m)	alat pelumat daging	[alat pelumat dagiŋ]
spremifrutta (m)	mesin sari buah	[mesin sari buah]
tostapane (m)	alat pemanggang roti	[alat pemaŋgaŋ roti]
mixer (m)	pencampur	[pentʃampur]

macchina (f) da caffè	mesin pembuat kopi	[mesin pembuat kopi]
caffettiera (f)	teko kopi	[teko kopi]
macinacaffè (m)	mesin penggiling kopi	[mesin peŋgiliŋ kopi]

bollitore (m)	cerek	[tʃere']
teiera (f)	teko	[teko]
coperchio (m)	tutup	[tutup]
colino (m) da tè	saringan teh	[sariŋan teh]

cucchiaio (m)	sendok	[sendo']
cucchiaino (m) da tè	sendok teh	[sendo' teh]
cucchiaio (m)	sendok makan	[sendo' makan]

| forchetta (f) | garpu | [garpu] |
| coltello (m) | pisau | [pisau] |

stoviglie (f pl)	piring mangkuk	[piriŋ maŋku']
piatto (m)	piring	[piriŋ]
piattino (m)	alas cangkir	[alas ʧaŋkir]

cicchetto (m)	seloki	[seloki]
bicchiere (m) (~ d'acqua)	gelas	[gelas]
tazzina (f)	cangkir	[ʧaŋkir]

zuccheriera (f)	wadah gula	[wadah gula]
saliera (f)	wadah garam	[wadah garam]
pepiera (f)	wadah merica	[wadah meriʧa]
burriera (f)	wadah mentega	[wadah mentega]

pentola (f)	panci	[panʧi]
padella (f)	kuali	[kuali]
mestolo (m)	sudu	[sudu]
colapasta (m)	saringan	[sariŋan]
vassoio (m)	talam	[talam]

bottiglia (f)	botol	[botol]
barattolo (m) di vetro	gelas	[gelas]
latta, lattina (f)	kaleng	[kaleŋ]

apribottiglie (m)	pembuka botol	[pembuka botol]
apriscatole (m)	pembuka kaleng	[pembuka kaleŋ]
cavatappi (m)	kotrek	[kotre']
filtro (m)	saringan	[sariŋan]
filtrare (vt)	saringan	[sariŋan]

| spazzatura (f) | sampah | [sampah] |
| pattumiera (f) | tong sampah | [toŋ sampah] |

98. Bagno

bagno (m)	kamar mandi	[kamar mandi]
acqua (f)	air	[air]
rubinetto (m)	keran	[keran]
acqua (f) calda	air panas	[air panas]
acqua (f) fredda	air dingin	[air diŋin]

dentifricio (m)	pasta gigi	[pasta gigi]
lavarsi i denti	menggosok gigi	[meŋgoso' gigi]
spazzolino (m) da denti	sikat gigi	[sikat gigi]

rasarsi (vr)	bercukur	[berʧukur]
schiuma (f) da barba	busa cukur	[busa ʧukur]
rasoio (m)	pisau cukur	[pisau ʧukur]

lavare (vt)	mencuci	[menʧuʧi]
fare un bagno	mandi	[mandi]
doccia (f)	pancuran	[panʧuran]

fare una doccia	mandi pancuran	[mandi pantʃuran]
vasca (f) da bagno	bak mandi	[ba' mandi]
water (m)	kloset	[kloset]
lavandino (m)	wastafel	[wastafel]

| sapone (m) | sabun | [sabun] |
| porta (m) sapone | wadah sabun | [wadah sabun] |

spugna (f)	spons	[spons]
shampoo (m)	sampo	[sampo]
asciugamano (m)	handuk	[handu']
accappatoio (m)	jubah mandi	[dʒiubah mandi]

bucato (m)	pencucian	[pentʃutʃian]
lavatrice (f)	mesin cuci	[mesin tʃutʃi]
fare il bucato	mencuci	[məntʃutʃi]
detersivo (m) per il bucato	deterjen cuci	[deterdʒien tʃutʃi]

99. Elettrodomestici

televisore (m)	pesawat TV	[pesawat ti-vi]
registratore (m) a nastro	alat perekam	[alat pərekam]
videoregistratore (m)	video, VCR	[vidio], [vi-si-er]
radio (f)	radio	[radio]
lettore (m)	pemutar	[pemutar]

videoproiettore (m)	proyektor video	[proektor video]
home cinema (m)	bioskop rumah	[bioskop rumah]
lettore (m) DVD	pemutar DVD	[pemutar di-vi-di]

| amplificatore (m) | penguat | [peŋuat] |
| console (f) video giochi | konsol permainan video | [konsol pərmajnan video] |

videocamera (f)	kamera video	[kamera video]
macchina (f) fotografica	kamera	[kamera]
fotocamera (f) digitale	kamera digital	[kamera digital]

aspirapolvere (m)	pengisap debu	[peɲisap debu]
ferro (m) da stiro	setrika	[setrika]
asse (f) da stiro	papan setrika	[papan setrika]

| telefono (m) | telepon | [telepon] |
| telefonino (m) | ponsel | [ponsel] |

| macchina (f) da scrivere | mesin ketik | [mesin keti'] |
| macchina (f) da cucire | mesin jahit | [mesin dʒiahit] |

microfono (m)	mikrofon	[mikrofon]
cuffia (f)	headphone, fonkepala	[headphone], [fonkepala]
telecomando (m)	panel kendali	[panel kendali]

CD (m)	cakram kompak	[tʃakram kompa']
cassetta (f)	kaset	[kaset]
disco (m) (vinile)	piringan hitam	[piriŋan hitam]

100. Riparazioni. Restauro

lavori (m pl) di restauro	renovasi	[renovasi]
rinnovare (ridecorare)	merenovasi	[merenovasi]
riparare (vt)	mereparasi, memperbaiki	[mereparasi], [memperbajki]
mettere in ordine	membereskan	[membereskan]
rifare (vt)	mengulangi	[məŋulaŋi]
pittura (f)	cat	[tʃat]
pitturare (~ un muro)	mengecat	[məŋetʃat]
imbianchino (m)	tukang cat	[tukaŋ tʃat]
pennello (m)	kuas	[kuas]
imbiancatura (f)	cat kapur	[tʃat kapur]
imbiancare (vt)	mengapur	[məŋapur]
carta (f) da parati	kertas dinding	[kertas dindiŋ]
tappezzare (vt)	memasang kertas dinding	[memasaŋ kertas dindiŋ]
vernice (f)	pernis	[pernis]
verniciare (vt)	memernis	[memernis]

101. Impianto idraulico

acqua (f)	air	[air]
acqua (f) calda	air panas	[air panas]
acqua (f) fredda	air dingin	[air diŋin]
rubinetto (m)	keran	[keran]
goccia (f)	tetes	[tetes]
gocciolare (vi)	menetes	[mənetes]
perdere (il tubo, ecc.)	bocor	[botʃor]
perdita (f) (~ dai tubi)	kebocoran	[kebotʃoran]
pozza (f)	kubangan	[kubaŋan]
tubo (m)	pipa	[pipa]
valvola (f)	katup	[katup]
intasarsi (vr)	tersumbat	[tersumbat]
strumenti (m pl)	peralatan	[pəralatan]
chiave (f) inglese	kunci inggris	[kuntʃi iŋgris]
svitare (vt)	mengendurkan	[məŋendurkan]
avvitare (stringere)	mengencangkan	[məŋentʃaŋkan]
stasare (vt)	membersihkan	[membersihkan]
idraulico (m)	tukang pipa	[tukaŋ pipa]
seminterrato (m)	rubanah	[rubanah]
fognatura (f)	riol	[riol]

102. Incendio. Conflagrazione

fuoco (m)	kebakaran	[kebakaran]
fiamma (f)	nyala api	[njala api]

scintilla (f)	percikan api	[pərtʃikan api]
fumo (m)	asap	[asap]
fiaccola (f)	obor	[obor]
falò (m)	api unggun	[api uŋgun]

benzina (f)	bensin	[bensin]
cherosene (m)	minyak tanah	[minja' tanah]
combustibile (agg)	mudah terbakar	[mudah tərbakar]
esplosivo (agg)	mudah meledak	[mudah meleda']
VIETATO FUMARE!	DILARANG MEROKOK!	[dilaraŋ meroko'!]

sicurezza (f)	keamanan	[keamanan]
pericolo (m)	bahaya	[bahaja]
pericoloso (agg)	berbahaya	[bərbahaja]

prendere fuoco	menyala	[mənjala]
esplosione (f)	ledakan	[ledakan]
incendiare (vt)	membakar	[membakar]
incendiario (m)	pelaku pembakaran	[pelaku pembakaran]
incendio (m) doloso	pembakaran	[pembakaran]

divampare (vi)	berkobar	[bərkobar]
bruciare (vi)	menyala	[mənjala]
bruciarsi (vr)	terbakar	[tərbakar]

chiamare i pompieri	memanggil pemadam kebakaran	[memaŋgil pemadam kebakaran]
pompiere (m)	pemadam kebakaran	[pemadam kebakaran]
autopompa (f)	branwir	[branwir]
corpo (m) dei pompieri	pemadam kebakaran	[pemadam kebakaran]
autoscala (f) da pompieri	tangga branwir	[taŋga branwir]

manichetta (f)	selang pemadam	[selaŋ pemadam]
estintore (m)	pemadam api	[pemadam api]
casco (m)	helm	[helm]
sirena (f)	sirene	[sirene]

gridare (vi)	berteriak	[bərteria']
chiamare in aiuto	meminta pertolongan	[meminta pertoloŋan]
soccorritore (m)	penyelamat	[penjelamat]
salvare (vt)	menyelamatkan	[mənjelamatkan]

arrivare (vi)	datang	[dataŋ]
spegnere (vt)	memadamkan	[memadamkan]
acqua (f)	air	[air]
sabbia (f)	pasir	[pasir]

rovine (f pl)	reruntuhan	[reruntuhan]
crollare (edificio)	runtuh	[runtuh]
cadere (vi)	roboh	[roboh]
collassare (vi)	roboh	[roboh]

frammento (m)	serpihan	[serpihan]
cenere (f)	abu	[abu]
asfissiare (vi)	mati lemas	[mati lemas]
morire, perire (vi)	mati, tewas	[mati], [tewas]

ATTIVITÀ UMANA

Lavoro. Affari. Parte 1

103. Ufficio. Lavorare in ufficio

uffici (m pl) (gli ~ della società)	kantor	[kantor]
ufficio (m)	ruang kerja	[ruaŋ kerdʒia]
portineria (f)	resepsionis kantor	[resepsionis kantor]
segretario (m)	sekretaris	[sekretaris]
segretaria (f)	sekretaris	[sekretaris]
direttore (m)	direktur	[direktur]
manager (m)	manajer	[manadʒier]
contabile (m)	akuntan	[akuntan]
impiegato (m)	karyawan	[karjawan]
mobili (m pl)	mebel	[mebel]
scrivania (f)	meja	[medʒia]
poltrona (f)	kursi malas	[kursi malas]
cassettiera (f)	meja samping ranjang	[medʒia sampiŋ randʒiaŋ]
appendiabiti (m) da terra	kapstok berdiri	[kapstoʔ berdiri]
computer (m)	komputer	[komputer]
stampante (f)	printer, pencetak	[printer], [pentʃetaʔ]
fax (m)	mesin faks	[mesin faks]
fotocopiatrice (f)	mesin fotokopi	[mesin fotokopi]
carta (f)	kertas	[kertas]
cancelleria (f)	alat tulis kantor	[alat tulis kantor]
tappetino (m) del mouse	bantal tetikus	[bantal tetikus]
foglio (m)	lembar	[lembar]
cartella (f)	map	[map]
catalogo (m)	katalog	[katalog]
elenco (m) del telefono	buku telepon	[buku telepon]
documentazione (f)	dokumentasi	[dokumentasi]
opuscolo (m)	brosur	[brosur]
volantino (m)	selebaran	[selebaran]
campione (m)	sampel, contoh	[sampel], [tʃontoh]
formazione (f)	latihan	[latihan]
riunione (f)	rapat	[rapat]
pausa (f) pranzo	waktu makan siang	[waktu makan siaŋ]
copiare (vt)	membuat salinan	[membuat salinan]
fare copie	memperbanyak	[memperbanjaʔ]
ricevere un fax	menerima faks	[menerima faks]
spedire un fax	mengirim faks	[meŋirim faks]

telefonare (vi, vt)	menelepon	[mənelepon]
rispondere (vi, vt)	menjawab	[məndʒ¡awab]
passare (glielo passo)	menyambungkan	[mənjambuŋkan]

fissare (organizzare)	menetapkan	[mənetapkan]
dimostrare (vt)	memeragakan	[memeragakan]
essere assente	absen, tidak hadir	[absen], [tida' hadir]
assenza (f)	absensi, ketidakhadiran	[absensi], [ketidahadiran]

104. Operazioni d'affari. Parte 1

| attività (f) | bisnis | [bisnis] |
| occupazione (f) | urusan | [urusan] |

ditta (f)	firma	[firma]
compagnia (f)	maskapai	[maskapaj]
corporazione (f)	korporasi	[korporasi]
impresa (f)	perusahaan	[pərusaha'an]
agenzia (f)	biro, kantor	[biro], [kantor]

accordo (m)	perjanjian	[pərdʒ¡andʒian]
contratto (m)	kontrak	[kontra']
affare (m)	transaksi	[transaksi]
ordine (m) (ordinazione)	pesanan	[pesanan]
termine (m) dell'accordo	syarat	[ʃarat]

all'ingrosso	grosir	[grosir]
all'ingrosso (agg)	grosir	[grosir]
vendita (f) all'ingrosso	penjualan grosir	[pendʒ¡ualan grosir]
al dettaglio (agg)	eceran	[etʃeran]
vendita (f) al dettaglio	pengeceran	[peŋetʃeran]

concorrente (m)	kompetitor, pesaing	[kompetitor], [pesajŋ]
concorrenza (f)	kompetisi, persaingan	[kompetisi], [pərsajŋan]
competere (vi)	bersaing	[bərsajŋ]

| socio (m), partner (m) | mitra | [mitra] |
| partenariato (m) | kemitraan | [kemitra'an] |

crisi (f)	krisis	[krisis]
bancarotta (f)	kebangkrutan	[kebaŋkrutan]
fallire (vi)	jatuh bangkrut	[dʒ¡atuh baŋkrut]
difficoltà (f)	kesukaran	[kesukaran]
problema (m)	masalah	[masalah]
disastro (m)	gagal total	[gagal total]

economia (f)	ekonomi	[ekonomi]
economico (agg)	ekonomi	[ekonomi]
recessione (f) economica	resesi ekonomi	[resesi ekonomi]

scopo (m), obiettivo (m)	tujuan	[tudʒ¡uan]
incarico (m)	tugas	[tugas]
commerciare (vi)	berdagang	[bərdagaŋ]
rete (f) (~ di distribuzione)	jaringan	[dʒ¡ariŋan]

| giacenza (f) | inventaris | [inventaris] |
| assortimento (m) | penyortiran | [penjortiran] |

leader (m), capo (m)	pemimpin	[pemimpin]
grande (agg)	besar	[besar]
monopolio (m)	monopoli	[monopoli]

teoria (f)	teori	[teori]
pratica (f)	praktik	[prakti']
esperienza (f)	pengalaman	[peŋalaman]
tendenza (f)	tendensi	[tendensi]
sviluppo (m)	perkembangan	[pərkembaŋan]

105. Operazioni d'affari. Parte 2

| profitto (m) | keuntungan | [keuntuŋan] |
| profittevole (agg) | menguntungkan | [məŋuntuŋkan] |

delegazione (f)	delegasi	[delegasi]
stipendio (m)	gaji, upah	[gadʒi], [upah]
correggere (vt)	mengoreksi	[məŋoreksi]
viaggio (m) d'affari	perjalanan dinas	[pərdʒ'alanan dinas]
commissione (f)	panitia	[panitia]

controllare (vt)	mengontrol	[məŋontrol]
conferenza (f)	konferensi	[konferensi]
licenza (f)	lisensi, izin	[lisensi], [izin]
affidabile (agg)	yang bisa dipercaya	[yaŋ bisa dipertʃaja]

iniziativa (f) (progetto nuovo)	inisiatif	[inisiatif]
norma (f)	norma	[norma]
circostanza (f)	keadaan sekitar	[keada'an sekitar]
mansione (f)	tugas	[tugas]

impresa (f)	organisasi	[organisasi]
organizzazione (f)	pengurusan	[pəŋurusan]
organizzato (agg)	terurus	[tərurus]
annullamento (m)	pembatalan	[pembatalan]
annullare (vt)	membatalkan	[membatalkan]
rapporto (m) (~ ufficiale)	laporan	[laporan]

brevetto (m)	paten	[paten]
brevettare (vt)	mematenkan	[mematenkan]
pianificare (vt)	merencanakan	[merentʃanakan]

premio (m)	bonus	[bonus]
professionale (agg)	profesional	[profesional]
procedura (f)	prosedur	[prosedur]

esaminare (~ un contratto)	mempertimbangkan	[mempertimbaŋkan]
calcolo (m)	perhitungan	[pərhituŋan]
reputazione (f)	reputasi	[reputasi]
rischio (m)	risiko	[risiko]
dirigere (~ un'azienda)	memimpin	[memimpin]

informazioni (f pl)	data, informasi	[data], [informasi]
proprietà (f)	milik	[mili']
unione (f)	persatuan, serikat	[pərsatuan], [serikat]
(~ Italiana Vini, ecc.)		

assicurazione (f) sulla vita	asuransi jiwa	[asuransi ʤiwa]
assicurare (vt)	mengasuransikan	[məŋasuransikan]
assicurazione (f)	asuransi	[asuransi]

asta (f)	lelang	[lelaŋ]
avvisare (informare)	memberitahu	[memberitahu]
gestione (f)	manajemen	[manaʤemen]
servizio (m)	jasa	[ʤasa]

forum (m)	forum	[forum]
funzionare (vi)	berfungsi	[bərfuŋsi]
stadio (m) (fase)	tahap	[tahap]
giuridico (agg)	hukum	[hukum]
esperto (m) legale	ahli hukum	[ahli hukum]

106. Attività produttiva. Lavori

stabilimento (m)	pabrik	[pabri']
fabbrica (f)	pabrik	[pabri']
officina (f) di produzione	bengkel	[beŋkel]
stabilimento (m)	perusahaan	[pərusaha'an]

industria (f)	industri	[industri]
industriale (agg)	industri	[industri]
industria (f) pesante	industri berat	[industri bərat]
industria (f) leggera	industri ringan	[industri riŋan]

prodotti (m pl)	produksi	[produksi]
produrre (vt)	memproduksi	[memproduksi]
materia (f) prima	bahan baku	[bahan baku]

caposquadra (m)	mandor	[mandor]
squadra (f)	regu pekerja	[regu pekerʤa]
operaio (m)	buruh, pekerja	[buruh], [pekerʤa]

giorno (m) lavorativo	hari kerja	[hari kerʤa]
pausa (f)	perhentian	[perhentian]
riunione (f)	rapat	[rapat]
discutere (~ di un problema)	membicarakan	[membitʃarakan]

piano (m)	rencana	[rentʃana]
eseguire il piano	melaksanakan rencana	[melaksanakan rentʃana]
tasso (m) di produzione	kecepatan produksi	[ketʃepatan produksi]
qualità (f)	kualitas, mutu	[kualitas], [mutu]
controllo (m)	kontrol, kendali	[kontrol], [kendali]
controllo (m) di qualità	kendali mutu	[kendali mutu]

sicurezza (f) sul lavoro	keselamatan kerja	[keselamatan kerʤa]
disciplina (f)	disiplin	[disiplin]

| infrazione (f) | pelanggaran | [pelaŋgaran] |
| violare (~ le regole) | melanggar | [melaŋgar] |

sciopero (m)	pemogokan	[pemogokan]
scioperante (m)	pemogok	[pemogo']
fare sciopero	mogok	[mogo']
sindacato (m)	serikat pekerja	[serikat pekerdʒia]

inventare (vt)	menemukan	[mənemukan]
invenzione (f)	penemuan	[penemuan]
ricerca (f)	riset, penelitian	[riset], [penelitian]
migliorare (vt)	memperbaiki	[memperbajki]
tecnologia (f)	teknologi	[teknologi]
disegno (m) tecnico	gambar teknik	[gambar tekni']

carico (m)	muatan	[muatan]
caricatore (m)	kuli	[kuli]
caricare (~ un camion)	memuat	[memuat]
caricamento (m)	pemuatan	[pemuatan]
scaricare (vt)	membongkar	[memboŋkar]
scarico (m)	pembongkaran	[pemboŋkaran]

trasporto (m)	transportasi, angkutan	[transportasi], [aŋkutan]
società (f) di trasporti	perusahaan transportasi	[perusaha'an transportasi]
trasportare (vt)	mengangkut	[məŋaŋkut]

vagone (m) merci	gerbong barang	[gerboŋ baraŋ]
cisterna (f)	tangki	[taŋki]
camion (m)	truk	[tru']

| macchina (f) utensile | mesin | [mesin] |
| meccanismo (m) | mekanisme | [mekanisme] |

rifiuti (m pl) industriali	limbah industri	[limbah industri]
imballaggio (m)	pengemasan	[peŋemasan]
imballare (vt)	mengemas	[məŋemas]

107. Contratto. Accordo

contratto (m)	kontrak	[kontra']
accordo (m)	perjanjian	[pərdʒiandʒian]
allegato (m)	lampiran	[lampiran]

firmare un contratto	menandatangani kontrak	[mənandataŋani kontra']
firma (f)	tanda tangan	[tanda taŋan]
firmare (vt)	menandatangani	[mənandataŋani]
timbro (m) (su documenti)	cap	[tʃap]

oggetto (m) del contratto	subjek perjanjian	[subdʒie' pərdʒiandʒian]
clausola (f)	ayat, pasal	[ajat], [pasal]
parti (f pl) (in un contratto)	pihak	[piha']
sede (f) legale	alamat sah	[alamat sah]
sciogliere un contratto	melanggar kontrak	[melaŋgar kontra']
obbligo (m)	komitmen, kewajiban	[komitmen], [kewadʒiban]

responsabilità (f)	tanggung jawab	[taŋguŋ dʒʲawab]
forza (f) maggiore	keadaan kahar	[keadaʔan kahar]
discussione (f)	sengketa	[seŋketa]
sanzioni (f pl)	sanksi, penalti	[sanksi], [penalti]

108. Import-export

importazione (f)	impor	[impor]
importatore (m)	importir	[importir]
importare (vt)	mengimpor	[meŋimpor]
d'importazione (agg)	impor	[impor]
esportazione (f)	ekspor	[ekspor]
esportatore (m)	eksportir	[eksportir]
esportare (vt)	mengekspor	[meŋekspor]
d'esportazione (agg)	ekspor	[ekspor]
merce (f)	barang dagangan	[baraŋ dagaŋan]
carico (m)	partai	[partaj]
peso (m)	berat	[berat]
volume (m)	volume, isi	[volume], [isi]
metro (m) cubo	meter kubik	[meter kubiʔ]
produttore (m)	produsen	[produsen]
società (f) di trasporti	perusahaan transportasi	[perusahaʔan transportasi]
container (m)	peti kemas	[peti kemas]
frontiera (f)	perbatasan	[perbatasan]
dogana (f)	pabean	[pabean]
dazio (m) doganale	bea cukai	[bea tʃukaj]
doganiere (m)	petugas pabean	[petugas pabean]
contrabbando (m)	penyelundupan	[penjelundupan]
merci (f pl) contrabbandate	barang-barang selundupan	[baraŋ-baraŋ selundupan]

109. Mezzi finanziari

azione (f)	saham	[saham]
obbligazione (f)	obligasi	[obligasi]
cambiale (f)	wesel	[wesel]
borsa (f)	bursa efek	[bursa efeʔ]
quotazione (f)	kurs saham	[kurs saham]
diminuire di prezzo	menjadi murah	[mendʒʲadi murah]
aumentare di prezzo	menjadi mahal	[mendʒʲadi mahal]
quota (f)	kepemilikan saham	[kepemilikan saham]
pacchetto (m) di maggioranza	mayoritas saham	[majoritas saham]
investimento (m)	investasi	[investasi]
investire (vt)	berinvestasi	[berinvestasi]

percento (m)	persen	[pərsen]
interessi (m pl) (su investimenti)	suku bunga	[suku buŋa]

profitto (m)	profit, untung	[profit], [untuŋ]
redditizio (agg)	beruntung	[bəruntuŋ]
imposta (f)	pajak	[padʒia']

valuta (f) (~ estera)	valas	[valas]
nazionale (agg)	nasional	[nasional]
cambio (m) (~ valuta)	pertukaran	[pərtukaran]

contabile (m)	akuntan	[akuntan]
ufficio (m) contabilità	akuntansi	[akuntansi]

bancarotta (f)	kebangkrutan	[kebaŋkrutan]
fallimento (m)	keruntuhan	[keruntuhan]
rovina (f)	kebangkrutan	[kebaŋkrutan]
andare in rovina	bangkrut	[baŋkrut]
inflazione (f)	inflasi	[inflasi]
svalutazione (f)	devaluasi	[devaluasi]

capitale (m)	modal	[modal]
reddito (m)	pendapatan	[pendapatan]
giro (m) di affari	omzet	[omzet]
risorse (f pl)	sumber daya	[sumber daja]
mezzi (m pl) finanziari	dana	[dana]

spese (f pl) generali	beaya umum	[beaja umum]
ridurre (~ le spese)	mengurangi	[məŋuraŋi]

110. Marketing

marketing (m)	pemasaran	[pemasaran]
mercato (m)	pasar	[pasar]
segmento (m) di mercato	segmen pasar	[segmen pasar]
prodotto (m)	produk	[produ']
merce (f)	barang dagangan	[baraŋ dagaŋan]

marca (f)	merek	[mere']
marchio (m) di fabbrica	merek dagang	[mere' dagaŋ]
logotipo (m)	logo dagang	[logo dagaŋ]
logo (m)	logo	[logo]

domanda (f)	permintaan	[pərminta'an]
offerta (f)	penawaran	[penawaran]
bisogno (m)	kebutuhan	[kebutuhan]
consumatore (m)	konsumen	[konsumen]

analisi (f)	analisis	[analisis]
analizzare (vt)	menganalisis	[məŋanalisis]
posizionamento (m)	pemosisian	[pemosisian]
posizionare (vt)	memosisikan	[memosisikan]
prezzo (m)	harga	[harga]

| politica (f) dei prezzi | politik harga | [politiˀ harga] |
| determinazione (f) dei prezzi | penentuan harga | [penentuan harga] |

111. Pubblicità

pubblicità (f)	iklan	[iklan]
pubblicizzare (vt)	mengiklankan	[meŋiklankan]
bilancio (m) (budget)	anggaran belanja	[aŋgaran belandʒ|a]
annuncio (m)	iklan	[iklan]
pubblicità (f) televisiva	iklan TV	[iklan ti-vi]
pubblicità (f) radiofonica	iklan radio	[iklan radio]
pubblicità (f) esterna	iklan luar ruangan	[iklan luar ruaŋan]
mass media (m pl)	media massa	[media massa]
periodico (m)	terbitan berkala	[terbitan berkala]
immagine (f)	citra	[tʃitra]
slogan (m)	slogan, semboyan	[slogan], [semboyan]
motto (m)	moto	[moto]
campagna (f)	kampanye	[kampanje]
campagna (f) pubblicitaria	kampanye iklan	[kampanje iklan]
gruppo (m) di riferimento	khalayak sasaran	[halajaˀ sasaran]
biglietto (m) da visita	kartu nama	[kartu nama]
volantino (m)	selebaran	[selebaran]
opuscolo (m)	brosur	[brosur]
pieghevole (m)	pamflet	[pamflet]
bollettino (m)	buletin	[buletin]
insegna (f) (di negozi, ecc.)	papan nama	[papan nama]
cartellone (m)	poster	[poster]
tabellone (m) pubblicitario	papan iklan	[papan iklan]

112. Attività bancaria

banca (f)	bank	[banˀ]
filiale (f)	cabang	[tʃabaŋ]
consulente (m)	konsultan	[konsultan]
direttore (m)	manajer	[manadʒ|er]
conto (m) bancario	rekening	[rekeniŋ]
numero (m) del conto	nomor rekening	[nomor rekeniŋ]
conto (m) corrente	rekening koran	[rekeniŋ koran]
conto (m) di risparmio	rekening simpanan	[rekeniŋ simpanan]
aprire un conto	membuka rekening	[membuka rekeniŋ]
chiudere il conto	menutup rekening	[menutup rekeniŋ]
versare sul conto	memasukkan ke rekening	[memasuˀkan ke rekeniŋ]
prelevare dal conto	menarik uang	[menariˀ uaŋ]

deposito (m)	deposito	[deposito]
depositare (vt)	melakukan setoran	[melakukan setoran]
trasferimento (m) telegrafico	transfer kawat	[transfer kawat]
rimettere i soldi	mentransfer	[mentransfer]

somma (f)	jumlah	[dʒ'umlah]
Quanto?	Berapa?	[berapa?]

firma (f)	tanda tangan	[tanda taŋan]
firmare (vt)	menandatangani	[menandataŋani]

carta (f) di credito	kartu kredit	[kartu kredit]
codice (m)	kode	[kode]
numero (m) della carta di credito	nomor kartu kredit	[nomor kartu kredit]
bancomat (m)	Anjungan Tunai Mandiri, ATM	[andʒ'uŋan tunaj mandiri], [a-te-em]

assegno (m)	cek	[tʃe']
emettere un assegno	menulis cek	[menulis tʃe']
libretto (m) di assegni	buku cek	[buku tʃe']

prestito (m)	kredit, pinjaman	[kredit], [pindʒ'aman]
fare domanda per un prestito	meminta kredit	[meminta kredit]
ottenere un prestito	mendapatkan kredit	[mendapatkan kredit]
concedere un prestito	memberikan kredit	[memberikan kredit]
garanzia (f)	jaminan	[dʒ'aminan]

113. Telefono. Conversazione telefonica

telefono (m)	telepon	[telepon]
telefonino (m)	ponsel	[ponsel]
segreteria (f) telefonica	mesin penjawab panggilan	[mesin pendʒ'awab paŋgilan]

telefonare (vi, vt)	menelepon	[menelepon]
chiamata (f)	panggilan telepon	[paŋgilan telepon]

comporre un numero	memutar nomor telepon	[memutar nomor telepon]
Pronto!	Halo!	[halo!]
chiedere (domandare)	bertanya	[bertanja]
rispondere (vi, vt)	menjawab	[mendʒ'awab]

udire (vt)	mendengar	[mendeŋar]
bene	baik	[baj']
male	buruk, jelek	[buruk], [dʒ'ele']
disturbi (m pl)	bising, gangguan	[bisiŋ], [gaŋguan]

cornetta (f)	gagang	[gagaŋ]
alzare la cornetta	mengangkat telepon	[meŋaŋkat telepon]
riattaccare la cornetta	menutup telepon	[menutup telepon]

occupato (agg)	sibuk	[sibu']
squillare (del telefono)	berdering	[berderiŋ]
elenco (m) telefonico	buku telepon	[buku telepon]

locale (agg)	lokal	[lokal]
telefonata (f) urbana	panggilan lokal	[paŋgilan lokal]
interurbano (agg)	interlokal	[interlokal]
telefonata (f) interurbana	panggilan interlokal	[paŋgilan interlokal]
internazionale (agg)	internasional	[internasional]
telefonata (f) internazionale	panggilan internasional	[paŋgilan internasional]

114. Telefono cellulare

telefonino (m)	ponsel	[ponsel]
schermo (m)	layar	[lajar]
tasto (m)	kenop	[kenop]
scheda SIM (f)	kartu SIM	[kartu sim]

pila (f)	baterai	[bateraj]
essere scarico	mati	[mati]
caricabatteria (m)	pengisi baterai, pengecas	[peŋisi bateraj], [peŋetʃas]

menù (m)	menu	[menu]
impostazioni (f pl)	penyetelan	[penjetelan]
melodia (f)	nada panggil	[nada paŋgil]
scegliere (vt)	memilih	[memilih]

calcolatrice (f)	kalkulator	[kalkulator]
segreteria (f) telefonica	penjawab telepon	[pendʒ'awab telepon]
sveglia (f)	weker	[weker]
contatti (m pl)	buku telepon	[buku telepon]

| messaggio (m) SMS | pesan singkat | [pesan siŋkat] |
| abbonato (m) | pelanggan | [pelaŋgan] |

115. Articoli di cancelleria

| penna (f) a sfera | bolpen | [bolpen] |
| penna (f) stilografica | pena celup | [pena tʃelup] |

matita (f)	pensil	[pensil]
evidenziatore (m)	spidol	[spidol]
pennarello (m)	spidol	[spidol]
taccuino (m)	buku catatan	[buku tʃatatan]
agenda (f)	agenda	[agenda]

righello (m)	mistar, penggaris	[mistar], [peŋgaris]
calcolatrice (f)	kalkulator	[kalkulator]
gomma (f) per cancellare	karet penghapus	[karet peɲhapus]
puntina (f)	paku payung	[paku pajuŋ]
graffetta (f)	penjepit kertas	[pendʒ'epit kertas]

colla (f)	lem	[lem]
pinzatrice (f)	stapler	[stapler]
perforatrice (f)	alat pelubang kertas	[alat pelubaŋ kertas]
temperamatite (m)	rautan pensil	[rautan pensil]

116. Diversi tipi di documenti

resoconto (m)	laporan	[laporan]
accordo (m)	perjanjian	[pərdʒʲandʒian]
modulo (m) di richiesta	formulir pendaftaran	[formulir pendaftaran]
autentico (agg)	otentik, asli	[otentik], [asli]
tesserino (m)	label identitas	[label identitas]
biglietto (m) da visita	kartu nama	[kartu nama]
certificato (m)	sertifikat	[sertifikat]
assegno (m) (fare un ~)	cek	[tʃeʔ]
conto (m) (in un ristorante)	bon	[bon]
costituzione (f)	Konstitusi, Undang-Undang Dasar	[konstitusi], [undaŋ-undaŋ dasar]
contratto (m)	perjanjian	[pərdʒʲandʒian]
copia (f)	salinan, tembusan	[salinan], [tembusan]
copia (f) (~ di un contratto)	eksemplar	[eksemplar]
dichiarazione (f)	pernyataan pabean	[pərnjataʔan pabean]
documento (m)	dokumen	[dokumen]
patente (f) di guida	Surat Izin Mengemudi, SIM	[surat izin məŋemudi], [sim]
allegato (m)	lampiran	[lampiran]
modulo (m)	formulir	[formulir]
carta (f) d'identità	kartu identitas	[kartu identitas]
richiesta (f) di informazioni	pertanyaan	[pərtanjaʔan]
biglietto (m) d'invito	surat undangan	[surat undaŋan]
fattura (f)	faktur, tagihan	[faktur], [tagihan]
legge (f)	undang-undang	[undaŋ-undaŋ]
lettera (f) (missiva)	surat	[surat]
carta (f) intestata	kop surat	[kop surat]
lista (f) (~ di nomi, ecc.)	daftar	[daftar]
manoscritto (m)	manuskrip	[manuskrip]
bollettino (m)	buletin	[buletin]
appunto (m), nota (f)	nota, catatan	[nota], [tʃatatan]
lasciapassare (m)	pas masuk	[pas masuʔ]
passaporto (m)	paspor	[paspor]
permesso (m)	surat izin	[surat izin]
curriculum vitae (f)	resume	[resume]
nota (f) di addebito	kuitansi	[kuitansi]
ricevuta (f)	kuitansi	[kuitansi]
scontrino (m)	slip penjualan	[slip pendʒʲualan]
rapporto (m)	laporan	[laporan]
mostrare (vt)	memperlihatkan	[memperlihatkan]
firmare (vt)	menandatangani	[mənandataŋani]
firma (f)	tanda tangan	[tanda taŋan]
timbro (m) (su documenti)	cap	[tʃap]
testo (m)	teks	[teks]
biglietto (m)	tiket	[tiket]
cancellare (~ dalla lista)	mencoret	[mentʃoret]
riempire (~ un modulo)	mengisi	[məŋisi]

bolla (f) di consegna	faktur	[faktur]
testamento (m)	surat wasiat	[surat wasiat]

117. Generi di attività commerciali

servizi (m pl) di contabilità	jasa akuntansi	[dʒasa akuntansi]
pubblicità (f)	periklanan	[periklanan]
agenzia (f) pubblicitaria	biro periklanan	[biro periklanan]
condizionatori (m pl) d'aria	penyejuk udara	[penjedʒⁱuʔ udara]
compagnia (f) aerea	maskapai penerbangan	[maskapaj penerbaŋan]

bevande (f pl) alcoliche	minuman beralkohol	[minuman beralkohol]
antiquariato (m)	antikuariat	[antikuariat]
galleria (f) d'arte	galeri seni	[galeri seni]
società (f)	jasa audit	[dʒasa audit]
di revisione contabile		

imprese (f pl) bancarie	industri perbankan	[industri perbankan]
bar (m)	bar	[bar]
salone (m) di bellezza	salon kecantikan	[salon ketʃantikan]
libreria (f)	toko buku	[toko buku]
birreria (f)	pabrik bir	[pabriʔ bir]
business centre (m)	pusat bisnis	[pusat bisnis]
scuola (f) di commercio	sekolah bisnis	[sekolah bisnis]

casinò (m)	kasino	[kasino]
edilizia (f)	pembangunan	[pembaŋunan]
consulenza (f)	jasa konsultasi	[dʒasa konsultasi]

odontoiatria (f)	klinik gigi	[kliniʔ gigi]
design (m)	desain	[desajn]
farmacia (f)	apotek, toko obat	[apotek], [toko obat]
lavanderia (f) a secco	penatu kimia	[penatu kimia]
agenzia (f) di collocamento	biro tenaga kerja	[biro tenaga kerdʒa]

servizi (m pl) finanziari	jasa finansial	[dʒasa finansial]
industria (f) alimentare	produk makanan	[produʔ makanan]
agenzia (f) di pompe funebri	rumah duka	[rumah duka]
mobili (m pl)	mebel	[mebel]
abbigliamento (m)	pakaian, busana	[pakajan], [busana]
albergo, hotel (m)	hotel	[hotel]

gelato (m)	es krim	[es krim]
industria (f)	industri	[industri]
assicurazione (f)	asuransi	[asuransi]
internet (f)	Internet	[internet]
investimenti (m pl)	investasi	[investasi]

gioielliere (m)	tukang perhiasan	[tukaŋ perhiasan]
gioielli (m pl)	perhiasan	[perhiasan]
lavanderia (f)	penatu	[penatu]
consulente (m) legale	penasihat hukum	[penasihat hukum]
industria (f) leggera	industri ringan	[industri riŋan]
rivista (f)	majalah	[madʒalah]

vendite (f pl) per corrispondenza	perniagaan pesanan pos	[pərniagaʔan pesanan pos]
medicina (f)	kedokteran	[kedokteran]
cinema (m)	bioskop	[bioskop]
museo (m)	museum	[museum]
agenzia (f) di stampa	kantor berita	[kantor bərita]
giornale (m)	koran	[koran]
locale notturno (m)	klub malam	[klub malam]
petrolio (m)	petroleum, minyak	[petroleum], [minjaʔ]
corriere (m) espresso	jasa kurir	[dʒ'asa kurir]
farmaci (m pl)	farmasi	[farmasi]
stampa (f) (~ di libri)	percetakan	[pərtʃetakan]
casa (f) editrice	penerbit	[penerbit]
radio (f)	radio	[radio]
beni (m pl) immobili	properti, lahan yasan	[properti], [lahan yasan]
ristorante (m)	restoran	[restoran]
agenzia (f) di sicurezza	biro keamanan	[biro keamanan]
sport (m)	olahraga	[olahraga]
borsa (f)	bursa efek	[bursa efeʔ]
negozio (m)	toko	[toko]
supermercato (m)	pasar swalayan	[pasar swalajan]
piscina (f)	kolam renang	[kolam renaŋ]
sartoria (f)	rumah jahit	[rumah dʒ'ahit]
televisione (f)	televisi	[televisi]
teatro (m)	teater	[teater]
commercio (m)	perdagangan	[pərdagaŋan]
mezzi (m pl) di trasporto	transportasi, angkutan	[transportasi], [aŋkutan]
viaggio (m)	pariwisata	[pariwisata]
veterinario (m)	dokter hewan	[dokter hewan]
deposito, magazzino (m)	gudang	[gudaŋ]
trattamento (m) dei rifiuti	pemungutan sampah	[pemuŋutan sampah]

Lavoro. Affari. Parte 2

118. Spettacolo. Mostra

fiera (f)	pameran	[pameran]
fiera (f) campionaria	pameran perdagangan	[pameran perdagaŋan]
partecipazione (f)	partisipasi	[partisipasi]
partecipare (vi)	turut serta	[turut serta]
partecipante (m)	partisipan, peserta	[partisipan], [peserta]
direttore (m)	direktur	[direktur]
ufficio (m) organizzativo	biro penyelenggara kegiatan	[biro peneleŋara kegiatan]
organizzatore (m)	penyelenggara	[penjeleŋara]
organizzare (vt)	menyelenggarakan	[menjeleŋarakan]
domanda (f) di partecipazione	formulir keikutsertaan	[formulir keikutserta'an]
riempire (vt)	mengisi	[meŋisi]
dettagli (m pl)	detail	[detajl]
informazione (f)	informasi	[informasi]
prezzo (m)	harga	[harga]
incluso (agg)	termasuk	[termasu']
includere (vt)	mencakup	[mentʃakup]
pagare (vi, vt)	membayar	[membajar]
quota (f) d'iscrizione	biaya pendaftaran	[biaja pendaftaran]
entrata (f)	masuk	[masu']
padiglione (m)	paviliun	[paviliun]
registrare (vt)	mendaftar	[mendaftar]
tesserino (m)	label identitas	[label identitas]
stand (m)	stand	[stand]
prenotare (riservare)	memesan	[memesan]
vetrina (f)	dagang layar kaca	[dagaŋ lajar katʃa]
faretto (m)	lampu	[lampu]
design (m)	desain	[desajn]
collocare (vt)	menempatkan	[menempatkan]
collocarsi (vr)	diletakkan	[dileta'kan]
distributore (m)	penyalur	[penjalur]
fornitore (m)	penyuplai	[penyuplaj]
fornire (vt)	menyuplai	[menyuplaj]
paese (m)	negara, negeri	[negara], [negeri]
straniero (agg)	asing	[asiŋ]
prodotto (m)	produk	[produ']
associazione (f)	asosiasi, perhimpunan	[asosiasi], [perhimpunan]

sala (f) conferenze	gedung pertemuan	[geduŋ pertemuan]
congresso (m)	kongres	[koŋres]
concorso (m)	kontes	[kontes]

visitatore (m)	pengunjung	[peŋundʒʲuŋ]
visitare (vt)	mendatangi	[mendataŋi]
cliente (m)	pelanggan	[pelaŋgan]

119. Mezzi di comunicazione di massa

giornale (m)	koran	[koran]
rivista (f)	majalah	[madʒʲalah]
stampa (f) (giornali, ecc.)	pers	[pers]
radio (f)	radio	[radio]
stazione (f) radio	stasiun radio	[stasiun radio]
televisione (f)	televisi	[televisi]

presentatore (m)	pembawa acara	[pembawa atʃara]
annunciatore (m)	penyiar	[penjiar]
commentatore (m)	komentator	[komentator]

giornalista (m)	wartawan	[wartawan]
corrispondente (m)	koresponden	[koresponden]
fotocronista (m)	fotografer pers	[fotografer pers]
cronista (m)	reporter, pewarta	[reporter], [pewarta]

redattore (m)	editor, penyunting	[editor], [penyuntiŋ]
redattore capo (m)	editor kepala	[editor kepala]

abbonarsi a ...	berlangganan ...	[berlaŋganan ...]
abbonamento (m)	langganan	[laŋganan]
abbonato (m)	pelanggan	[pelaŋgan]
leggere (vi, vt)	membaca	[membatʃa]
lettore (m)	pembaca	[pembatʃa]

tiratura (f)	oplah	[oplah]
mensile (agg)	bulanan	[bulanan]
settimanale (agg)	mingguan	[miŋguan]
numero (m)	edisi	[edisi]
fresco (agg)	baru	[baru]

testata (f)	kepala berita	[kepala berita]
trafiletto (m)	artikel singkat	[artikel siŋkat]
rubrica (f)	kolom	[kolom]
articolo (m)	artikel	[artikel]
pagina (f)	halaman	[halaman]

servizio (m), reportage (m)	reportase	[reportase]
evento (m)	peristiwa, kejadian	[peristiwa], [kedʒʲadian]
sensazione (f)	sensasi	[sensasi]
scandalo (m)	skandal	[skandal]
scandaloso (agg)	penuh skandal	[penuh skandal]
enorme (un ~ scandalo)	besar	[besar]
trasmissione (f)	program	[program]

intervista (f)	wawancara	[wawantʃara]
trasmissione (f) in diretta	siaran langsung	[siaran laŋsuŋ]
canale (m)	saluran	[saluran]

120. Agricoltura

agricoltura (f)	pertanian	[pertanian]
contadino (m)	petani	[petani]
contadina (f)	petani	[petani]
fattore (m)	petani	[petani]

| trattore (m) | traktor | [traktor] |
| mietitrebbia (f) | mesin pemanen | [mesin pemanen] |

aratro (m)	bajak	[badʒa']
arare (vt)	membajak, menenggala	[membadʒak], [meneŋgala]
terreno (m) coltivato	tanah garapan	[tanah garapan]
solco (m)	alur	[alur]

seminare (vt)	menanam	[menanam]
seminatrice (f)	mesin penanam	[mesin penanam]
semina (f)	penanaman	[penanaman]

| falce (f) | sabit | [sabit] |
| falciare (vt) | menyabit | [menjabit] |

| pala (f) | sekop | [sekop] |
| scavare (vt) | menggali | [meŋgali] |

zappa (f)	cangkul	[tʃaŋkul]
zappare (vt)	menyiangi	[menjiaŋi]
erbaccia (f)	gulma	[gulma]

innaffiatoio (m)	kaleng penyiram	[kaleŋ penjiram]
innaffiare (vt)	menyiram	[menjiram]
innaffiamento (m)	penyiraman	[penjiraman]

| forca (f) | garpu ramput | [garpu ramput] |
| rastrello (m) | penggaruk | [peŋgaru'] |

concime (m)	pupuk	[pupu']
concimare (vt)	memupuk	[memupu']
letame (m)	pupuk kandang	[pupu' kandaŋ]

campo (m)	ladang	[ladaŋ]
prato (m)	padang rumput	[padaŋ rumput]
orto (m)	kebun sayur	[kebun sajur]
frutteto (m)	kebun buah	[kebun buah]

pascolare (vt)	menggembalakan	[meŋgembalakan]
pastore (m)	penggembala	[peŋgembala]
pascolo (m)	padang penggembalaan	[padaŋ peŋgembala'an]
allevamento (m) di bestiame	peternakan	[peternakan]
allevamento (m) di pecore	peternakan domba	[peternakan domba]

piantagione (f)	perkebunan	[perkebunan]
filare (m) (un ~ di alberi)	bedeng	[bedeŋ]
serra (f) da orto	rumah kaca	[rumah katʃa]
siccità (f)	musim kering	[musim keriŋ]
secco, arido (un'estate ~a)	kering	[keriŋ]
grano (m)	biji	[bidʒi]
cereali (m pl)	serealia	[serealia]
raccogliere (vt)	memanen	[memanen]
mugnaio (m)	penggiling	[peŋgiliŋ]
mulino (m)	kincir	[kintʃir]
macinare (~ il grano)	menggiling	[meŋgiliŋ]
farina (f)	tepung	[tepuŋ]
paglia (f)	jerami	[dʒˈerami]

121. Edificio. Attività di costruzione

cantiere (m) edile	lokasi pembangunan	[lokasi pembaŋunan]
costruire (vt)	membangun	[membaŋun]
operaio (m) edile	buruh bangunan	[buruh baŋunan]
progetto (m)	proyek	[proeʔ]
architetto (m)	arsitek	[arsiteʔ]
operaio (m)	buruh, pekerja	[buruh], [pekerdʒˈa]
fondamenta (f pl)	fondasi	[fondasi]
tetto (m)	atap	[atap]
palo (m) di fondazione	tiang fondasi	[tiaŋ fondasi]
muro (m)	dinding	[dindiŋ]
barre (f pl) di rinforzo	kerangka besi	[keraŋka besi]
impalcatura (f)	perancah	[perantʃah]
beton (m)	beton	[beton]
granito (m)	granit	[granit]
pietra (f)	batu	[batu]
mattone (m)	bata, batu bata	[bata], [batu bata]
sabbia (f)	pasir	[pasir]
cemento (m)	semen	[semen]
intonaco (m)	lepa, plester	[lepa], [plester]
intonacare (vt)	melepa	[melepa]
pittura (f)	cat	[tʃat]
pitturare (vt)	mengecat	[meŋetʃat]
botte (f)	tong	[toŋ]
gru (f)	derek	[dereʔ]
sollevare (vt)	menaikkan	[menajˈkan]
abbassare (vt)	menurunkan	[menurunkan]
bulldozer (m)	buldoser	[buldozer]
scavatrice (f)	ekskavator	[ekskavator]

cucchiaia (f)	sudu pengeruk	[sudu peŋeruʔ]
scavare (vt)	menggali	[məŋgali]
casco (m) (~ di sicurezza)	topi baja	[topi badʒʲa]

122. Scienza. Ricerca. Scienziati

scienza (f)	ilmu	[ilmu]
scientifico (agg)	ilmiah	[ilmiah]
scienziato (m)	ilmuwan	[ilmuwan]
teoria (f)	teori	[teori]

assioma (m)	aksioma	[aksioma]
analisi (f)	analisis	[analisis]
analizzare (vt)	menganalisis	[məŋanalisis]
argomento (m)	argumen	[argumen]
sostanza, materia (f)	zat, bahan	[zat], [bahan]

ipotesi (f)	hipotesis	[hipotesis]
dilemma (m)	dilema	[dilema]
tesi (f)	disertasi	[disertasi]
dogma (m)	dogma	[dogma]

dottrina (f)	doktrin	[doktrin]
ricerca (f)	riset, penelitian	[riset], [penelitian]
fare ricerche	penelitian	[penelitian]
prova (f)	pengujian	[peŋudʒian]
laboratorio (m)	laboratorium	[laboratorium]

metodo (m)	metode	[metode]
molecola (f)	molekul	[molekul]
monitoraggio (m)	pemonitoran	[pemonitoran]
scoperta (f)	penemuan	[penemuan]

postulato (m)	postulat	[postulat]
principio (m)	prinsip	[prinsip]
previsione (f)	prakiraan	[prakiraʔan]
fare previsioni	memprakirakan	[memprakirakan]

sintesi (f)	sintesis	[sintesis]
tendenza (f)	tendensi	[tendensi]
teorema (m)	teorema	[teorema]

| insegnamento (m) | ajaran | [adʒʲaran] |
| fatto (m) | fakta | [fakta] |

| spedizione (f) | ekspedisi | [ekspedisi] |
| esperimento (m) | eksperimen | [eksperimen] |

accademico (m)	akademikus	[akademikus]
laureato (m)	sarjana	[sardʒʲana]
dottore (m)	doktor	[doktor]
professore (m) associato	Profesor Madya	[profesor madja]
Master (m)	Master	[master]
professore (m)	profesor	[profesor]

Professioni e occupazioni

123. Ricerca di un lavoro. Licenziamento

lavoro (m)	kerja, pekerjaan	[kerdʒa], [pekerdʒa'an]
organico (m)	staf, personalia	[staf], [pərsonalia]
personale (m)	staf, personel	[staf], [pərsonel]
carriera (f)	karier	[karier]
prospettiva (f)	perspektif	[perspektif]
abilità (f pl)	keterampilan	[keterampilan]
selezione (f) (~ del personale)	pilihan	[pilihan]
agenzia (f) di collocamento	biro tenaga kerja	[biro tenaga kerdʒa]
curriculum vitae (f)	resume	[resume]
colloquio (m)	wawancara kerja	[wawantʃara kerdʒa]
posto (m) vacante	lowongan	[lowoŋan]
salario (m)	gaji, upah	[gadʒi], [upah]
stipendio (m) fisso	gaji tetap	[gadʒi tetap]
compenso (m)	bayaran	[bajaran]
carica (f), funzione (f)	jabatan	[dʒabatan]
mansione (f)	tugas	[tugas]
mansioni (f pl) di lavoro	bidang tugas	[bidaŋ tugas]
occupato (agg)	sibuk	[sibu']
licenziare (vt)	memecat	[memetʃat]
licenziamento (m)	pemecatan	[pemetʃatan]
disoccupazione (f)	pengangguran	[peŋaŋguran]
disoccupato (m)	pengganggur	[peŋgaŋgur]
pensionamento (m)	pensiun	[pensiun]
andare in pensione	pensiun	[pensiun]

124. Gente d'affari

direttore (m)	direktur	[direktur]
dirigente (m)	manajer	[manadʒer]
capo (m)	bos, atasan	[bos], [atasan]
superiore (m)	atasan	[atasan]
capi (m pl)	atasan	[atasan]
presidente (m)	presiden	[presiden]
presidente (m) (impresa)	ketua, dirut	[ketua], [dirut]
vice (m)	wakil	[wakil]
assistente (m)	asisten	[asisten]

| segretario (m) | sekretaris | [sekretaris] |
| assistente (m) personale | asisten pribadi | [asisten pribadi] |

uomo (m) d'affari	pengusaha, pebisnis	[peŋusaha], [pebisnis]
imprenditore (m)	pengusaha	[peŋusaha]
fondatore (m)	pendiri	[pendiri]
fondare (vt)	mendirikan	[mendirikan]

socio (m)	pendiri	[pendiri]
partner (m)	mitra	[mitra]
azionista (m)	pemegang saham	[pemegaŋ saham]

milionario (m)	jutawan	[dʒutawan]
miliardario (m)	miliarder	[miliarder]
proprietario (m)	pemilik	[pemiliʔ]
latifondista (m)	tuan tanah	[tuan tanah]

cliente (m) (di professionista)	klien	[klien]
cliente (m) abituale	klien tetap	[klien tetap]
compratore (m)	pembeli	[pembeli]
visitatore (m)	tamu	[tamu]

professionista (m)	profesional	[profesional]
esperto (m)	pakar, ahli	[pakar], [ahli]
specialista (m)	spesialis, ahli	[spesialis], [ahli]

| banchiere (m) | bankir | [bankir] |
| broker (m) | broker, pialang | [broker], [pialaŋ] |

cassiere (m)	kasir	[kasir]
contabile (m)	akuntan	[akuntan]
guardia (f) giurata	satpam, pengawal	[satpam], [peŋawal]

investitore (m)	investor	[investor]
debitore (m)	debitur	[debitur]
creditore (m)	kreditor	[kreditor]
mutuatario (m)	peminjam	[pemindʒam]

| importatore (m) | importir | [importir] |
| esportatore (m) | eksportir | [eksportir] |

produttore (m)	produsen	[produsen]
distributore (m)	penyalur	[penjalur]
intermediario (m)	perantara	[perantara]

consulente (m)	konsultan	[konsultan]
rappresentante (m)	perwakilan penjualan	[perwakilan pendʒualan]
agente (m)	agen	[agen]
assicuratore (m)	agen asuransi	[agen asuransi]

125. Professioni amministrative

| cuoco (m) | koki, juru masak | [koki], [dʒuru masaʔ] |
| capocuoco (m) | koki kepala | [koki kepala] |

fornaio (m)	pembuat roti	[pembuat roti]
barista (m)	pelayan bar	[pelajan bar]
cameriere (m)	pelayan lelaki	[pelajan lelaki]
cameriera (f)	pelayan perempuan	[pelajan perempuan]

avvocato (m)	advokat, pengacara	[advokat], [peŋatʃara]
esperto (m) legale	ahli hukum	[ahli hukum]
notaio (m)	notaris	[notaris]

elettricista (m)	tukang listrik	[tukaŋ listri ʔ]
idraulico (m)	tukang pipa	[tukaŋ pipa]
falegname (m)	tukang kayu	[tukaŋ kaju]

massaggiatore (m)	tukang pijat lelaki	[tukaŋ pidʒʲat lelaki]
massaggiatrice (f)	tukang pijat perempuan	[tukaŋ pidʒʲat perempuan]
medico (m)	dokter	[dokter]

taxista (m)	sopir taksi	[sopir taksi]
autista (m)	sopir	[sopir]
fattorino (m)	kurir	[kurir]

cameriera (f)	pelayan kamar	[pelajan kamar]
guardia (f) giurata	satpam, pengawal	[satpam], [peŋawal]
hostess (f)	pramugari	[pramugari]

insegnante (m, f)	guru	[guru]
bibliotecario (m)	pustakawan	[pustakawan]
traduttore (m)	penerjemah	[penerdʒʲemah]
interprete (m)	juru bahasa	[dʒʲuru bahasa]
guida (f)	pemandu wisata	[pemandu wisata]

parrucchiere (m)	tukang cukur	[tukaŋ tʃukur]
postino (m)	tukang pos	[tukaŋ pos]
commesso (m)	pramuniaga	[pramuniaga]

giardiniere (m)	tukang kebun	[tukaŋ kebun]
domestico (m)	pramuwisma	[pramuwisma]
domestica (f)	pramuwisma	[pramuwisma]
donna (f) delle pulizie	pembersih ruangan	[pembersih ruaŋan]

126. Professioni militari e gradi

soldato (m) semplice	prajurit	[pradʒʲurit]
sergente (m)	sersan	[sersan]
tenente (m)	letnan	[letnan]
capitano (m)	kapten	[kapten]

maggiore (m)	mayor	[major]
colonnello (m)	kolonel	[kolonel]
generale (m)	jenderal	[dʒʲenderal]
maresciallo (m)	marsekal	[marsekal]
ammiraglio (m)	laksamana	[laksamana]
militare (m)	anggota militer	[aŋgota militer]
soldato (m)	tentara, serdadu	[tentara], [serdadu]

| ufficiale (m) | perwira | [pərwira] |
| comandante (m) | komandan | [komandan] |

guardia (f) di frontiera	penjaga perbatasan	[pendʒʲaga pərbatasan]
marconista (m)	operator radio	[operator radio]
esploratore (m)	pengintai	[pəɲintaj]
geniere (m)	pencari ranjau	[pentʃari randʒʲau]
tiratore (m)	petembak	[petemba']
navigatore (m)	navigator, penavigasi	[navigator], [penavigasi]

127. Funzionari. Sacerdoti

| re (m) | raja | [radʒʲa] |
| regina (f) | ratu | [ratu] |

| principe (m) | pangeran | [paŋeran] |
| principessa (f) | putri | [putri] |

| zar (m) | tsar, raja | [tsar], [radʒʲa] |
| zarina (f) | tsarina, ratu | [tsarina], [ratu] |

presidente (m)	presiden	[presiden]
ministro (m)	Menteri Sekretaris	[menteri sekretaris]
primo ministro (m)	perdana menteri	[perdana menteri]
senatore (m)	senator	[senator]

diplomatico (m)	diplomat	[diplomat]
console (m)	konsul	[konsul]
ambasciatore (m)	duta besar	[duta besar]
consigliere (m)	penasihat	[penasihat]

funzionario (m)	petugas	[petugas]
prefetto (m)	prefek	[prefe']
sindaco (m)	walikota	[walikota]

| giudice (m) | hakim | [hakim] |
| procuratore (m) | kejaksaan negeri | [kedʒʲaksa'an negeri] |

missionario (m)	misionaris	[misionaris]
monaco (m)	biarawan, rahib	[biarawan], [rahib]
abate (m)	abbas	[abbas]
rabbino (m)	rabbi	[rabbi]

visir (m)	wazir	[wazir]
scià (m)	syah	[ʃah]
sceicco (m)	syeikh	[ʃejh]

128. Professioni agricole

apicoltore (m)	peternak lebah	[peterna' lebah]
pastore (m)	penggembala	[peŋgembala]
agronomo (m)	agronom	[agronom]

allevatore (m) di bestiame	peternak	[peterna⁷]
veterinario (m)	dokter hewan	[dokter hewan]

fattore (m)	petani	[petani]
vinificatore (m)	pembuat anggur	[pembuat aŋgur]
zoologo (m)	zoolog	[zoolog]
cowboy (m)	koboi	[koboi]

129. Professioni artistiche

attore (m)	aktor	[aktor]
attrice (f)	aktris	[aktris]

cantante (m)	biduan	[biduan]
cantante (f)	biduanita	[biduanita]

danzatore (m)	penari lelaki	[penari lelaki]
ballerina (f)	penari perempuan	[penari perempuan]

artista (m)	artis	[artis]
artista (f)	artis	[artis]

musicista (m)	musisi, musikus	[musisi], [musikus]
pianista (m)	pianis	[pianis]
chitarrista (m)	pemain gitar	[pemajn gitar]

direttore (m) d'orchestra	konduktor	[konduktor]
compositore (m)	komposer, komponis	[komposer], [komponis]
impresario (m)	impresario	[impresario]

regista (m)	sutradara	[sutradara]
produttore (m)	produser	[produser]
sceneggiatore (m)	penulis skenario	[penulis skenario]
critico (m)	kritikus	[kritikus]

scrittore (m)	penulis	[penulis]
poeta (m)	penyair	[penjajr]
scultore (m)	pematung	[pematuŋ]
pittore (m)	perupa	[perupa]

giocoliere (m)	juggler	[dʒˡuggler]
pagliaccio (m)	badut	[badut]
acrobata (m)	akrobat	[akrobat]
prestigiatore (m)	pesulap	[pesulap]

130. Professioni varie

medico (m)	dokter	[dokter]
infermiera (f)	suster, juru rawat	[suster], [dʒˡuru rawat]
psichiatra (m)	psikiater	[psikiater]
dentista (m)	dokter gigi	[dokter gigi]
chirurgo (m)	dokter bedah	[dokter bedah]

astronauta (m)	astronaut	[astronaut]
astronomo (m)	astronom	[astronom]
pilota (m)	pilot	[pilot]

autista (m)	sopir	[sopir]
macchinista (m)	masinis	[masinis]
meccanico (m)	mekanik	[mekaniʔ]

minatore (m)	penambang	[penambaŋ]
operaio (m)	buruh, pekerja	[buruh], [pekerdʒʲa]
operaio (m) metallurgico	tukang kikir	[tukaŋ kikir]
falegname (m)	tukang kayu	[tukaŋ kaju]
tornitore (m)	tukang bubut	[tukaŋ bubut]
operaio (m) edile	buruh bangunan	[buruh baŋunan]
saldatore (m)	tukang las	[tukaŋ las]

professore (m)	profesor	[profesor]
architetto (m)	arsitek	[arsiteʔ]
storico (m)	sejarawan	[sedʒʲarawan]
scienziato (m)	ilmuwan	[ilmuwan]
fisico (m)	fisikawan	[fisikawan]
chimico (m)	kimiawan	[kimiawan]

archeologo (m)	arkeolog	[arkeolog]
geologo (m)	geolog	[geolog]
ricercatore (m)	periset, peneliti	[periset], [peneliti]

| baby-sitter (m, f) | pengasuh anak | [peŋasuh anaʔ] |
| insegnante (m, f) | guru, pendidik | [guru], [pendidiʔ] |

redattore (m)	editor, penyunting	[editor], [penyuntiŋ]
redattore capo (m)	editor kepala	[editor kepala]
corrispondente (m)	koresponden	[koresponden]
dattilografa (f)	juru ketik	[dʒʲuru ketiʔ]

designer (m)	desainer, perancang	[desajner], [perantʃaŋ]
esperto (m) informatico	ahli komputer	[ahli komputer]
programmatore (m)	pemrogram	[pemrogram]
ingegnere (m)	insinyur	[insinyur]

marittimo (m)	pelaut	[pelaut]
marinaio (m)	kelasi	[kelasi]
soccorritore (m)	penyelamat	[penjelamat]

pompiere (m)	pemadam kebakaran	[pemadam kebakaran]
poliziotto (m)	polisi	[polisi]
guardiano (m)	penjaga	[pendʒʲaga]
detective (m)	detektif	[detektif]

doganiere (m)	petugas pabean	[petugas pabean]
guardia (f) del corpo	pengawal pribadi	[peŋawal pribadi]
guardia (f) carceraria	sipir, penjaga penjara	[sipir], [pendʒʲaga pendʒʲara]
ispettore (m)	inspektur	[inspektur]

| sportivo (m) | olahragawan | [olahragawan] |
| allenatore (m) | pelatih | [pelatih] |

macellaio (m)	tukang daging	[tukaŋ dagiŋ]
calzolaio (m)	tukang sepatu	[tukaŋ sepatu]
uomo (m) d'affari	pedagang	[pedagaŋ]
caricatore (m)	kuli	[kuli]

| stilista (m) | perancang busana | [perantʃaŋ busana] |
| modella (f) | peragawati | [peragawati] |

131. Attività lavorative. Condizione sociale

| scolaro (m) | siswa | [siswa] |
| studente (m) | mahasiswa | [mahasiswa] |

filosofo (m)	filsuf	[filsuf]
economista (m)	ahli ekonomi	[ahli ekonomi]
inventore (m)	penemu	[penemu]

disoccupato (m)	pengganggur	[peŋgaŋgur]
pensionato (m)	pensiunan	[pensiunan]
spia (f)	mata-mata	[mata-mata]

detenuto (m)	tahanan	[tahanan]
scioperante (m)	pemogok	[pemogoʔ]
burocrate (m)	birokrat	[birokrat]
viaggiatore (m)	pelancong	[pelantʃoŋ]

omosessuale (m)	homo, homoseksual	[homo], [homoseksual]
hacker (m)	peretas	[peretas]
hippy (m, f)	hipi	[hipi]

bandito (m)	bandit	[bandit]
sicario (m)	pembunuh bayaran	[pembunuh bajaran]
drogato (m)	pecandu narkoba	[petʃandu narkoba]
trafficante (m) di droga	pengedar narkoba	[peŋedar narkoba]
prostituta (f)	pelacur	[pelatʃur]
magnaccia (m)	germo	[germo]

stregone (m)	penyihir lelaki	[penjihir lelaki]
strega (f)	penyihir perempuan	[penjihir perempuan]
pirata (m)	bajak laut	[badʒaʔ laut]
schiavo (m)	budak	[budaʔ]
samurai (m)	samurai	[samuraj]
selvaggio (m)	orang primitif	[oraŋ primitif]

Sport

132. Tipi di sport. Sportivi

sportivo (m)	olahragawan	[olahragawan]
sport (m)	jenis olahraga	[dʒˈenis olahraga]
pallacanestro (m)	bola basket	[bola basket]
cestista (m)	pemain bola basket	[pemajn bola basket]
baseball (m)	bisbol	[bisbol]
giocatore (m) di baseball	pemain bisbol	[pemajn bisbol]
calcio (m)	sepak bola	[sepa' bola]
calciatore (m)	pemain sepak bola	[pemajn sepa' bola]
portiere (m)	kiper, penjaga gawang	[kiper], [pendʒˈaga gawaŋ]
hockey (m)	hoki	[hoki]
hockeista (m)	pemain hoki	[pemajn hoki]
pallavolo (m)	bola voli	[bola voli]
pallavolista (m)	pemain bola voli	[pemajn bola voli]
pugilato (m)	tinju	[tindʒˈu]
pugile (m)	petinju	[petindʒˈu]
lotta (f)	gulat	[gulat]
lottatore (m)	pegulat	[pegulat]
karate (m)	karate	[karate]
karateka (m)	karateka	[karateka]
judo (m)	judo	[dʒˈudo]
judoista (m)	pejudo	[pedʒˈudo]
tennis (m)	tenis	[tenis]
tennista (m)	petenis	[petenis]
nuoto (m)	berenang	[bərenaŋ]
nuotatore (m)	perenang	[pərenaŋ]
scherma (f)	anggar	[aŋgar]
schermitore (m)	pemain anggar	[pemajn aŋgar]
scacchi (m pl)	catur	[tʃatur]
scacchista (m)	pecatur	[petʃatur]
alpinismo (m)	mendaki gunung	[məndaki gunuŋ]
alpinista (m)	pendaki gunung	[pendaki gunuŋ]
corsa (f)	lari	[lari]

corridore (m)	pelari	[pelari]
atletica (f) leggera	atletik	[atletiˀ]
atleta (m)	atlet	[atlet]

| ippica (f) | menunggang kuda | [mənuŋgaŋ kuda] |
| fantino (m) | penunggang kuda | [penuŋgaŋ kuda] |

pattinaggio (m) artistico	seluncur indah	[seluntʃur indah]
pattinatore (m)	peseluncur indah	[peseluntʃur indah]
pattinatrice (f)	peseluncur indah	[peseluntʃur indah]

| pesistica (f) | angkat berat | [aŋkat bərat] |
| pesista (m) | atlet angkat berat | [atlet aŋkat bərat] |

| automobilismo (m) | balapan mobil | [balapan mobil] |
| pilota (m) | pembalap mobil | [pembalap mobil] |

| ciclismo (m) | bersepeda | [bərsepeda] |
| ciclista (m) | atlet sepeda | [atlet sepeda] |

salto (m) in lungo	lompat jauh	[lompat dʒiauh]
salto (m) con l'asta	lompat galah	[lompat galah]
saltatore (m)	atlet lompat, pelompat	[atlet lompat], [pelompat]

133. Tipi di sport. Varie

football (m) americano	futbol	[futbol]
badminton (m)	badminton, bulu tangkis	[badminton], [bulu taŋkis]
biathlon (m)	biathlon	[biatlon]
biliardo (m)	biliar	[biliar]

bob (m)	bobsled	[bobsled]
culturismo (m)	binaraga	[binaraga]
pallanuoto (m)	polo air	[polo air]
pallamano (m)	bola tangan	[bola taŋan]
golf (m)	golf	[golf]

canottaggio (m)	mendayung	[məndajuŋ]
immersione (f) subacquea	selam skuba	[selam skuba]
sci (m) di fondo	ski lintas alam	[ski lintas alam]
tennis (m) da tavolo	tenis meja	[tenis medʒia]

vela (f)	berlayar	[bərlajar]
rally (m)	balap reli	[balap reli]
rugby (m)	rugbi	[rugbi]
snowboard (m)	seluncur salju	[seluntʃur saldʒiu]
tiro (m) con l'arco	memanah	[memanah]

134. Palestra

| bilanciere (m) | barbel | [barbel] |
| manubri (m pl) | dumbel | [dumbel] |

attrezzo (m) sportivo	alat senam	[alat senam]
cyclette (f)	sepeda statis	[sepeda statis]
tapis roulant (m)	treadmill	[tredmil]
sbarra (f)	rekstok	[reksto']
parallele (f pl)	palang sejajar	[palaŋ sedʒʲadʒʲar]
cavallo (m)	kuda-kuda	[kuda-kuda]
materassino (m)	matras	[matras]
corda (f) per saltare	lompat tali	[lompat tali]
aerobica (f)	aerobik	[aerobi']
yoga (m)	yoga	[yoga]

135. Hockey

hockey (m)	hoki	[hoki]
hockeista (m)	pemain hoki	[pemajn hoki]
giocare a hockey	bermain hoki	[bermajn hoki]
ghiaccio (m)	es	[es]
disco (m)	bola hoki es	[bola hoki es]
bastone (m) da hockey	stik hoki	[sti' hoki]
pattini (m pl)	sepatu es	[sepatu es]
bordo (m)	papan	[papan]
tiro (m)	pukulan	[pukulan]
portiere (m)	penjaga gawang	[pendʒʲaga gawaŋ]
gol (m)	gol	[gol]
segnare un gol	menjaringkan gol	[mendʒʲariŋkan gol]
tempo (m)	babak	[baba']
secondo tempo (m)	babak kedua	[baba' kedua]
panchina (f)	bangku pemain pengganti	[baŋku pemajn peŋganti]

136. Calcio

calcio (m)	sepak bola	[sepa' bola]
calciatore (m)	pemain sepak bola	[pemajn sepa' bola]
giocare a calcio	bermain sepak bola	[bermajn sepa' bola]
La Prima Divisione	liga tertinggi	[liga tərtiŋgi]
società (f) calcistica	klub sepak bola	[klub sepa' bola]
allenatore (m)	pelatih	[pelatih]
proprietario (m)	pemilik	[pemili']
squadra (f)	tim	[tim]
capitano (m) di squadra	kapten tim	[kapten tim]
giocatore (m)	pemain	[pemajn]
riserva (f)	pemain pengganti	[pemajn peŋganti]
attaccante (m)	penyerang	[penjeraŋ]
centrocampista (m)	penyerang tengah	[penjeraŋ teŋah]

bomber (m)	penyerang, pencetak gol	[penjeraŋ], [pentʃeta' gol]
terzino (m)	bek, pemain bertahan	[bek], [pemajn bǝrtahan]
mediano (m)	hafbek	[hafbe']
partita (f)	pertandingan	[pǝrtandiŋan]
incontrarsi (vr)	bertanding	[bǝrtandiŋ]
finale (m)	final	[final]
semifinale (m)	semifinal	[semifinal]
campionato (m)	kejuaraan	[kedʒ¦uara'an]
tempo (m)	babak	[baba']
primo tempo (m)	babak pertama	[baba' pǝrtama]
intervallo (m)	waktu istirahat	[waktu istirahat]
porta (f)	gawang	[gawaŋ]
portiere (m)	kiper, penjaga gawang	[kiper], [pendʒ¦aga gawaŋ]
palo (m)	tiang gawang	[tiaŋ gawaŋ]
traversa (f)	palang gol	[palaŋ gol]
rete (f)	net	[net]
subire un gol	kebobolan	[kebobolan]
pallone (m)	bola	[bola]
passaggio (m)	operan	[operan]
calcio (m), tiro (m)	tendangan	[tendaŋan]
tirare un calcio	menendang	[mǝnendaŋ]
calcio (m) di punizione	tendangan bebas	[tendaŋan bebas]
calcio (m) d'angolo	tendangan penjuru	[tendaŋan pendʒ¦uru]
attacco (m)	serangan	[seraŋan]
contrattacco (m)	serangan balik	[seraŋan bali']
combinazione (f)	kombinasi	[kombinasi]
arbitro (m)	wasit	[wasit]
fischiare (vi)	meniup peluit	[mǝniup peluit]
fischio (m)	peluit	[peluit]
fallo (m)	pelanggaran	[pelaŋgaran]
fare un fallo	melanggar	[melaŋgar]
espellere dal campo	mengusir keluar lapangan	[mǝŋusir keluar lapaŋan]
cartellino (m) giallo	kartu kuning	[kartu kuniŋ]
cartellino (m) rosso	kartu merah	[kartu merah]
squalifica (f)	diskualifikasi	[diskualifikasi]
squalificare (vt)	mendiskualifikasi	[mǝndiskualifikasi]
rigore (m)	tendangan penalti	[tendaŋan penalti]
barriera (f)	tembok pemain	[tembo' pemajn]
segnare (~ un gol)	menjaringkan	[mǝndʒ¦ariŋkan]
gol (m)	gol	[gol]
segnare un gol	menjaringkan gol	[mǝndʒ¦ariŋkan gol]
sostituzione (f)	penggantian	[peŋgantian]
sostituire (vt)	mengganti	[mǝŋganti]
regole (f pl)	peraturan	[peraturan]
tattica (f)	taktik	[takti']
stadio (m)	stadion	[stadion]
tribuna (f)	tribun	[tribun]

| tifoso, fan (m) | pendukung | [pendukuŋ] |
| gridare (vi) | berteriak | [bərteriaʔ] |

| tabellone (m) segnapunti | papan skor | [papan skor] |
| punteggio (m) | skor | [skor] |

| sconfitta (f) | kekalahan | [kekalahan] |
| subire una sconfitta | kalah | [kalah] |

| pareggio (m) | seri, hasil imbang | [seri], [hasil imbaŋ] |
| pareggiare (vi) | bermain seri | [bərmajn seri] |

vittoria (f)	kemenangan	[kemenaŋan]
vincere (vi)	menang	[menaŋ]
campione (m)	juara	[dʒʲuara]
migliore (agg)	terbaik	[terbaiʔ]
congratularsi (con qn per qc)	mengucapkan selamat	[məŋutʃapkan selamat]

commentatore (m)	komentator	[komentator]
commentare (vt)	berkomentar	[bərkomentar]
trasmissione (f)	siaran	[siaran]

137. Sci alpino

sci (m pl)	ski	[ski]
sciare (vi)	bermain ski	[bərmajn ski]
stazione (f) sciistica	resor ski	[resor ski]
sciovia (f)	kereta gantung	[kereta gantuŋ]

bastoni (m pl) da sci	tongkat ski	[toŋkat ski]
pendio (m)	lereng	[lereŋ]
slalom (m)	slalom	[slalom]

138. Tennis. Golf

golf (m)	golf	[golf]
golf club (m)	klub golf	[klub golf]
golfista (m)	pegolf	[pegolf]

buca (f)	lubang	[lubaŋ]
mazza (f) da golf	stik golf	[stiʔ golf]
carrello (m) da golf	troli golf	[troli golf]

| tennis (m) | tenis | [tenis] |
| campo (m) da tennis | lapangan tenis | [lapaŋan tenis] |

| battuta (f) | servis | [servis] |
| servire (vt) | melakukan servis | [melakukan servis] |

racchetta (f)	raket	[raket]
rete (f)	net	[net]
palla (f)	bola	[bola]

139. Scacchi

scacchi (m pl)	catur	[tʃatur]
pezzi (m pl) degli scacchi	buah catur	[buah tʃatur]
scacchista (m)	pecatur	[petʃatur]
scacchiera (f)	papan catur	[papan tʃatur]
pezzo (m)	buah catur	[buah tʃatur]
Bianchi (m pl)	buah putih	[buah putih]
Neri (m pl)	buah hitam	[buah hitam]
pedina (f)	pion, bidak	[pion], [bidaʔ]
alfiere (m)	gajah	[gadʒiah]
cavallo (m)	kuda	[kuda]
torre (f)	benteng	[bentɛŋ]
regina (f)	ratu, menteri	[ratu], [menteri]
re (m)	raja	[radʒia]
mossa (m)	langkah	[laŋkah]
muovere (vt)	melangkahkan bidak	[melaŋkahkan bidaʔ]
sacrificare (vt)	mengorbankan	[məŋorbankan]
arrocco (m)	rokade	[rokade]
scacco (m)	skak	[skaʔ]
scacco matto (m)	skak mat	[skaʔ mat]
torneo (m) di scacchi	pertandingan catur	[pərtandiŋan tʃatur]
gran maestro (m)	Grandmaster	[grandmaster]
combinazione (f)	kombinasi	[kombinasi]
partita (f) (~ a scacchi)	partai	[partaj]
dama (f)	permainan dam	[pərmajnan dam]

140. Pugilato

pugilato (m), boxe (f)	tinju	[tindʒiu]
incontro (m)	pertarungan	[pərtaruŋan]
incontro (m) di boxe	pertandingan	[pərtandiŋan]
round (m)	ronde	[ronde]
ring (m)	ring	[riŋ]
gong (m)	gong	[goŋ]
pugno (m)	pukulan	[pukulan]
knock down (m)	knock-down	[knokdaun]
knock-out (m)	knock-out	[knokaut]
mettere knock-out	meng-KO	[mеŋ-kao]
guantone (m) da pugile	sarung tinju	[saruŋ tindʒiu]
arbitro (m)	wasit	[wasit]
peso (m) leggero	kelas ringan	[kelas riŋan]
peso (m) medio	kelas menengah	[kelas menеŋah]
peso (m) massimo	kelas berat	[kelas bərat]

141. Sport. Varie

Giochi (m pl) Olimpici	Olimpiade	[olimpiade]
vincitore (m)	pemenang	[pemenaŋ]
ottenere la vittoria	unggul	[uŋgul]
vincere (vi)	menang	[menaŋ]
leader (m), capo (m)	pemimpin	[pemimpin]
essere alla guida	memimpin	[memimpin]
primo posto (m)	tempat pertama	[tempat pertama]
secondo posto (m)	tempat kedua	[tempat kedua]
terzo posto (m)	tempat ketiga	[tempat ketiga]
medaglia (f)	medali	[medali]
trofeo (m)	trofi	[trofi]
coppa (f) (trofeo)	piala	[piala]
premio (m)	hadiah	[hadiah]
primo premio (m)	hadiah utama	[hadiah utama]
record (m)	rekor	[rekor]
stabilire un record	menciptakan rekor	[mentʃiptakan rekor]
finale (m)	final	[final]
finale (agg)	final	[final]
campione (m)	juara	[dʒʲuara]
campionato (m)	kejuaraan	[kedʒʲuaraʔan]
stadio (m)	stadion	[stadion]
tribuna (f)	tribun	[tribun]
tifoso, fan (m)	pendukung	[pendukuŋ]
avversario (m)	lawan	[lawan]
partenza (f)	start	[start]
traguardo (m)	finis	[finis]
sconfitta (f)	kekalahan	[kekalahan]
perdere (vt)	kalah	[kalah]
arbitro (m)	wasit	[wasit]
giuria (f)	juri	[dʒʲuri]
punteggio (m)	skor	[skor]
pareggio (m)	seri, hasil imbang	[seri], [hasil imbaŋ]
pareggiare (vi)	bermain seri	[bermajn seri]
punto (m)	poin	[poin]
risultato (m)	skor, hasil akhir	[skor], [hasil ahir]
tempo (primo ~)	babak	[babaʔ]
intervallo (m)	waktu istirahat	[waktu istirahat]
doping (m)	doping	[dopiŋ]
penalizzare (vt)	menghukum	[meŋhukum]
squalificare (vt)	mendiskualifikasi	[mendiskualifikasi]
attrezzatura (f)	alat olahraga	[alat olahraga]

giavellotto (m)	lembing	[lembiŋ]
peso (m) (sfera metallica)	peluru	[peluru]
biglia (f) (palla)	bola	[bola]
obiettivo (m)	sasaran	[sasaran]
bersaglio (m)	sasaran	[sasaran]
sparare (vi)	menembak	[mənemba']
preciso (agg)	akurat	[akurat]
allenatore (m)	pelatih	[pelatih]
allenare (vt)	melatih	[melatih]
allenarsi (vr)	berlatih	[berlatih]
allenamento (m)	latihan	[latihan]
palestra (f)	gimnasium	[gimnasium]
esercizio (m)	latihan	[latihan]
riscaldamento (m)	pemanasan	[pemanasan]

Istruzione

142. Scuola

scuola (f)	sekolah	[sekolah]
direttore (m) di scuola	kepala sekolah	[kepala sekolah]
allievo (m)	murid laki-laki	[murid laki-laki]
allieva (f)	murid perempuan	[murid perempuan]
scolaro (m)	siswa	[siswa]
scolara (f)	siswi	[siswi]
insegnare (qn)	mengajar	[məŋadʒʲar]
imparare (una lingua)	belajar	[beladʒʲar]
imparare a memoria	menghafalkan	[məŋhafalkan]
studiare (vi)	belajar	[beladʒʲar]
frequentare la scuola	bersekolah	[bersekolah]
andare a scuola	ke sekolah	[ke sekolah]
alfabeto (m)	alfabet, abjad	[alfabet], [abdʒʲad]
materia (f)	subjek, mata pelajaran	[subdʒʲek], [mata peladʒʲaran]
classe (f)	ruang kelas	[ruaŋ kelas]
lezione (f)	pelajaran	[peladʒʲaran]
ricreazione (f)	waktu istirahat	[waktu istirahat]
campanella (f)	lonceng	[lontʃen]
banco (m)	bangku sekolah	[baŋku sekolah]
lavagna (f)	papan tulis hitam	[papan tulis hitam]
voto (m)	nilai	[nilaj]
voto (m) alto	nilai baik	[nilaj baj']
voto (m) basso	nilai jelek	[nilaj dʒʲele']
dare un voto	memberikan nilai	[memberikan nilaj]
errore (m)	kesalahan	[kesalahan]
fare errori	melakukan kesalahan	[melakukan kesalahan]
correggere (vt)	mengoreksi	[məŋoreksi]
bigliettino (m)	contekan	[tʃontekan]
compiti (m pl)	pekerjaan rumah	[pekerdʒʲa'an rumah]
esercizio (m)	latihan	[latihan]
essere presente	hadir	[hadir]
essere assente	absen, tidak hadir	[absen], [tida' hadir]
mancare le lezioni	absen dari sekolah	[absen dari sekolah]
punire (vt)	menghukum	[məŋhukum]
punizione (f)	hukuman	[hukuman]
comportamento (m)	perilaku	[perilaku]

pagella (f)	rapor	[rapor]
matita (f)	pensil	[pensil]
gomma (f) per cancellare	karet penghapus	[karet peɲhapus]
gesso (m)	kapur	[kapur]
astuccio (m) portamatite	kotak pensil	[kotaʔ pensil]
cartella (f)	tas sekolah	[tas sekolah]
penna (f)	pen	[pen]
quaderno (m)	buku tulis	[buku tulis]
manuale (m)	buku pelajaran	[buku peladʒ'aran]
compasso (m)	paser, jangka	[paser], [dʒ'aŋka]
disegnare (tracciare)	menggambar	[meŋgambar]
disegno (m) tecnico	gambar teknik	[gambar tekniʔ]
poesia (f)	puisi, sajak	[puisi], [sadʒ'aʔ]
a memoria	hafal	[hafal]
imparare a memoria	menghafalkan	[meɲhafalkan]
vacanze (f pl) scolastiche	liburan sekolah	[liburan sekolah]
essere in vacanza	berlibur	[berlibur]
passare le vacanze	menjalani liburan	[mendʒ'alani liburan]
prova (f) scritta	tes, kuis	[tes], [kuis]
composizione (f)	esai, karangan	[esaj], [karaŋan]
dettato (m)	dikte	[dikte]
esame (m)	ujian	[udʒian]
sostenere un esame	menempuh ujian	[menempuh udʒian]
esperimento (m)	eksperimen	[eksperimen]

143. Istituto superiore. Università

accademia (f)	akademi	[akademi]
università (f)	universitas	[universitas]
facoltà (f)	fakultas	[fakultas]
studente (m)	mahasiswa	[mahasiswa]
studentessa (f)	mahasiswi	[mahasiswi]
docente (m, f)	dosen	[dosen]
aula (f)	ruang kuliah	[ruaŋ kuliah]
diplomato (m)	lulusan	[lulusan]
diploma (m)	ijazah	[idʒ'azah]
tesi (f)	disertasi	[disertasi]
ricerca (f)	penelitian	[penelitian]
laboratorio (m)	laboratorium	[laboratorium]
lezione (f)	kuliah	[kuliah]
compagno (m) di corso	rekan sekuliah	[rekan sekuliah]
borsa (f) di studio	beasiswa	[beasiswa]
titolo (m) accademico	gelar akademik	[gelar akademiʔ]

144. Scienze. Discipline

matematica (f)	matematika	[matematika]
algebra (f)	aljabar	[aldʒiabar]
geometria (f)	geometri	[geometri]
astronomia (f)	astronomi	[astronomi]
biologia (f)	biologi	[biologi]
geografia (f)	geografi	[geografi]
geologia (f)	geologi	[geologi]
storia (f)	sejarah	[sedʒiarah]
medicina (f)	kedokteran	[kedokteran]
pedagogia (f)	pedagogi	[pedagogi]
diritto (m)	hukum	[hukum]
fisica (f)	fisika	[fisika]
chimica (f)	kimia	[kimia]
filosofia (f)	filsafat	[filsafat]
psicologia (f)	psikologi	[psikologi]

145. Sistema di scrittura. Ortografia

grammatica (f)	tatabahasa	[tatabahasa]
lessico (m)	kosakata	[kosakata]
fonetica (f)	fonetik	[foneti']
sostantivo (m)	nomina	[nomina]
aggettivo (m)	adjektiva	[adʒiektiva]
verbo (m)	verba	[verba]
avverbio (m)	adverbia	[adverbia]
pronome (m)	kata ganti	[kata ganti]
interiezione (f)	kata seru	[kata seru]
preposizione (f)	preposisi, kata depan	[preposisi], [kata depan]
radice (f)	kata dasar	[kata dasar]
desinenza (f)	akhiran	[ahiran]
prefisso (m)	prefiks, awalan	[prefiks], [awalan]
sillaba (f)	suku kata	[suku kata]
suffisso (m)	sufiks, akhiran	[sufiks], [ahiran]
accento (m)	tanda tekanan	[tanda tekanan]
apostrofo (m)	apostrofi	[apostrofi]
punto (m)	titik	[titi']
virgola (f)	koma	[koma]
punto (m) e virgola	titik koma	[titi' koma]
due punti	titik dua	[titi' dua]
puntini di sospensione	elipsis, lesapan	[elipsis], [lesapan]
punto (m) interrogativo	tanda tanya	[tanda tanja]
punto (m) esclamativo	tanda seru	[tanda seru]

virgolette (f pl)	tanda petik	[tanda peti']
tra virgolette	dalam tanda petik	[dalam tanda peti']
parentesi (f pl)	tanda kurung	[tanda kuruŋ]
tra parentesi	dalam tanda kurung	[dalam tanda kuruŋ]
trattino (m)	tanda pisah	[tanda pisah]
lineetta (f)	tanda hubung	[tanda hubuŋ]
spazio (m) (tra due parole)	spasi	[spasi]
lettera (f)	huruf	[huruf]
lettera (f) maiuscola	huruf kapital	[huruf kapital]
vocale (f)	vokal	[vokal]
consonante (f)	konsonan	[konsonan]
proposizione (f)	kalimat	[kalimat]
soggetto (m)	subjek	[subdʒie']
predicato (m)	predikat	[predikat]
riga (f)	baris	[baris]
a capo	di baris baru	[di baris baru]
capoverso (m)	alinea, paragraf	[alinea], [paragraf]
parola (f)	kata	[kata]
gruppo (m) di parole	rangkaian kata	[raŋkajan kata]
espressione (f)	ungkapan	[uŋkapan]
sinonimo (m)	sinonim	[sinonim]
antonimo (m)	antonim	[antonim]
regola (f)	peraturan	[pəraturan]
eccezione (f)	perkecualian	[pərketʃualian]
giusto (corretto)	benar, betul	[benar], [betul]
coniugazione (f)	konjugasi	[kondʒiugasi]
declinazione (f)	deklinasi	[deklinasi]
caso (m) nominativo	kasus nominal	[kasus nominal]
domanda (f)	pertanyaan	[pərtanja'an]
sottolineare (vt)	menggaris bawahi	[məŋgaris bawahi]
linea (f) tratteggiata	garis bertitik	[garis bərtiti']

146. Lingue straniere

lingua (f)	bahasa	[bahasa]
straniero (agg)	asing	[asiŋ]
lingua (f) straniera	bahasa asing	[bahasa asiŋ]
studiare (vt)	mempelajari	[mempeladʒiari]
imparare (una lingua)	belajar	[beladʒiar]
leggere (vi, vt)	membaca	[membatʃa]
parlare (vi, vt)	berbicara	[bərbitʃara]
capire (vt)	mengerti	[məŋerti]
scrivere (vi, vt)	menulis	[mənulis]
rapidamente	cepat, fasih	[tʃepat], [fasih]
lentamente	perlahan-lahan	[pərlahan-lahan]

correntemente	fasih	[fasih]
regole (f pl)	peraturan	[peraturan]
grammatica (f)	tatabahasa	[tatabahasa]
lessico (m)	kosakata	[kosakata]
fonetica (f)	fonetik	[foneti⁷]

manuale (m)	buku pelajaran	[buku peladʒʲaran]
dizionario (m)	kamus	[kamus]
manuale (m) autodidattico	buku autodidak	[buku autodida⁷]
frasario (m)	panduan percakapan	[panduan pərtʃakapan]

cassetta (f)	kaset	[kaset]
videocassetta (f)	kaset video	[kaset video]
CD (m)	cakram kompak	[tʃakram kompa⁷]
DVD (m)	cakram DVD	[tʃakram di-vi-di]

alfabeto (m)	alfabet, abjad	[alfabet], [abdʒʲad]
compitare (vt)	mengeja	[məŋedʒʲa]
pronuncia (f)	pelafalan	[pelafalan]

accento (m)	aksen	[aksen]
con un accento	dengan aksen	[deŋan aksen]
senza accento	tanpa aksen	[tanpa aksen]

| vocabolo (m) | kata | [kata] |
| significato (m) | arti | [arti] |

corso (m) (~ di francese)	kursus	[kursus]
iscriversi (vr)	Mendaftar	[məndaftar]
insegnante (m, f)	guru	[guru]

traduzione (f) (fare una ~)	penerjemahan	[penerdʒʲemahan]
traduzione (f) (un testo)	terjemahan	[tərdʒʲemahan]
traduttore (m)	penerjemah	[penerdʒʲemah]
interprete (m)	juru bahasa	[dʒʲuru bahasa]

| poliglotta (m) | poliglot | [poliglot] |
| memoria (f) | memori, daya ingat | [memori], [daja iŋat] |

147. Personaggi delle fiabe

Babbo Natale (m)	Sinterklas	[sinterklas]
Cenerentola (f)	Cinderella	[tʃinderella]
sirena (f)	putri duyung	[putri duyuŋ]
Nettuno (m)	Neptunus	[neptunus]

mago (m)	penyihir	[penjihir]
fata (f)	peri	[peri]
magico (agg)	sihir	[sihir]
bacchetta (f) magica	tongkat sihir	[toŋkat sihir]

fiaba (f), favola (f)	dongeng	[doŋeŋ]
miracolo (m)	keajaiban	[keadʒʲajban]
nano (m)	kerdil, katai	[kerdil], [kataj]

trasformarsi in ...	menjelma menjadi ...	[mɘnʤ'elma mɘnʤ'adi ...]
fantasma (m)	fantom	[fantom]
spettro (m)	hantu	[hantu]
mostro (m)	monster	[monster]
drago (m)	naga	[naga]
gigante (m)	raksasa	[raksasa]

148. Segni zodiacali

Ariete (m)	Aries	[aries]
Toro (m)	Taurus	[taurus]
Gemelli (m pl)	Gemini	[ʤ'emini]
Cancro (m)	Cancer	[kanser]
Leone (m)	Leo	[leo]
Vergine (f)	Virgo	[virgo]

Bilancia (f)	Libra	[libra]
Scorpione (m)	Scorpio	[skorpio]
Sagittario (m)	Sagitarius	[sagitarius]
Capricorno (m)	Capricorn	[keprikon]
Acquario (m)	Aquarius	[akuarius]
Pesci (m pl)	Pisces	[pistʃes]

carattere (m)	karakter	[karakter]
tratti (m pl) del carattere	ciri karakter	[tʃiri karakter]
comportamento (m)	tingkah laku	[tiŋkah laku]
predire il futuro	meramal	[meramal]
cartomante (f)	peramal	[peramal]
oroscopo (m)	horoskop	[horoskop]

Arte

149. Teatro

teatro (m)	teater	[teater]
opera (f)	opera	[opera]
operetta (f)	opereta	[opereta]
balletto (m)	balet	[balet]
cartellone (m)	poster	[poster]
compagnia (f) teatrale	rombongan teater	[romboŋan teater]
tournée (f)	tur, pertunjukan keliling	[tur], [pərtundʒ⸍ukan keliliŋ]
andare in tourn?e	mengadakan tur	[məŋadakan tur]
fare le prove	berlatih	[bərlatih]
prova (f)	geladi	[geladi]
repertorio (m)	repertoar	[repertoar]
rappresentazione (f)	pertunjukan	[pərtundʒ⸍ukan]
spettacolo (m)	pergelaran	[pərgelaran]
opera (f) teatrale	lakon	[lakon]
biglietto (m)	tiket	[tiket]
botteghino (m)	loket tiket	[loket tiket]
hall (f)	lobi, ruang depan	[lobi], [ruaŋ depan]
guardaroba (f)	tempat penitipan jas	[tempat penitipan dʒ⸍as]
cartellino (m) del guardaroba	nomor penitipan jas	[nomor penitipan dʒ⸍as]
binocolo (m)	binokular	[binokular]
maschera (f)	petugas penyobek tiket	[petugas penjobe⸍ tiket]
platea (f)	kursi orkestra	[kursi orkestra]
balconata (f)	balkon	[balkon]
prima galleria (f)	tingkat pertama	[tiŋkat pərtama]
palco (m)	boks	[boks]
fila (f)	barisan	[barisan]
posto (m)	tempat duduk	[tempat dudu⸍]
pubblico (m)	khalayak	[halaja⸍]
spettatore (m)	penonton	[penonton]
battere le mani	bertepuk tangan	[bərtepu⸍ taŋan]
applauso (m)	aplaus, tepuk tangan	[aplaus], [tepu⸍ taŋan]
ovazione (f)	ovasi, tepuk tangan	[ovasi], [tepu⸍ taŋan]
palcoscenico (m)	panggung	[paŋguŋ]
sipario (m)	tirai	[tiraj]
scenografia (f)	tata panggung	[tata paŋguŋ]
quinte (f pl)	belakang panggung	[belakaŋ paŋguŋ]
scena (f) (l'ultima ~)	adegan	[adegan]
atto (m)	babak	[baba⸍]
intervallo (m)	waktu istirahat	[waktu istirahat]

150. Cinema

attore (m)	aktor	[aktor]
attrice (f)	aktris	[aktris]
cinema (m) (industria)	sinematografi, perfilman	[sinematografi], [pərfilman]
film (m)	film	[film]
puntata (f)	episode, seri	[episode], [seri]
film (m) giallo	detektif	[detektif]
film (m) d'azione	film laga	[film laga]
film (m) d'avventure	film petualangan	[film petualaŋan]
film (m) di fantascienza	film fiksi ilmiah	[film fiksi ilmiah]
film (m) d'orrore	film horor	[film horor]
film (m) comico	film komedi	[film komedi]
melodramma (m)	melodrama	[melodrama]
dramma (m)	drama	[drama]
film (m) a soggetto	film fiksi	[film fiksi]
documentario (m)	film dokumenter	[film dokumenter]
cartoni (m pl) animati	kartun	[kartun]
cinema (m) muto	film bisu	[film bisu]
parte (f)	peran	[peran]
parte (f) principale	peran utama	[peran utama]
recitare (vi, vt)	berperan	[bərperan]
star (f), stella (f)	bintang film	[bintaŋ film]
noto (agg)	terkenal	[tərkenal]
famoso (agg)	terkenal	[tərkenal]
popolare (agg)	populer, terkenal	[populer], [tərkenal]
sceneggiatura (m)	skenario	[skenario]
sceneggiatore (m)	penulis skenario	[penulis skenario]
regista (m)	sutradara	[sutradara]
produttore (m)	produser	[produser]
assistente (m)	asisten	[asisten]
cameraman (m)	kamerawan	[kamerawan]
cascatore (m)	pemeran pengganti	[pemeran peŋganti]
controfigura (f)	pengganti	[peŋganti]
girare un film	merekam film	[merekam film]
provino (m)	audisi	[audisi]
ripresa (f)	syuting, pengambilan gambar	[ʃyutiŋ], [peɲambilan gambar]
troupe (f) cinematografica	rombongan film	[romboŋan film]
set (m)	set film	[set film]
cinepresa (f)	kamera	[kamera]
cinema (m) (~ all'aperto)	bioskop	[bioskop]
schermo (m)	layar	[lajar]
proiettare un film	menayangkan film	[mənajaŋkan film]
colonna (f) sonora	soundtrack, trek suara	[saundtrek], [tre' suara]
effetti (m pl) speciali	efek khusus	[efe' husus]

sottotitoli (m pl)	subjudul, teks film	[subdʒ‌udul], [teks film]
titoli (m pl) di coda	ucapan terima kasih	[utʃapan terima kasih]
traduzione (f)	terjemahan	[terdʒ‌emahan]

151. Pittura

arte (f)	seni	[seni]
belle arti (f pl)	seni rupa	[seni rupa]
galleria (f) d'arte	galeri seni	[galeri seni]
mostra (f)	pameran seni	[pameran seni]

pittura (f)	seni lukis	[seni lukis]
grafica (f)	seni grafis	[seni grafis]
astrattismo (m)	seni abstrak	[seni abstra']
impressionismo (m)	impresionisme	[impresionisme]

quadro (m)	lukisan	[lukisan]
disegno (m)	gambar	[gambar]
cartellone, poster (m)	poster	[poster]

illustrazione (f)	ilustrasi	[ilustrasi]
miniatura (f)	miniatur	[miniatur]
copia (f)	salinan	[salinan]
riproduzione (f)	reproduksi	[reproduksi]

mosaico (m)	mozaik	[mozaj']
vetrata (f)	kaca berwarna	[katʃa berwarna]
affresco (m)	fresko	[fresko]
incisione (f)	gravir	[gravir]

busto (m)	patung sedada	[patuŋ sedada]
scultura (f)	seni patung	[seni patuŋ]
statua (f)	patung	[patuŋ]
gesso (m)	gips	[gips]
in gesso	dari gips	[dari gips]

ritratto (m)	potret	[potret]
autoritratto (m)	potret diri	[potret diri]
paesaggio (m)	lukisan lanskap	[lukisan lanskap]
natura (f) morta	alam benda	[alam benda]
caricatura (f)	karikatur	[karikatur]
abbozzo (m)	sketsa	[sketsa]

colore (m)	cat	[tʃat]
acquerello (m)	cat air	[tʃat air]
olio (m)	cat minyak	[tʃat minja']
matita (f)	pensil	[pensil]
inchiostro (m) di china	tinta gambar	[tinta gambar]
carbone (m)	arang	[araŋ]

disegnare (a matita)	menggambar	[meŋgambar]
dipingere (un quadro)	melukis	[melukis]
posare (vi)	berpose	[berpose]
modello (m)	model lelaki	[model lelaki]

modella (f)	model perempuan	[model perempuan]
pittore (m)	perupa	[perupa]
opera (f) d'arte	karya seni	[karja seni]
capolavoro (m)	adikarya, mahakarya	[adikarja], [mahakarja]
laboratorio (m) (di artigiano)	studio seni	[studio seni]
tela (f)	kanvas	[kanvas]
cavalletto (m)	esel, kuda-kuda	[esel], [kuda-kuda]
tavolozza (f)	palet	[palet]
cornice (f) (~ di un quadro)	bingkai	[biŋkaj]
restauro (m)	pemugaran	[pemugaran]
restaurare (vt)	memugar	[memugar]

152. Letteratura e poesia

letteratura (f)	sastra, kesusastraan	[sastra], [kesusastra'an]
autore (m)	pengarang	[peŋaraŋ]
pseudonimo (m)	pseudonim, nama samaran	[pseudonim], [nama samaran]
libro (m)	buku	[buku]
volume (m)	jilid	[dʒilid]
sommario (m), indice (m)	daftar isi	[daftar isi]
pagina (f)	halaman	[halaman]
protagonista (m)	karakter utama	[karakter utama]
autografo (m)	tanda tangan	[tanda taŋan]
racconto (m)	cerpen	[tʃerpen]
romanzo (m) breve	novel, cerita	[novel], [tʃerita]
romanzo (m)	novel	[novel]
opera (f) (~ letteraria)	karya	[karja]
favola (f)	fabel	[fabel]
giallo (m)	novel detektif	[novel detektif]
verso (m)	puisi, sajak	[puisi], [sadʒⁱa']
poesia (f) (~ lirica)	puisi	[puisi]
poema (m)	puisi	[puisi]
poeta (m)	penyair	[penjajr]
narrativa (f)	fiksi	[fiksi]
fantascienza (f)	fiksi ilmiah	[fiksi ilmiah]
avventure (f pl)	petualangan	[petualaŋan]
letteratura (f) formativa	literatur pendidikan	[literatur pendidikan]
libri (m pl) per l'infanzia	sastra kanak-kanak	[sastra kana'-kana']

153. Circo

circo (m)	sirkus	[sirkus]
tendone (m) del circo	sirkus keliling	[sirkus keliliŋ]
programma (m)	program	[program]
spettacolo (m)	pertunjukan	[pertundʒⁱukan]

numero (m)	aksi	[aksi]
arena (f)	arena	[arena]

pantomima (m)	pantomim	[pantomim]
pagliaccio (m)	badut	[badut]

acrobata (m)	pemain akrobat	[pemajn akrobat]
acrobatica (f)	akrobatik	[akrobatiʔ]
ginnasta (m)	pesenam	[pesenam]
ginnastica (m)	senam	[senam]
salto (m) mortale	salto	[salto]

forzuto (m)	orang kuat	[oraŋ kuat]
domatore (m)	penjinak hewan	[pendʒinaʔ hewan]
cavallerizzo (m)	penunggang kuda	[penuŋgaŋ kuda]
assistente (m)	asisten	[asisten]

acrobazia (f)	stunt	[stun]
gioco (m) di prestigio	trik sulap	[triʔ sulap]
prestigiatore (m)	pesulap	[pesulap]

giocoliere (m)	juggler	[dʒuggler]
giocolare (vi)	bermain juggling	[bermajn dʒuggliŋ]
ammaestratore (m)	pelatih binatang	[pelatih binataŋ]
ammaestramento (m)	pelatihan binatang	[pelatihan binataŋ]
ammaestrare (vt)	melatih	[melatih]

154. Musica. Musica pop

musica (f)	musik	[musiʔ]
musicista (m)	musisi, musikus	[musisi], [musikus]
strumento (m) musicale	alat musik	[alat musiʔ]
suonare ...	bermain ...	[bermajn ...]

chitarra (f)	gitar	[gitar]
violino (m)	biola	[biola]
violoncello (m)	selo	[selo]
contrabbasso (m)	kontrabas	[kontrabas]
arpa (f)	harpa	[harpa]

pianoforte (m)	piano	[piano]
pianoforte (m) a coda	grand piano	[grand piano]
organo (m)	organ	[organ]

strumenti (m pl) a fiato	alat musik tiup	[alat musiʔ tiup]
oboe (m)	obo	[obo]
sassofono (m)	saksofon	[saksofon]
clarinetto (m)	klarinet	[klarinet]
flauto (m)	suling	[suliŋ]
tromba (f)	trompet	[trompet]

fisarmonica (f)	akordeon	[akordeon]
tamburo (m)	drum	[drum]
duetto (m)	duo, duet	[duo], [duet]

trio (m)	**trio**	[trio]
quartetto (m)	**kuartet**	[kuartet]
coro (m)	**kor**	[kor]
orchestra (f)	**orkestra**	[orkestra]
musica (f) pop	**musik pop**	[musiˀ pop]
musica (f) rock	**musik rok**	[musiˀ roˀ]
gruppo (m) rock	**grup musik rok**	[grup musiˀ roˀ]
jazz (m)	**jaz**	[ʤʲaz]
idolo (m)	**idola**	[idola]
ammiratore (m)	**pengagum**	[peŋagum]
concerto (m)	**konser**	[konser]
sinfonia (f)	**simfoni**	[simfoni]
composizione (f)	**komposisi**	[komposisi]
comporre (vt), scrivere (vt)	**menggubah, mencipta**	[məŋgubah], [mənʧipta]
canto (m)	**nyanyian**	[njanjian]
canzone (f)	**lagu**	[lagu]
melodia (f)	**nada, melodi**	[nada], [melodi]
ritmo (m)	**irama**	[irama]
blues (m)	**musik blues**	[musiˀ blus]
note (f pl)	**notasi musik**	[notasi musiˀ]
bacchetta (f)	**tongkat dirigen**	[toŋkat dirigen]
arco (m)	**penggesek**	[peŋgeseˀ]
corda (f)	**tali, senar**	[tali], [senar]
custodia (f) (~ della chitarra)	**wadah**	[wadah]

Ristorante. Intrattenimento. Viaggi

155. Escursione. Viaggio

turismo (m)	pariwisata	[pariwisata]
turista (m)	turis, wisatawan	[turis], [wisatawan]
viaggio (m) (all'estero)	pengembaraan	[peŋembara'an]
avventura (f)	petualangan	[petualaŋan]
viaggio (m) (corto)	perjalanan, lawatan	[perdʒ'alanan], [lawatan]
vacanza (f)	liburan	[liburan]
essere in vacanza	berlibur	[berlibur]
riposo (m)	istirahat	[istirahat]
treno (m)	kereta api	[kereta api]
in treno	naik kereta api	[nai' kereta api]
aereo (m)	pesawat terbang	[pesawat terban]
in aereo	naik pesawat terbang	[nai' pesawat terban]
in macchina	naik mobil	[nai' mobil]
in nave	naik kapal	[nai' kapal]
bagaglio (m)	bagasi	[bagasi]
valigia (f)	koper	[koper]
carrello (m)	troli bagasi	[troli bagasi]
passaporto (m)	paspor	[paspor]
visto (m)	visa	[visa]
biglietto (m)	tiket	[tiket]
biglietto (m) aereo	tiket pesawat terbang	[tiket pesawat terban]
guida (f)	buku pedoman	[buku pedoman]
carta (f) geografica	peta	[peta]
località (f)	kawasan	[kawasan]
luogo (m)	tempat	[tempat]
ogetti (m pl) esotici	keeksotisan	[keeksotisan]
esotico (agg)	eksotis	[eksotis]
sorprendente (agg)	menakjubkan	[menakdʒ'ubkan]
gruppo (m)	kelompok	[kelompo']
escursione (f)	ekskursi	[ekskursi]
guida (f) (cicerone)	pemandu wisata	[pemandu wisata]

156. Hotel

albergo, hotel (m)	hotel	[hotel]
motel (m)	motel	[motel]
tre stelle	bintang tiga	[bintaŋ tiga]

| cinque stelle | bintang lima | [bintaŋ lima] |
| alloggiare (vi) | menginap | [məŋinap] |

camera (f)	kamar	[kamar]
camera (f) singola	kamar tunggal	[kamar tuŋgal]
camera (f) doppia	kamar ganda	[kamar ganda]
prenotare una camera	memesan kamar	[memesan kamar]

| mezza pensione (f) | sewa setengah | [sewa seteŋah] |
| pensione (f) completa | sewa penuh | [sewa penuh] |

con bagno	dengan kamar mandi	[deŋan kamar mandi]
con doccia	dengan pancuran	[deŋan pantʃuran]
televisione (f) satellitare	televisi satelit	[televisi satelit]
condizionatore (m)	penyejuk udara	[penjedʒ'uʔ udara]
asciugamano (m)	handuk	[handuʔ]
chiave (f)	kunci	[kuntʃi]

amministratore (m)	administrator	[administrator]
cameriera (f)	pelayan kamar	[pelajan kamar]
portabagagli (m)	porter	[porter]
portiere (m)	pramupintu	[pramupintu]

ristorante (m)	restoran	[restoran]
bar (m)	bar	[bar]
colazione (f)	makan pagi, sarapan	[makan pagi], [sarapan]
cena (f)	makan malam	[makan malam]
buffet (m)	prasmanan	[prasmanan]

| hall (f) (atrio d'ingresso) | lobi | [lobi] |
| ascensore (m) | elevator | [elevator] |

| NON DISTURBARE | JANGAN MENGGANGGU | [dʒ'aŋan meŋgaŋgu] |
| VIETATO FUMARE! | DILARANG MEROKOK! | [dilaraŋ merokoʔ!] |

157. Libri. Lettura

libro (m)	buku	[buku]
autore (m)	pengarang	[peŋaraŋ]
scrittore (m)	penulis	[penulis]
scrivere (vi, vt)	menulis	[menulis]

lettore (m)	pembaca	[pembatʃa]
leggere (vi, vt)	membaca	[membatʃa]
lettura (f) (sala di ~)	membaca	[membatʃa]

| in silenzio (leggere ~) | dalam hati | [dalam hati] |
| ad alta voce | dengan keras | [deŋan keras] |

pubblicare (vt)	menerbitkan	[menerbitkan]
pubblicazione (f)	penerbitan	[penerbitan]
editore (m)	penerbit	[penerbit]
casa (f) editrice	penerbit	[penerbit]
uscire (vi)	terbit	[terbit]

uscita (f)	penerbitan	[penerbitan]
tiratura (f)	oplah	[oplah]
libreria (f)	toko buku	[toko buku]
biblioteca (f)	perpustakaan	[pərpustaka'an]
romanzo (m) breve	novel, cerita	[novel], [ʧerita]
racconto (m)	cerpen	[ʧerpen]
romanzo (m)	novel	[novel]
giallo (m)	novel detektif	[novel detektif]
memorie (f pl)	memoir	[memoir]
leggenda (f)	legenda	[legenda]
mito (m)	mitos	[mitos]
poesia (f), versi (m pl)	puisi	[puisi]
autobiografia (f)	autobiografi	[autobiografi]
opere (f pl) scelte	karya pilihan	[karja pilihan]
fantascienza (f)	fiksi ilmiah	[fiksi ilmiah]
titolo (m)	judul	[dʒʲudul]
introduzione (f)	pendahuluan	[pendahuluan]
frontespizio (m)	halaman judul	[halaman dʒʲudul]
capitolo (m)	bab	[bab]
frammento (m)	kutipan	[kutipan]
episodio (m)	episode	[episode]
soggetto (m)	alur cerita	[alur ʧerita]
contenuto (m)	daftar isi	[daftar isi]
sommario (m)	daftar isi	[daftar isi]
protagonista (m)	karakter utama	[karakter utama]
volume (m)	jilid	[dʒilid]
copertina (f)	sampul	[sampul]
rilegatura (f)	penjilidan	[pendʒilidan]
segnalibro (m)	pembatas buku	[pembatas buku]
pagina (f)	halaman	[halaman]
sfogliare (~ le pagine)	membolak-balik	[membola'-bali']
margini (m pl)	margin	[margin]
annotazione (f)	anotasi, catatan	[anotasi], [ʧatatan]
nota (f) (a fondo pagina)	catatan kaki	[ʧatatan kaki]
testo (m)	teks	[teks]
carattere (m)	huruf	[huruf]
refuso (m)	salah cetak	[salah ʧeta']
traduzione (f)	terjemahan	[tərdʒemahan]
tradurre (vt)	menerjemahkan	[mənerdʒemahkan]
originale (m) (leggere l'~)	orisinal	[orisinal]
famoso (agg)	terkenal	[tərkenal]
sconosciuto (agg)	tidak dikenali	[tida' dikenali]
interessante (agg)	menarik	[mənari']
best seller (m)	buku laris	[buku laris]

dizionario (m)	kamus	[kamus]
manuale (m)	buku pelajaran	[buku peladʒaran]
enciclopedia (f)	ensiklopedi	[ensiklopedi]

158. Caccia. Pesca

caccia (f)	perburuan	[pərburuan]
cacciare (vt)	berburu	[bərburu]
cacciatore (m)	pemburu	[pemburu]

sparare (vi)	menembak	[mənembaʔ]
fucile (m)	senapan	[senapan]
cartuccia (f)	peluru, patrun	[peluru], [patrun]
pallini (m pl) da caccia	peluru gotri	[peluru gotri]

tagliola (f) (~ per orsi)	perangkap	[pəraŋkap]
trappola (f) (~ per uccelli)	perangkap	[pəraŋkap]
cadere in trappola	terperangkap	[tərperaŋkap]
tendere una trappola	memasang perangkap	[memasaŋ pəraŋkap]

bracconiere (m)	pemburu ilegal	[pemburu ilegal]
cacciagione (m)	binatang buruan	[binataŋ buruan]
cane (m) da caccia	anjing pemburu	[andʒiŋ pemburu]
safari (m)	safari	[safari]
animale (m) impagliato	patung binatang	[patuŋ binataŋ]

pescatore (m)	nelayan, pemancing	[nelajan], [pemantʃiŋ]
pesca (f)	memancing	[memantʃiŋ]
pescare (vi)	memancing	[memantʃiŋ]

canna (f) da pesca	joran	[dʒoran]
lenza (f)	tali pancing	[tali pantʃiŋ]
amo (m)	kail	[kail]

| galleggiante (m) | pelampung | [pelampuŋ] |
| esca (f) | umpan | [umpan] |

| lanciare la canna | melempar pancing | [melempar pantʃiŋ] |
| abboccare (pesce) | memakan umpan | [memakan umpan] |

| pescato (m) | tangkapan | [taŋkapan] |
| buco (m) nel ghiaccio | lubang es | [lubaŋ es] |

rete (f)	jala	[dʒala]
barca (f)	perahu	[pərahu]
prendere con la rete	menjala	[məndʒala]
gettare la rete	menabur jala	[mənabur dʒala]

| tirare le reti | menarik jala | [mənariʔ dʒala] |
| cadere nella rete | tertangkap dalam jala | [tərtaŋkap dalam dʒala] |

baleniere (m)	pemburu paus	[pemburu paus]
baleniera (f) (nave)	kapal pemburu paus	[kapal pemburu paus]
rampone (m)	tempuling	[tempuliŋ]

159. Ciochi. Biliardo

biliardo (m)	biliar	[biliar]
sala (f) da biliardo	kamar biliar	[kamar biliar]
bilia (f)	bola	[bola]
imbucare (vt)	memasukkan bola	[memasu'kan bola]
stecca (f) da biliardo	stik	[sti']
buca (f)	lubang meja biliar	[lubaŋ medʒ'a biliar]

160. Giochi. Carte da gioco

quadri (m pl)	wajik	[wadʒi']
picche (f pl)	sekop	[sekop]
cuori (m pl)	hati	[hati]
fiori (m pl)	keriting	[keritiŋ]
asso (m)	as	[as]
re (m)	raja	[radʒ'a]
donna (f)	ratu	[ratu]
fante (m)	jack	[dʒ'e']
carta (f) da gioco	kartu permainan	[kartu pərmajnan]
carte (f pl)	kartu	[kartu]
briscola (f)	truf	[truf]
mazzo (m) di carte	pak kartu	[pa' kartu]
punto (m)	poin	[poin]
dare le carte	membagikan	[membagikan]
mescolare (~ le carte)	mengocok	[məŋotʃo']
turno (m)	giliran	[giliran]
baro (m)	pemain kartu curang	[pemajn kartu tʃuraŋ]

161. Casinò. Roulette

casinò (m)	kasino	[kasino]
roulette (f)	rolet	[rolet]
puntata (f)	bet, taruhan	[bet], [taruhan]
puntare su ...	bertaruh	[bərtaruh]
rosso (m)	merah	[merah]
nero (m)	hitam	[hitam]
puntare sul rosso	memasang warna merah	[memasaŋ warna merah]
puntare sul nero	memasang warna hitam	[memasaŋ warna hitam]
croupier (m)	bandar	[bandar]
far girare la ruota	memutar roda	[memutar roda]
regole (f pl) del gioco	aturan main	[aturan majn]
fiche (f)	chip	[tʃip]
vincere (vi, vt)	menang	[menaŋ]
vincita (f)	kemenangan	[kemenaŋan]

| perdere (vt) | kalah | [kalah] |
| perdita (f) | kekalahan | [kekalahan] |

giocatore (m)	pemain	[pemajn]
black jack (m)	Blackjack	[blekʤ'e']
gioco (m) dei dadi	permainan dadu	[permajnan dadu]
dadi (m pl)	dadu	[dadu]
slot machine (f)	mesin slot	[mesin slot]

162. Riposo. Giochi. Varie

passeggiare (vi)	berjalan-jalan	[berʤ'alan-ʤ'alan]
passeggiata (f)	jalan-jalan	[ʤ'alan-ʤ'alan]
gita (f)	perjalanan	[perʤ'alanan]
avventura (f)	petualangan	[petualaŋan]
picnic (m)	piknik	[pikni']

gioco (m)	permainan	[permajnan]
giocatore (m)	pemain	[pemajn]
partita (f) (~ a scacchi)	partai	[partaj]

collezionista (m)	kolektor	[kolektor]
collezionare (vt)	mengoleksi	[meŋoleksi]
collezione (f)	koleksi	[koleksi]

cruciverba (m)	teka-teki silang	[teka-teki silaŋ]
ippodromo (m)	lapangan pacu	[lapaŋan paʧu]
discoteca (f)	diskotik	[diskoti']

| sauna (f) | sauna | [sauna] |
| lotteria (f) | lotre | [lotre] |

campeggio (m)	darmawisata	[darmawisata]
campo (m)	perkemahan	[perkemahan]
tenda (f) da campeggio	tenda, kemah	[tenda], [kemah]
bussola (f)	kompas	[kompas]
campeggiatore (m)	pewisata alam	[pewisata alam]

guardare (~ un film)	menonton	[menonton]
telespettatore (m)	penonton	[penonton]
trasmissione (f)	acara TV	[aʧara ti-vi]

163. Fotografia

| macchina (f) fotografica | kamera | [kamera] |
| fotografia (f) | foto | [foto] |

fotografo (m)	fotografer	[fotografer]
studio (m) fotografico	studio foto	[studio foto]
album (m) di fotografie	album foto	[album foto]
obiettivo (m)	lensa kamera	[lensa kamera]
teleobiettivo (m)	lensa telefoto	[lensa telefoto]

| filtro (m) | filter | [filter] |
| lente (f) | lensa | [lensa] |

ottica (f)	alat optik	[alat opti']
diaframma (m)	diafragma	[diafragma]
tempo (m) di esposizione	kecepatan rana	[ketʃepatan rana]
mirino (m)	jendela pengamat	[dʒiendela peŋamat]

fotocamera (f) digitale	kamera digital	[kamera digital]
cavalletto (m)	kakitiga	[kakitiga]
flash (m)	blitz	[blits]

fotografare (vt)	memotret	[memotret]
fare foto	memotret	[memotret]
fotografarsi	berfoto	[berfoto]

fuoco (m)	fokus	[fokus]
mettere a fuoco	mengatur fokus	[meŋatur fokus]
nitido (agg)	tajam	[tadʒiam]
nitidezza (f)	ketajaman	[ketadʒiaman]

| contrasto (m) | kekontrasan | [kekontrasan] |
| contrastato (agg) | kontras | [kontras] |

foto (f)	gambar foto	[gambar foto]
negativa (f)	negatif	[negatif]
pellicola (f) fotografica	film	[film]
fotogramma (m)	frame, gambar diam	[frame], [gambar diam]
stampare (~ le foto)	mencetak	[mentʃeta']

164. Spiaggia. Nuoto

spiaggia (f)	pantai	[pantaj]
sabbia (f)	pasir	[pasir]
deserto (agg)	sepi	[sepi]

abbronzatura (f)	hitam terbakar matahari	[hitam terbakar matahari]
abbronzarsi (vr)	berjemur di sinar matahari	[berdʒiemur di sinar matahari]
abbronzato (agg)	hitam terbakar matahari	[hitam terbakar matahari]
crema (f) solare	tabir surya	[tabir surja]

bikini (m)	bikini	[bikini]
costume (m) da bagno	baju renang	[badʒiu renaŋ]
slip (m) da bagno	celana renang	[tʃelana renaŋ]

piscina (f)	kolam renang	[kolam renaŋ]
nuotare (vi)	berenang	[berenaŋ]
doccia (f)	pancuran	[pantʃuran]
cambiarsi (~ i vestiti)	berganti pakaian	[berganti pakajan]
asciugamano (m)	handuk	[handu']

barca (f)	perahu	[perahu]
motoscafo (m)	perahu motor	[perahu motor]
sci (m) nautico	ski air	[ski air]

pedalò (m)	sepeda air	[sepeda air]
surf (m)	berselancar	[berselantʃar]
surfista (m)	peselancar	[peselantʃar]
autorespiratore (m)	alat scuba	[alat skuba]
pinne (f pl)	sirip karet	[sirip karet]
maschera (f)	masker	[masker]
subacqueo (m)	penyelam	[penjelam]
tuffarsi (vr)	menyelam	[mənjelam]
sott'acqua	bawah air	[bawah air]
ombrellone (m)	payung	[pajuŋ]
sdraio (f)	kursi pantai	[kursi pantaj]
occhiali (m pl) da sole	kacamata hitam	[katʃamata hitam]
materasso (m) ad aria	kasur udara	[kasur udara]
giocare (vi)	bermain	[bərmajn]
fare il bagno	berenang	[bərenaŋ]
pallone (m)	bola pantai	[bola pantaj]
gonfiare (vt)	meniup	[məniup]
gonfiabile (agg)	udara	[udara]
onda (f)	gelombang	[gelombaŋ]
boa (f)	pelampung	[pelampuŋ]
annegare (vi)	tenggelam	[teŋgelam]
salvare (vt)	menyelamatkan	[mənjelamatkan]
giubbotto (m) di salvataggio	jaket pelampung	[dʒ'aket pelampuŋ]
osservare (vt)	mengamati	[məŋamati]
bagnino (m)	penyelamat	[penjelamat]

ATTREZZATURA TECNICA. MEZZI DI TRASPORTO

Attrezzatura tecnica

165. Computer

computer (m)	komputer	[komputer]
computer (m) portatile	laptop	[laptop]
accendere (vt)	menyalakan	[mənjalakan]
spegnere (vt)	mematikan	[mematikan]
tastiera (f)	keyboard, papan tombol	[keybor], [papan tombol]
tasto (m)	tombol	[tombol]
mouse (m)	tetikus	[tetikus]
tappetino (m) del mouse	bantal tetikus	[bantal tetikus]
tasto (m)	tombol	[tombol]
cursore (m)	kursor	[kursor]
monitor (m)	monitor	[monitor]
schermo (m)	layar	[lajar]
disco (m) rigido	hard disk, cakram keras	[hard disk], [tʃakram keras]
spazio (m) sul disco rigido	kapasitas cakram keras	[kapasitas tʃakram keras]
memoria (f)	memori	[memori]
memoria (f) operativa	memori akses acak	[memori akses atʃa']
file (m)	file, berkas	[file], [bərkas]
cartella (f)	folder	[folder]
aprire (vt)	membuka	[membuka]
chiudere (vt)	menutup	[mənutup]
salvare (vt)	menyimpan	[mənjimpan]
eliminare (vt)	menghapus	[məŋhapus]
copiare (vt)	menyalin	[mənjalin]
ordinare (vt)	menyortir	[mənjortir]
trasferire (vt)	mentransfer	[mentransfer]
programma (m)	program	[program]
software (m)	perangkat lunak	[pəraŋkat luna']
programmatore (m)	pemrogram	[pemrogram]
programmare (vt)	memprogram	[memprogram]
hacker (m)	peretas	[pəretas]
password (f)	kata sandi	[kata sandi]
virus (m)	virus	[virus]
trovare (un virus, ecc.)	mendeteksi	[məndeteksi]
byte (m)	bita	[bita]

megabyte (m)	megabita	[megabita]
dati (m pl)	data	[data]
database (m)	basis data, pangkalan data	[basis data], [paŋkalan data]

cavo (m)	kabel	[kabel]
sconnettere (vt)	melepaskan	[melepaskan]
collegare (vt)	menyambungkan	[mənjambuŋkan]

166. Internet. Posta elettronica

internet (f)	Internet	[internet]
navigatore (m)	peramban	[pəramban]
motore (m) di ricerca	mesin telusur	[mesin telusur]
provider (m)	provider	[provider]

webmaster (m)	webmaster, perancang web	[webmaster], [pərantʃaŋ web]
sito web (m)	situs web	[situs web]
pagina web (f)	halaman web	[halaman web]

indirizzo (m)	alamat	[alamat]
rubrica (f) indirizzi	buku alamat	[buku alamat]

casella (f) di posta	kotak surat	[kota' surat]
posta (f)	surat	[surat]
troppo piena (agg)	penuh	[penuh]

messaggio (m)	pesan	[pesan]
messaggi (m pl) in arrivo	pesan masuk	[pesan masu']
messaggi (m pl) in uscita	pesan keluar	[pesan keluar]

mittente (m)	pengirim	[peɲirim]
inviare (vt)	mengirim	[məɲirim]
invio (m)	pengiriman	[peɲiriman]

destinatario (m)	penerima	[penerima]
ricevere (vt)	menerima	[mənerima]

corrispondenza (f)	surat-menyurat	[surat-menyurat]
essere in corrispondenza	surat-menyurat	[surat-menyurat]

file (m)	file, berkas	[file], [bərkas]
scaricare (vt)	mengunduh	[məŋunduh]
creare (vt)	membuat	[membuat]
eliminare (vt)	menghapus	[məŋhapus]
eliminato (agg)	terhapus	[tərhapus]

connessione (f)	koneksi	[koneksi]
velocità (f)	kecepatan	[ketʃepatan]
modem (m)	modem	[modem]
accesso (m)	akses	[akses]
porta (f)	porta	[porta]

collegamento (m)	koneksi	[koneksi]
collegarsi a ...	terhubung ke ...	[tərhubuŋ ke ...]

| scegliere (vt) | memilih | [memilih] |
| cercare (vt) | mencari ... | [məntʃari ...] |

167. Elettricità

elettricità (f)	listrik	[listriʔ]
elettrico (agg)	listrik	[listriʔ]
centrale (f) elettrica	pembangkit listrik	[pembaŋkit listriʔ]
energia (f)	energi, tenaga	[energi], [tenaga]
energia (f) elettrica	tenaga listrik	[tenaga listriʔ]

lampadina (f)	bohlam	[bohlam]
torcia (f) elettrica	lentera	[lentera]
lampione (m)	lampu jalan	[lampu dʒʲalan]

luce (f)	lampu	[lampu]
accendere (luce)	menyalakan	[mənjalakan]
spegnere (vt)	mematikan	[mematikan]
spegnere la luce	mematikan lampu	[mematikan lampu]

fulminarsi (vr)	mati	[mati]
corto circuito (m)	korsleting	[korsletiŋ]
rottura (f) (~ di un cavo)	kabel putus	[kabel putus]
contatto (m)	kontak	[kontaʔ]

interruttore (m)	sakelar	[sakelar]
presa (f) elettrica	colokan	[tʃolokan]
spina (f)	steker	[steker]
prolunga (f)	kabel ekstensi	[kabel ekstensi]

fusibile (m)	sekering	[sekeriŋ]
filo (m)	kabel, kawat	[kabel], [kawat]
impianto (m) elettrico	rangkaian kabel	[raŋkajan kabel]

ampere (m)	ampere	[ampere]
intensità di corrente	kuat arus listrik	[kuat arus listriʔ]
volt (m)	volt	[volt]
tensione (f)	voltase	[voltase]

| apparecchio (m) elettrico | perkakas listrik | [perkakas listriʔ] |
| indicatore (m) | indikator | [indikator] |

elettricista (m)	tukang listrik	[tukaŋ listriʔ]
saldare (vt)	mematri	[mematri]
saldatoio (m)	besi solder	[besi solder]
corrente (f)	arus listrik	[arus listriʔ]

168. Utensili

utensile (m)	alat	[alat]
utensili (m pl)	peralatan	[peralatan]
impianto (m)	perlengkapan	[perleŋkapan]

martello (m)	martil, palu	[martil], [palu]
giravite (m)	obeng	[obeŋ]
ascia (f)	kapak	[kapaʔ]

sega (f)	gergaji	[gergadʒi]
segare (vt)	menggergaji	[məŋgergadʒi]
pialla (f)	serut	[serut]
piallare (vt)	menyerut	[mənjerut]
saldatoio (m)	besi solder	[besi solder]
saldare (vt)	mematri	[mematri]

lima (f)	kikir	[kikir]
tenaglie (f pl)	tang	[taŋ]
pinza (f) a punte piatte	catut	[ʧatut]
scalpello (m)	pahat	[pahat]

punta (f) da trapano	mata bor	[mata bor]
trapano (m) elettrico	bor listrik	[bor listriʔ]
trapanare (vt)	mengebor	[məŋebor]

| coltello (m) | pisau | [pisau] |
| lama (f) | mata pisau | [mata pisau] |

affilato (coltello ~)	tajam	[tadʒʲam]
smussato (agg)	tumpul	[tumpul]
smussarsi (vr)	menjadi tumpul	[məndʒʲadi tumpul]
affilare (vt)	mengasah	[məŋasah]

bullone (m)	baut	[baut]
dado (m)	mur	[mur]
filettatura (f)	ulir	[ulir]
vite (f)	sekrup	[sekrup]

| chiodo (m) | paku | [paku] |
| testa (f) di chiodo | paku payung | [paku pajuŋ] |

regolo (m)	mistar, penggaris	[mistar], [peŋgaris]
nastro (m) metrico	meteran	[meteran]
livella (f)	pengukur kedataran	[peŋukur kedataran]
lente (f) d'ingradimento	kaca pembesar	[kaʧa pembesar]

strumento (m) di misurazione	alat ukur	[alat ukur]
misurare (vt)	mengukur	[məŋukur]
scala (f) graduata	skala	[skala]
lettura, indicazione (f)	pencatatan	[penʧatatan]

| compressore (m) | kompresor | [kompresor] |
| microscopio (m) | mikroskop | [mikroskop] |

pompa (f) (~ dell'acqua)	pompa	[pompa]
robot (m)	robot	[robot]
laser (m)	laser	[laser]

chiave (f)	kunci pas	[kunʧi pas]
nastro (m) adesivo	selotip	[selotip]
colla (f)	lem	[lem]

carta (f) smerigliata	kertas amplas	[kertas amplas]
molla (f)	pegas, per	[pegas], [pər]
magnete (m)	magnet	[magnet]
guanti (m pl)	sarung tangan	[saruŋ taŋan]

corda (f)	tali	[tali]
cordone (m)	tambang, tali	[tambaŋ], [tali]
filo (m) (~ del telefono)	kabel, kawat	[kabel], [kawat]
cavo (m)	kabel, kawat	[kabel], [kawat]

mazza (f)	palu godam	[palu godam]
palanchino (m)	linggis	[liŋgis]
scala (f) a pioli	tangga	[taŋga]
scala (m) a libretto	tangga	[taŋga]

avvitare (stringere)	mengencangkan	[məŋentʃaŋkan]
svitare (vt)	mengendurkan	[məŋendurkan]
stringere (vt)	mengencangkan	[məŋentʃaŋkan]
incollare (vt)	menempelkan	[mənempelkan]
tagliare (vt)	memotong	[memotoŋ]

guasto (m)	malafungsi, kerusakan	[malafuŋsi], [kerusakan]
riparazione (f)	perbaikan	[pərbajkan]
riparare (vt)	mereparasi, memperbaiki	[mereparasi], [memperbajki]
regolare (~ uno strumento)	menyetel	[mənetel]

verificare (ispezionare)	memeriksa	[memeriksa]
controllo (m)	pemeriksaan	[pemeriksaʔan]
lettura, indicazione (f)	pencatatan	[pentʃatatan]

| sicuro (agg) | andal | [andal] |
| complesso (agg) | rumit | [rumit] |

arrugginire (vi)	berkarat, karatan	[bərkarat], [karatan]
arrugginito (agg)	berkarat, karatan	[bərkarat], [karatan]
ruggine (f)	karat	[karat]

149

Mezzi di trasporto

169. Aeroplano

aereo (m)	pesawat terbang	[pesawat tərbaŋ]
biglietto (m) aereo	tiket pesawat terbang	[tiket pesawat tərbaŋ]
compagnia (f) aerea	maskapai penerbangan	[maskapaj penerbaŋan]
aeroporto (m)	bandara	[bandara]
supersonico (agg)	supersonik	[supersoniʔ]
comandante (m)	kapten	[kapten]
equipaggio (m)	awak	[awaʔ]
pilota (m)	pilot	[pilot]
hostess (f)	pramugari	[pramugari]
navigatore (m)	navigator, penavigasi	[navigator], [penavigasi]
ali (f pl)	sayap	[sajap]
coda (f)	ekor	[ekor]
cabina (f)	kokpit	[kokpit]
motore (m)	mesin	[mesin]
carrello (m) d'atterraggio	roda pendarat	[roda pendarat]
turbina (f)	turbin	[turbin]
elica (f)	baling-baling	[baliŋ-baliŋ]
scatola (f) nera	kotak hitam	[kotaʔ hitam]
barra (f) di comando	kemudi	[kemudi]
combustibile (m)	bahan bakar	[bahan bakar]
safety card (f)	instruksi keselamatan	[instruksi keselamatan]
maschera (f) ad ossigeno	masker oksigen	[masker oksigen]
uniforme (f)	seragam	[seragam]
giubbotto (m) di salvataggio	jaket pelampung	[dʒˈaket pelampuŋ]
paracadute (m)	parasut	[parasut]
decollo (m)	lepas landas	[lepas landas]
decollare (vi)	bertolak	[bertolaʔ]
pista (f) di decollo	jalur lepas landas	[dʒˈalur lepas landas]
visibilità (f)	visibilitas, pandangan	[visibilitas], [pandaŋan]
volo (m)	penerbangan	[penerbaŋan]
altitudine (f)	ketinggian	[ketiŋgian]
vuoto (m) d'aria	lubang udara	[lubaŋ udara]
posto (m)	tempat duduk	[tempat duduʔ]
cuffia (f)	headphone, fonkepala	[headphone], [fonkepala]
tavolinetto (m) pieghevole	meja lipat	[medʒˈa lipat]
oblò (m), finestrino (m)	jendela pesawat	[dʒˈendela pesawat]
corridoio (m)	lorong	[loroŋ]

170. Treno

treno (m)	kereta api	[kereta api]
elettrotreno (m)	kereta api listrik	[kereta api listriʔ]
treno (m) rapido	kereta api cepat	[kereta api tʃepat]
locomotiva (f) diesel	lokomotif diesel	[lokomotif disel]
locomotiva (f) a vapore	lokomotif uap	[lokomotif uap]
carrozza (f)	gerbong penumpang	[gerboŋ penumpaŋ]
vagone (m) ristorante	gerbong makan	[gerboŋ makan]
rotaie (f pl)	rel	[rel]
ferrovia (f)	rel kereta api	[rel kereta api]
traversa (f)	bantalan rel	[bantalan rel]
banchina (f) (~ ferroviaria)	platform	[platform]
binario (m) (~ 1, 2)	jalur	[dʒʲalur]
semaforo (m)	semafor	[semafor]
stazione (f)	stasiun	[stasiun]
macchinista (m)	masinis	[masinis]
portabagagli (m)	porter	[porter]
cuccettista (m, f)	kondektur	[kondektur]
passeggero (m)	penumpang	[penumpaŋ]
controllore (m)	kondektur	[kondektur]
corridoio (m)	koridor	[koridor]
freno (m) di emergenza	rem darurat	[rem darurat]
scompartimento (m)	kabin	[kabin]
cuccetta (f)	bangku	[baŋku]
cuccetta (f) superiore	bangku atas	[baŋku atas]
cuccetta (f) inferiore	bangku bawah	[baŋku bawah]
biancheria (f) da letto	kain kasur	[kain kasur]
biglietto (m)	tiket	[tiket]
orario (m)	jadwal	[dʒʲadwal]
tabellone (m) orari	layar informasi	[lajar informasi]
partire (vi)	berangkat	[beraŋkat]
partenza (f)	keberangkatan	[keberaŋkatan]
arrivare (di un treno)	datang	[dataŋ]
arrivo (m)	kedatangan	[kedataŋan]
arrivare con il treno	datang naik kereta api	[dataŋ najʔ kereta api]
salire sul treno	naik ke kereta	[naiʔ ke kereta]
scendere dal treno	turun dari kereta	[turun dari kereta]
deragliamento (m)	kecelakaan kereta	[ketʃelakaʔan kereta]
deragliare (vi)	keluar rel	[keluar rel]
locomotiva (f) a vapore	lokomotif uap	[lokomotif uap]
fuochista (m)	juru api	[dʒʲuru api]
forno (m)	tungku	[tuŋku]
carbone (m)	batu bara	[batu bara]

171. Nave

nave (f)	kapal	[kapal]
imbarcazione (f)	kapal	[kapal]

piroscafo (m)	kapal uap	[kapal uap]
barca (f) fluviale	kapal api	[kapal api]
transatlantico (m)	kapal laut	[kapal laut]
incrociatore (m)	kapal penjelajah	[kapal pendʒ'eladʒ'ah]

yacht (m)	perahu pesiar	[perahu pesiar]
rimorchiatore (m)	kapal tunda	[kapal tunda]
chiatta (f)	tongkang	[toŋkaŋ]
traghetto (m)	feri	[feri]

veliero (m)	kapal layar	[kapal lajar]
brigantino (m)	kapal brigantin	[kapal brigantin]

rompighiaccio (m)	kapal pemecah es	[kapal pemetʃah es]
sottomarino (m)	kapal selam	[kapal selam]

barca (f)	perahu	[perahu]
scialuppa (f)	sekoci	[sekotʃi]
scialuppa (f) di salvataggio	sekoci penyelamat	[sekotʃi penjelamat]
motoscafo (m)	perahu motor	[perahu motor]

capitano (m)	kapten	[kapten]
marittimo (m)	kelasi	[kelasi]
marinaio (m)	pelaut	[pelaut]
equipaggio (m)	awak	[awaʔ]

nostromo (m)	bosman, bosun	[bosman], [bosun]
mozzo (m) di nave	kadet laut	[kadet laut]
cuoco (m)	koki	[koki]
medico (m) di bordo	dokter kapal	[dokter kapal]

ponte (m)	dek	[deʔ]
albero (m)	tiang	[tiaŋ]
vela (f)	layar	[lajar]

stiva (f)	lambung kapal	[lambuŋ kapal]
prua (f)	haluan	[haluan]
poppa (f)	buritan	[buritan]
remo (m)	dayung	[dajuŋ]
elica (f)	baling-baling	[baliŋ-baliŋ]

cabina (f)	kabin	[kabin]
quadrato (m) degli ufficiali	ruang rekreasi	[ruaŋ rekreasi]
sala (f) macchine	ruang mesin	[ruaŋ mesin]
ponte (m) di comando	anjungan kapal	[andʒ'uŋan kapal]
cabina (f) radiotelegrafica	ruang radio	[ruaŋ radio]
onda (f)	gelombang radio	[gelombaŋ radio]
giornale (m) di bordo	buku harian kapal	[buku harian kapal]
cannocchiale (m)	teropong	[teropoŋ]
campana (f)	lonceng	[lontʃeŋ]

bandiera (f)	bendera	[bendera]
cavo (m) (~ d'ormeggio)	tali	[tali]
nodo (m)	simpul	[simpul]
ringhiera (f)	pegangan	[peganan]
passerella (f)	tangga kapal	[tanga kapal]
ancora (f)	jangkar	[dʒ'aŋkar]
levare l'ancora	mengangkat jangkar	[menaŋkat dʒ'aŋkar]
gettare l'ancora	menjatuhkan jangkar	[məndʒ'atuhkan dʒ'aŋkar]
catena (f) dell'ancora	rantai jangkar	[rantaj dʒ'aŋkar]
porto (m)	pelabuhan	[pelabuhan]
banchina (f)	dermaga	[dermaga]
ormeggiarsi (vr)	merapat	[merapat]
salpare (vi)	bertolak	[bertola']
viaggio (m)	pengembaraan	[penembara'an]
crociera (f)	pesiar	[pesiar]
rotta (f)	haluan	[haluan]
itinerario (m)	rute	[rute]
secca (f)	beting	[betiŋ]
arenarsi (vr)	kandas	[kandas]
tempesta (f)	badai	[badaj]
segnale (m)	sinyal	[sinjal]
affondare (andare a fondo)	tenggelam	[teŋgelam]
Uomo in mare!	Orang hanyut!	[oran hanyut!]
SOS	SOS	[es-o-es]
salvagente (m) anulare	pelampung penyelamat	[pelampuŋ penjelamat]

172. Aeroporto

aeroporto (m)	bandara	[bandara]
aereo (m)	pesawat terbang	[pesawat tərban]
compagnia (f) aerea	maskapai penerbangan	[maskapaj penerbanan]
controllore (m) di volo	pengawas lalu lintas udara	[penawas lalu lintas udara]
partenza (f)	keberangkatan	[keberaŋkatan]
arrivo (m)	kedatangan	[kedatanan]
arrivare (vi)	datang	[datan]
ora (f) di partenza	waktu keberangkatan	[waktu keberaŋkatan]
ora (f) di arrivo	waktu kedatangan	[waktu kedatanan]
essere ritardato	terlambat	[tərlambat]
volo (m) ritardato	penundaan penerbangan	[penunda'an penerbanan]
tabellone (m) orari	papan informasi	[papan informasi]
informazione (f)	informasi	[informasi]
annunciare (vt)	mengumumkan	[menumumkan]
volo (m)	penerbangan	[penerbanan]
dogana (f)	pabean	[pabean]

doganiere (m)	petugas pabean	[petugas pabean]
dichiarazione (f)	pernyataan pabean	[pərnjata'an pabean]
riempire	mengisi	[məɲisi]
(~ una dichiarazione)		
riempire una dichiarazione	mengisi formulir bea cukai	[məɲisi formulir bea ʧukaj]
controllo (m) passaporti	pemeriksaan paspor	[pemeriksa'an paspor]

bagaglio (m)	bagasi	[bagasi]
bagaglio (m) a mano	jinjingan	[dʒindʒiŋan]
carrello (m)	troli bagasi	[troli bagasi]

atterraggio (m)	pendaratan	[pendaratan]
pista (f) di atterraggio	jalur pendaratan	[dʒjalur pendaratan]
atterrare (vi)	mendarat	[mendarat]
scaletta (f) dell'aereo	tangga pesawat	[taŋga pesawat]

check-in (m)	check-in	[ʧekin]
banco (m) del check-in	meja check-in	[medʒja ʧekin]
fare il check-in	check-in	[ʧekin]
carta (f) d'imbarco	kartu pas	[kartu pas]
porta (f) d'imbarco	gerbang keberangkatan	[gerbaŋ keberaŋkatan]

transito (m)	transit	[transit]
aspettare (vt)	menunggu	[mənuŋgu]
sala (f) d'attesa	ruang tunggu	[ruaŋ tuŋgu]
accompagnare (vt)	mengantar	[məŋantar]
congedarsi (vr)	berpamitan	[bərpamitan]

173. Bicicletta. Motocicletta

bicicletta (f)	sepeda	[sepeda]
motorino (m)	skuter	[skuter]
motocicletta (f)	sepeda motor	[sepeda motor]

andare in bicicletta	naik sepeda	[nai' sepeda]
manubrio (m)	kemudi, setang	[kemudi], [setaŋ]
pedale (m)	pedal	[pedal]
freni (m pl)	rem	[rem]
sellino (m)	sadel	[sadel]

pompa (f)	pompa	[pompa]
portabagagli (m)	boncengan	[bonʧeŋan]
fanale (m) anteriore	lampu depan, berko	[lampu depan], [berko]
casco (m)	helm	[helm]

ruota (f)	roda	[roda]
parafango (m)	sayap roda	[sajap roda]
cerchione (m)	bingkai	[biŋkaj]
raggio (m)	jari-jari, ruji	[dʒjari-dʒjari], [rudʒi]

Automobili

174. Tipi di automobile

automobile (f)	mobil	[mobil]
auto (f) sportiva	mobil sports	[mobil sports]
limousine (f)	limusin	[limusin]
fuoristrada (m)	kendaraan lintas medan	[kendara'an lintas medan]
cabriolet (m)	kabriolet	[kabriolet]
pulmino (m)	minibus	[minibus]
ambulanza (f)	ambulans	[ambulans]
spazzaneve (m)	truk pembersih salju	[tru' pembersih saldʒʲu]
camion (m)	truk	[tru']
autocisterna (f)	truk tangki	[tru' taŋki]
furgone (m)	mobil van	[mobil van]
motrice (f)	truk semi trailer	[tra' semi treyler]
rimorchio (m)	trailer	[treyler]
confortevole (agg)	nyaman	[njaman]
di seconda mano	bekas	[bekas]

175. Automobili. Carrozzeria

cofano (m)	kap	[kap]
parafango (m)	sepatbor	[sepatbor]
tetto (m)	atap	[atap]
parabrezza (m)	kaca depan	[katʃa depan]
retrovisore (m)	spion belakang	[spion belakaŋ]
lavacristallo (m)	pencuci kaca	[pentʃutʃi katʃa]
tergicristallo (m)	karet wiper	[karet wiper]
finestrino (m) laterale	jendela mobil	[dʒʲendela mobil]
alzacristalli (m)	pemutar jendela	[pemutar dʒʲendela]
antenna (f)	antena	[antena]
tettuccio (m) apribile	panel atap	[panel atap]
paraurti (m)	bumper	[bumper]
bagagliaio (m)	bagasi mobil	[bagasi mobil]
portapacchi (m)	rak bagasi atas	[ra' bagasi atas]
portiera (f)	pintu	[pintu]
maniglia (f)	gagang pintu	[gagaŋ pintu]
serratura (f)	kunci	[kuntʃi]
targa (f)	pelat nomor	[pelat nomor]
marmitta (f)	peredam suara	[peredam suara]

| serbatoio (m) della benzina | tangki bahan bakar | [taŋki bahan bakar] |
| tubo (m) di scarico | knalpot | [knalpot] |

acceleratore (m)	gas	[gas]
pedale (m)	pedal	[pedal]
pedale (m) dell'acceleratore	pedal gas	[pedal gas]

freno (m)	rem	[rem]
pedale (m) del freno	pedal rem	[pedal rem]
frenare (vi)	mengerem	[məŋerem]
freno (m) a mano	rem tangan	[rem taŋan]

frizione (f)	kopling	[kopliŋ]
pedale (m) della frizione	pedal kopling	[pedal kopliŋ]
disco (m) della frizione	pelat kopling	[pelat kopliŋ]
ammortizzatore (m)	peredam kejut	[peredam kedʒ'ut]

ruota (f)	roda	[roda]
ruota (f) di scorta	ban serep	[ban serep]
pneumatico (m)	ban	[ban]
copriruota (m)	dop	[dop]

ruote (f pl) motrici	roda penggerak	[roda peŋgera']
a trazione anteriore	penggerak roda depan	[peŋgera' roda depan]
a trazione posteriore	penggerak roda belakang	[peŋgera' roda belakaŋ]
a trazione integrale	penggerak roda empat	[peŋgera' roda empat]

scatola (f) del cambio	transmisi, girboks	[transmisi], [girboks]
automatico (agg)	otomatis	[otomatis]
meccanico (agg)	mekanis	[mekanis]
leva (f) del cambio	tuas persneling	[tuas pərsneliŋ]

| faro (m) | lampu depan | [lampu depan] |
| luci (f pl), fari (m pl) | lampu depan | [lampu depan] |

luci (f pl) anabbaglianti	lampu dekat	[lampu dekat]
luci (f pl) abbaglianti	lampu jauh	[lampu dʒ'auh]
luci (f pl) di arresto	lampu rem	[lampu rem]

luci (f pl) di posizione	lampu kecil	[lampu ketʃil]
luci (f pl) di emergenza	lampu bahaya	[lampu bahaja]
fari (m pl) antinebbia	lampu kabut	[lampu kabut]
freccia (f)	lampu sein	[lampu sein]
luci (f pl) di retromarcia	lampu belakang	[lampu belakaŋ]

176. Automobili. Vano passeggeri

abitacolo (m)	kabin, interior	[kabin], [interior]
di pelle	kulit	[kulit]
in velluto	velour	[velour]
rivestimento (m)	pelapis jok	[pelapis dʒo']

| strumento (m) di bordo | alat pengukur | [alat peŋukur] |
| cruscotto (m) | dasbor | [dasbor] |

| tachimetro (m) | spidometer | [spidometer] |
| lancetta (f) | jarum | [dʒ'arum] |

contachilometri (m)	odometer	[odometer]
indicatore (m)	indikator, sensor	[indikator], [sensor]
livello (m)	level	[level]
spia (f) luminosa	lampu indikator	[lampu indikator]

volante (m)	setir	[setir]
clacson (m)	klakson	[klakson]
pulsante (m)	tombol	[tombol]
interruttore (m)	tuas	[tuas]

sedile (m)	jok	[dʒo']
spalliera (f)	sandaran	[sandaran]
appoggiatesta (m)	sandaran kepala	[sandaran kepala]
cintura (f) di sicurezza	sabuk pengaman	[sabu' peŋaman]
allacciare la cintura	mengencangkan sabuk pengaman	[meŋentʃaŋkan sabu' peŋaman]
regolazione (f)	penyetelan	[penjetelan]

| airbag (m) | bantal udara | [bantal udara] |
| condizionatore (m) | penyejuk udara | [penjedʒ'u' udara] |

radio (f)	radio	[radio]
lettore (m) CD	pemutar CD	[pemutar si-di]
accendere (vt)	menyalakan	[menjalakan]
antenna (f)	antena	[antena]
vano (m) portaoggetti	laci depan	[latʃi depan]
portacenere (m)	asbak	[asba']

177. Automobili. Motore

motore (m)	mesin	[mesin]
motore (m)	motor	[motor]
a diesel	diesel	[disel]
a benzina	bensin	[bensin]

cilindrata (f)	kapasitas mesin	[kapasitas mesin]
potenza (f)	daya, tenaga	[daja], [tenaga]
cavallo vapore (m)	tenaga kuda	[tenaga kuda]
pistone (m)	piston	[piston]
cilindro (m)	silinder	[silinder]
valvola (f)	katup	[katup]

iniettore (m)	injektor	[indʒ'ektor]
generatore (m)	generator	[generator]
carburatore (m)	karburator	[karburator]
olio (m) motore	oli	[oli]

radiatore (m)	radiator	[radiator]
liquido (m) di raffreddamento	cairan pendingin	[tʃajran pendiŋin]
ventilatore (m)	kipas angin	[kipas aŋin]
batteria (m)	aki	[aki]

157

motorino (m) d'avviamento	starter	[starter]
accensione (f)	pengapian	[peŋapian]
candela (f) d'accensione	busi	[busi]

morsetto (m)	elektroda	[elektroda]
più (m)	terminal positif	[tərminal positif]
meno (m)	terminal negatif	[tərminal negatif]
fusibile (m)	sekering	[sekeriŋ]

filtro (m) dell'aria	filter udara	[filter udara]
filtro (m) dell'olio	filter oli	[filter oli]
filtro (m) del carburante	filter bahan bakar	[filter bahan bakar]

178. Automobili. Incidente. Riparazione

incidente (m)	kecelakaan mobil	[ketʃelaka'an mobil]
incidente (m) stradale	kecelakaan jalan raya	[ketʃelaka'an dʒalan raja]
sbattere contro ...	menabrak	[mənabra']
avere un incidente	mengalami kecelakaan	[məŋalami ketʃelaka'an]
danno (m)	kerusakan	[kerusakan]
illeso (agg)	tidak tersentuh	[tida' tərsentuh]

guasto (m), avaria (f)	kerusakan	[kerusakan]
essere rotto	rusak	[rusa']
cavo (m) di rimorchio	tali penyeret	[tali penjeret]

foratura (f)	ban bocor	[ban botʃor]
essere a terra	kempes	[kempes]
gonfiare (vt)	memompa	[memompa]
pressione (f)	tekanan	[tekanan]
controllare (verificare)	memeriksa	[memeriksa]

riparazione (f)	reparasi	[reparasi]
officina (f) meccanica	bengkel mobil	[beŋkel mobil]
pezzo (m) di ricambio	onderdil, suku cadang	[onderdil], [suku tʃadaŋ]
pezzo (m)	komponen	[komponen]

bullone (m)	baut	[baut]
bullone (m) a vite	sekrup	[sekrup]
dado (m)	mur	[mur]
rondella (f)	ring	[riŋ]
cuscinetto (m)	bantalan luncur	[bantalan luntʃur]

tubo (m)	pipa	[pipa]
guarnizione (f)	gasket	[gasket]
filo (m), cavo (m)	kabel, kawat	[kabel], [kawat]

cric (m)	dongkrak	[doŋkra']
chiave (f)	kunci pas	[kuntʃi pas]
martello (m)	martil, palu	[martil], [palu]
pompa (f)	pompa	[pompa]
giravite (m)	obeng	[obeŋ]
estintore (m)	pemadam api	[pemadam api]
triangolo (m) di emergenza	segi tiga pengaman	[segi tiga peŋaman]

spegnersi (vr)	mogok	[mogoʔ]
spegnimento (m) motore	mogok	[mogoʔ]
essere rotto	rusak	[rusaʔ]

surriscaldarsi (vr)	kepanasan	[kepanasan]
intasarsi (vr)	tersumbat	[tərsumbat]
ghiacciarsi (di tubi, ecc.)	membeku	[membeku]
spaccarsi (vr)	pecah	[petʃah]

pressione (f)	tekanan	[tekanan]
livello (m)	level	[level]
lento (cinghia ~a)	longgar	[loŋgar]

ammaccatura (f)	penyok	[penjoʔ]
battito (m) (nel motore)	ketukan	[ketukan]
fessura (f)	retak	[retaʔ]
graffiatura (f)	gores	[gores]

179. Automobili. Strada

strada (f)	jalan	[dʒ'alan]
autostrada (f)	jalan raya	[dʒ'alan raja]
superstrada (f)	jalan raya	[dʒ'alan raja]
direzione (f)	arah	[arah]
distanza (f)	jarak	[dʒ'araʔ]

ponte (m)	jembatan	[dʒ'embatan]
parcheggio (m)	tempat parkir	[tempat parkir]
piazza (f)	lapangan	[lapaŋan]
svincolo (m)	jembatan simpang susun	[dʒ'embatan simpaŋ susun]
galleria (f), tunnel (m)	terowongan	[terowoŋan]

distributore (m) di benzina	SPBU, stasiun bensin	[es-pe-be-u], [stasjun bensin]
parcheggio (m)	tempat parkir	[tempat parkir]
pompa (f) di benzina	stasiun bahan bakar	[stasiun bahan bakar]
officina (f) meccanica	bengkel mobil	[beŋkel mobil]
fare benzina	mengisi bahan bakar	[məŋisi bahan bakar]
carburante (m)	bahan bakar	[bahan bakar]
tanica (f)	jeriken	[dʒ'eriken]

asfalto (m)	aspal	[aspal]
segnaletica (f) stradale	penandaan jalan	[penandaʔan dʒ'alan]
cordolo (m)	kerb jalan	[kerb dʒ'alan]
barriera (f) di sicurezza	pagar pematas	[pagar pematas]
fosso (m)	parit	[parit]
ciglio (m) della strada	bahu jalan	[bahu dʒ'alan]
lampione (m)	tiang lampu	[tiaŋ lampu]

guidare (~ un veicolo)	menyetir	[mənjetir]
girare (~ a destra)	membelok	[membeloʔ]
fare un'inversione a U	memutar arah	[memutar arah]
retromarcia (m)	mundur	[mundur]
suonare il clacson	membunyikan klakson	[membunjikan klakson]
colpo (m) di clacson	suara klakson	[suara klakson]

159

incastrarsi (vr)	terjebak	[tərdʒ'eba']
impantanarsi (vr)	terjebak	[tərdʒ'eba']
spegnere (~ il motore)	mematikan	[mematikan]

velocità (f)	kecepatan	[ketʃepatan]
superare i limiti di velocità	melebihi batas kecepatan	[melebihi batas ketʃepatan]
multare (vt)	memberikan surat tilang	[memberikan surat tilaŋ]
semaforo (m)	lampu lalu lintas	[lampu lalu lintas]
patente (f) di guida	Surat Izin Mengemudi, SIM	[surat izin meŋemudi], [sim]

passaggio (m) a livello	lintasan	[lintasan]
incrocio (m)	persimpangan	[pərsimpaŋan]
passaggio (m) pedonale	penyeberangan	[penjeberaŋan]
curva (f)	tikungan	[tikuŋan]
zona (f) pedonale	kawasan pejalan kaki	[kawasan pedʒ'alan kaki]

180. Segnaletica stradale

codice (m) stradale	peraturan lalu lintas	[peraturan lalu lintas]
segnale (m) stradale	rambu	[rambu]
sorpasso (m)	mendahului	[mendahului]
curva (f)	tikungan	[tikuŋan]
inversione ad U	putaran	[putaran]
rotatoria (f)	bundaran lalu lintas	[bundaran lalu lintas]

divieto d'accesso	Dilarang masuk	[dilaraŋ masu']
divieto di transito	Kendaraan dilarang masuk	[kendara'an dilaraŋ masu']
divieto di sorpasso	Dilarang mendahului	[dilaraŋ mendahului]
divieto di sosta	Dilarang parkir	[dilaraŋ parkir]
divieto di fermata	Dilarang berhenti	[dilaraŋ berhenti]

curva (f) pericolosa	tikungan tajam	[tikuŋan tadʒ'am]
discesa (f) ripida	turunan terjal	[turunan tərdʒ'al]
senso (m) unico	jalan satu arah	[dʒ'alan satu arah]
passaggio (m) pedonale	penyeberangan	[penjeberaŋan]
strada (f) scivolosa	jalan licin	[dʒ'alan litʃin]
dare la precedenza	beri jalan	[beri dʒ'alan]

GENTE. SITUAZIONI QUOTIDIANE

Situazioni quotidiane

181. Vacanze. Evento

festa (f)	perayaan	[pəraja'an]
festa (f) nazionale	hari besar nasional	[hari besar nasional]
festività (f) civile	hari libur	[hari libur]
festeggiare (vt)	merayakan	[merajakan]
avvenimento (m)	peristiwa, kejadian	[peristiwa], [kedʒ'adian]
evento (m) (organizzare un ~)	acara	[atʃara]
banchetto (m)	banket	[banket]
ricevimento (m)	resepsi	[resepsi]
festino (m)	pesta	[pesta]
anniversario (m)	hari jadi, HUT	[hari dʒ'adi], [ha-u-te]
giubileo (m)	yubileum	[yubileum]
festeggiare (vt)	merayakan	[merajakan]
Capodanno (m)	Tahun Baru	[tahun baru]
Buon Anno!	Selamat Tahun Baru!	[selamat tahun baru!]
Babbo Natale (m)	Sinterklas	[sinterklas]
Natale (m)	Natal	[natal]
Buon Natale!	Selamat Hari Natal!	[selamat hari natal!]
Albero (m) di Natale	pohon Natal	[pohon natal]
fuochi (m pl) artificiali	kembang api	[kembaŋ api]
nozze (f pl)	pernikahan	[pernikahan]
sposo (m)	mempelai lelaki	[mempelaj lelaki]
sposa (f)	mempelai perempuan	[mempelaj perempuan]
invitare (vt)	mengundang	[meŋundaŋ]
invito (m)	kartu undangan	[kartu undaŋan]
ospite (m)	tamu	[tamu]
andare a trovare	mengunjungi	[meŋundʒ'uŋi]
accogliere gli invitati	menyambut tamu	[menjambut tamu]
regalo (m)	hadiah	[hadiah]
offrire (~ un regalo)	memberi	[memberi]
ricevere i regali	menerima hadiah	[menerima hadiah]
mazzo (m) di fiori	buket	[buket]
auguri (m pl)	ucapan selamat	[utʃapan selamat]
augurare (vt)	mengucapkan selamat	[meŋutʃapkan selamat]
cartolina (f)	kartu ucapan selamat	[kartu utʃapan selamat]

| mandare una cartolina | mengirim kartu pos | [meɲirim kartu pos] |
| ricevere una cartolina | menerima kartu pos | [menerima kartu pos] |

brindisi (m)	toas	[toas]
offrire (~ qualcosa da bere)	menawari	[menawari]
champagne (m)	sampanye	[sampanje]

divertirsi (vr)	bersukaria	[bersukaria]
allegria (f)	keriangan, kegembiraan	[kerianan], [kegembira'an]
gioia (f)	kegembiraan	[kegembira'an]

| danza (f), ballo (m) | dansa, tari | [dansa], [tari] |
| ballare (vi, vt) | berdansa, menari | [berdansa], [menari] |

| valzer (m) | wals | [wals] |
| tango (m) | tango | [taŋo] |

182. Funerali. Sepoltura

cimitero (m)	pemakaman	[pemakaman]
tomba (f)	makam	[makam]
croce (f)	salib	[salib]
pietra (f) tombale	batu nisan	[batu nisan]
recinto (m)	pagar	[pagar]
cappella (f)	kapel	[kapel]

morte (f)	kematian	[kematian]
morire (vi)	mati, meninggal	[mati], [meniŋgal]
defunto (m)	almarhum	[almarhum]
lutto (m)	perkabungan	[perkabuŋan]

seppellire (vt)	memakamkan	[memakamkan]
sede (f) di pompe funebri	rumah duka	[rumah duka]
funerale (m)	pemakaman	[pemakaman]

corona (f) di fiori	karangan bunga	[karaŋan buŋa]
bara (f)	keranda	[keranda]
carro (m) funebre	mobil jenazah	[mobil dʒ'enazah]
lenzuolo (m) funebre	kain kafan	[kain kafan]

corteo (m) funebre	prosesi pemakaman	[prosesi pemakaman]
urna (f) funeraria	guci abu jenazah	[gutʃi abu dʒ'enazah]
crematorio (m)	krematorium	[krematorium]

necrologio (m)	obituarium	[obituarium]
piangere (vi)	menangis	[menaŋis]
singhiozzare (vi)	meratap	[meratap]

183. Guerra. Soldati

| plotone (m) | peleton | [peleton] |
| compagnia (f) | kompi | [kompi] |

reggimento (m)	resimen	[resimen]
esercito (m)	tentara	[tentara]
divisione (f)	divisi	[divisi]

| distaccamento (m) | pasukan | [pasukan] |
| armata (f) | tentara | [tentara] |

| soldato (m) | tentara, serdadu | [tentara], [serdadu] |
| ufficiale (m) | perwira | [pərwira] |

soldato (m) semplice	prajurit	[pradʒiurit]
sergente (m)	sersan	[sersan]
tenente (m)	letnan	[letnan]
capitano (m)	kapten	[kapten]
maggiore (m)	mayor	[major]
colonnello (m)	kolonel	[kolonel]
generale (m)	jenderal	[dʒienderal]

marinaio (m)	pelaut	[pelaut]
capitano (m)	kapten	[kapten]
nostromo (m)	bosman, bosun	[bosman], [bosun]

artigliere (m)	tentara artileri	[tentara artileri]
paracadutista (m)	pasukan penerjun	[pasukan penerdʒiun]
pilota (m)	pilot	[pilot]
navigatore (m)	navigator, penavigasi	[navigator], [penavigasi]
meccanico (m)	mekanik	[mekaniʔ]

geniere (m)	pencari ranjau	[pentʃari randʒiau]
paracadutista (m)	parasutis	[parasutis]
esploratore (m)	pengintai	[peɲintaj]
cecchino (m)	penembak jitu	[penembaʔ dʒitu]

pattuglia (f)	patroli	[patroli]
pattugliare (vt)	berpatroli	[berpatroli]
sentinella (f)	pengawal	[peɲawal]

| guerriero (m) | prajurit | [pradʒiurit] |
| patriota (m) | patriot | [patriot] |

| eroe (m) | pahlawan | [pahlawan] |
| eroina (f) | pahlawan wanita | [pahlawan wanita] |

| traditore (m) | pengkhianat | [peɲhianat] |
| tradire (vt) | mengkhianati | [məɲhianati] |

| disertore (m) | desertir | [desertir] |
| disertare (vi) | melakukan desersi | [melakukan desersi] |

mercenario (m)	tentara bayaran	[tentara bajaran]
recluta (f)	rekrut, calon tentara	[rekrut], [tʃalon tentara]
volontario (m)	sukarelawan	[sukarelawan]

ucciso (m)	korban meninggal	[korban meniŋgal]
ferito (m)	korban luka	[korban luka]
prigioniero (m) di guerra	tawanan perang	[tawanan peraŋ]

184. Guerra. Azioni militari. Parte 1

guerra (f)	perang	[peraŋ]
essere in guerra	berperang	[berperaŋ]
guerra (f) civile	perang saudara	[peraŋ saudara]
perfidamente	secara curang	[setʃara tʃuraŋ]
dichiarazione (f) di guerra	pernyataan perang	[pernjata'an peraŋ]
dichiarare (~ guerra)	menyatakan perang	[mənjatakan peraŋ]
aggressione (f)	agresi	[agresi]
attaccare (vt)	menyerang	[mənjeraŋ]
invadere (vt)	menduduki	[mənduduki]
invasore (m)	penduduk	[pendudu']
conquistatore (m)	penakluk	[penaklu']
difesa (f)	pertahanan	[pertahanan]
difendere (~ un paese)	mempertahankan	[mempertahankan]
difendersi (vr)	bertahan ...	[bertahan ...]
nemico (m)	musuh	[musuh]
avversario (m)	lawan	[lawan]
ostile (agg)	musuh	[musuh]
strategia (f)	strategi	[strategi]
tattica (f)	taktik	[takti']
ordine (m)	perintah	[perintah]
comando (m)	perintah	[perintah]
ordinare (vt)	memerintahkan	[memerintahkan]
missione (f)	tugas	[tugas]
segreto (agg)	rahasia	[rahasia]
battaglia (f)	pertempuran	[pertempuran]
combattimento (m)	pertempuran	[pertempuran]
attacco (m)	serangan	[seraŋan]
assalto (m)	serbuan	[serbuan]
assalire (vt)	menyerbu	[mənjerbu]
assedio (m)	kepungan	[kepuŋan]
offensiva (f)	serangan	[seraŋan]
passare all'offensiva	menyerang	[mənjeraŋ]
ritirata (f)	pengunduran	[peŋunduran]
ritirarsi (vr)	mundur	[mundur]
accerchiamento (m)	pengepungan	[peŋepuŋan]
accerchiare (vt)	mengepung	[məŋepuŋ]
bombardamento (m)	pengeboman	[peŋeboman]
lanciare una bomba	menjatuhkan bom	[məndʒatuhkan bom]
bombardare (vt)	mengebom	[məŋebom]
esplosione (f)	ledakan	[ledakan]
sparo (m)	tembakan	[tembakan]

| sparare un colpo | melepaskan | [melepaskan] |
| sparatoria (f) | penembakan | [penembakan] |

puntare su ...	membidik	[membidi']
puntare (~ una pistola)	mengarahkan	[məŋarahkan]
colpire (~ il bersaglio)	mengenai	[məŋenaj]

affondare (mandare a fondo)	menenggelamkan	[mənəŋgelamkan]
falla (f)	lubang	[lubaŋ]
affondare (andare a fondo)	karam	[karam]

fronte (m) (~ di guerra)	garis depan	[garis depan]
evacuazione (f)	evakuasi	[evakuasi]
evacuare (vt)	mengevakuasi	[məŋevakuasi]

trincea (f)	parit perlindungan	[parit pərlinduŋan]
filo (m) spinato	kawat berduri	[kawat bərduri]
sbarramento (m)	rintangan	[rintaŋan]
torretta (f) di osservazione	menara	[mənara]

ospedale (m) militare	rumah sakit militer	[rumah sakit militer]
ferire (vt)	melukai	[melukaj]
ferita (f)	luka	[luka]
ferito (m)	korban luka	[korban luka]
rimanere ferito	terluka	[tərluka]
grave (ferita ~)	parah	[parah]

185. Guerra. Azioni militari. Parte 2

prigionia (f)	tawanan	[tawanan]
fare prigioniero	menawan	[mənawan]
essere prigioniero	ditawan	[ditawan]
essere fatto prigioniero	tertawan	[tərtawan]

campo (m) di concentramento	kamp konsentrasi	[kamp konsentrasi]
prigioniero (m) di guerra	tawanan perang	[tawanan pəraŋ]
fuggire (vi)	melarikan diri	[melarikan diri]

tradire (vt)	mengkhianati	[məŋhianati]
traditore (m)	pengkhianat	[peŋhianat]
tradimento (m)	pengkhianatan	[peŋhianatan]

| fucilare (vt) | mengeksekusi | [məŋeksekusi] |
| fucilazione (f) | eksekusi | [eksekusi] |

divisa (f) militare	perlengkapan	[pərleŋkapan]
spallina (f)	epolet	[epolet]
maschera (f) antigas	masker gas	[masker gas]

radiotrasmettitore (m)	pemancar radio	[pemantʃar radio]
codice (m)	kode	[kode]
complotto (m)	kerahasiaan	[kerahasia'an]
parola (f) d'ordine	kata sandi	[kata sandi]
mina (f)	ranjau darat	[randʒʲau darat]

minare (~ la strada)	memasang ranjau	[memasaŋ randʒ'au]
campo (m) minato	padang yang dipenuhi ranjau	[padaŋ yaŋ dipenuhi randʒ'au]
allarme (m) aereo	peringatan serangan udara	[periŋatan seraŋan udara]
allarme (m)	alarm serangan udara	[alarm seraŋan udara]
segnale (m)	sinyal	[sinjal]
razzo (m) di segnalazione	roket sinyal	[roket sinjal]
quartier (m) generale	markas	[markas]
esplorazione (m)	pengintaian	[peŋintajan]
situazione (f)	keadaan	[keada'an]
rapporto (m)	laporan	[laporan]
agguato (m)	penyergapan	[penjergapan]
rinforzo (m)	bala bantuan	[bala bantuan]
bersaglio (m)	sasaran	[sasaran]
terreno (m) di caccia	lapangan tembak	[lapaŋan temba']
manovre (f pl)	latihan perang	[latihan peraŋ]
panico (m)	panik	[pani']
devastazione (f)	pengrusakan	[peŋrusakan]
distruzione (m)	penghancuran	[peŋhantʃuran]
distruggere (vt)	menghancurkan	[məŋhantʃurkan]
sopravvivere (vi, vt)	menyintas	[mənjintas]
disarmare (vt)	melucuti	[melutʃuti]
maneggiare (una pistola, ecc.)	mengendalikan	[məŋendalikan]
Attenti!	Siap!	[siap!]
Riposo!	Istirahat di tempat!	[istirahat di tempat!]
atto (m) eroico	keberanian	[keberanian]
giuramento (m)	sumpah	[sumpah]
giurare (vi)	bersumpah	[bərsumpah]
decorazione (f)	anugerah	[anugerah]
decorare (qn)	menganugerahi	[məŋanugerahi]
medaglia (f)	medali	[medali]
ordine (m) (~ al Merito)	bintang kehormatan	[bintaŋ kehormatan]
vittoria (f)	kemenangan	[kemenaŋan]
sconfitta (m)	kekalahan	[kekalahan]
armistizio (m)	gencatan senjata	[gentʃatan sendʒata]
bandiera (f)	bendera	[bendera]
gloria (f)	kehormatan	[kehormatan]
parata (f)	parade	[parade]
marciare (in parata)	berbaris	[bərbaris]

186. Armi

armi (f pl)	senjata	[sendʒata]
arma (f) da fuoco	senjata api	[sendʒata api]

arma (f) bianca	sejata tajam	[sedʒata tadʒam]
armi (f pl) chimiche	senjata kimia	[sendʒata kimia]
nucleare (agg)	nuklir	[nuklir]
armi (f pl) nucleari	senjata nuklir	[sendʒata nuklir]

| bomba (f) | bom | [bom] |
| bomba (f) atomica | bom atom | [bom atom] |

pistola (f)	pistol	[pistol]
fucile (m)	senapan	[senapan]
mitra (m)	senapan otomatis	[senapan otomatis]
mitragliatrice (f)	senapan mesin	[senapan mesin]

bocca (f)	moncong	[montʃoŋ]
canna (f)	laras	[laras]
calibro (m)	kaliber	[kaliber]

grilletto (m)	pelatuk	[pelatuʔ]
mirino (m)	pembidik	[pembidiʔ]
caricatore (m)	magasin	[magasin]
calcio (m)	pantat senapan	[pantat senapan]

| bomba (f) a mano | granat tangan | [granat taŋan] |
| esplosivo (m) | bahan peledak | [bahan peledaʔ] |

pallottola (f)	peluru	[peluru]
cartuccia (f)	patrun	[patrun]
carica (f)	isian	[isian]
munizioni (f pl)	amunisi	[amunisi]

bombardiere (m)	pesawat pengebom	[pesawat peŋebom]
aereo (m) da caccia	pesawat pemburu	[pesawat pemburu]
elicottero (m)	helikopter	[helikopter]

cannone (m) antiaereo	meriam penangkis serangan udara	[meriam penaŋkis seraŋan udara]
carro (m) armato	tank	[tanʔ]
cannone (m)	meriam tank	[meriam tanʔ]

artiglieria (f)	artileri	[artileri]
cannone (m)	meriam	[meriam]
mirare a ...	mengarahkan	[meŋarahkan]

proiettile (m)	peluru	[peluru]
granata (f) da mortaio	peluru mortir	[peluru mortir]
mortaio (m)	mortir	[mortir]
scheggia (f)	serpihan	[serpihan]

sottomarino (m)	kapal selam	[kapal selam]
siluro (m)	torpedo	[torpedo]
missile (m)	rudal	[rudal]

caricare (~ una pistola)	mengisi	[meŋisi]
sparare (vi)	menembak	[menembaʔ]
puntare su ...	membidik	[membidiʔ]
baionetta (f)	bayonet	[bajonet]

spada (f)	pedang rapier	[pedaŋ rapier]
sciabola (f)	pedang saber	[pedaŋ saber]
lancia (f)	lembing	[lembiŋ]
arco (m)	busur panah	[busur panah]
freccia (f)	anak panah	[ana' panah]
moschetto (m)	senapan lantak	[senapan lanta']
balestra (f)	busur silang	[busur silaŋ]

187. Gli antichi

primitivo (agg)	primitif	[primitif]
preistorico (agg)	prasejarah	[prasedʒʲarah]
antico (agg)	kuno	[kuno]

Età (f) della pietra	Zaman Batu	[zaman batu]
Età (f) del bronzo	Zaman Perunggu	[zaman pəruŋgu]
epoca (f) glaciale	Zaman Es	[zaman es]

tribù (f)	suku	[suku]
cannibale (m)	kanibal	[kanibal]
cacciatore (m)	pemburu	[pemburu]
cacciare (vt)	berburu	[bərburu]
mammut (m)	mamut	[mamut]

caverna (f), grotta (f)	gua	[gua]
fuoco (m)	api	[api]
falò (m)	api unggun	[api uŋgun]
pittura (f) rupestre	lukisan gua	[lukisan gua]

strumento (m) di lavoro	alat kerja	[alat kerdʒʲa]
lancia (f)	tombak	[tomba']
ascia (f) di pietra	kapak batu	[kapa' batu]
essere in guerra	berperang	[bərperaŋ]
addomesticare (vt)	menjinakkan	[məndʒina'kan]

idolo (m)	berhala	[bərhala]
idolatrare (vt)	memuja	[memudʒʲa]
superstizione (f)	takhayul	[tahajul]
rito (m)	upacara	[upatʃara]

evoluzione (f)	evolusi	[evolusi]
sviluppo (m)	perkembangan	[pərkembaŋan]

estinzione (f)	kehilangan	[kehilaŋan]
adattarsi (vr)	menyesuaikan diri	[mənjesuajkan diri]

archeologia (f)	arkeologi	[arkeologi]
archeologo (m)	arkeolog	[arkeolog]
archeologico (agg)	arkeologis	[arkeologis]

sito (m) archeologico	situs ekskavasi	[situs ekskavasi]
scavi (m pl)	ekskavasi	[ekskavasi]
reperto (m)	penemuan	[penemuan]
frammento (m)	fragmen	[fragmen]

188. Il Medio Evo

popolo (m)	rakyat	[rakjat]
popoli (m pl)	bangsa-bangsa	[baŋsa-baŋsa]
tribù (f)	suku	[suku]
tribù (f pl)	suku-suku	[suku-suku]

barbari (m pl)	kaum barbar	[kaum barbar]
galli (m pl)	kaum Gaul	[kaum gaul]
goti (m pl)	kaum Goth	[kaum got]
slavi (m pl)	kaum Slavia	[kaum slavia]
vichinghi (m pl)	kaum Viking	[kaum vikiŋ]

romani (m pl)	kaum Roma	[kaum roma]
romano (agg)	Romawi	[romawi]

bizantini (m pl)	kaum Byzantium	[kaum bizantium]
Bisanzio (m)	Byzantium	[bizantium]
bizantino (agg)	Byzantium	[bizantium]

imperatore (m)	kaisar	[kajsar]
capo (m)	pemimpin	[pemimpin]
potente (un re ~)	adikuasa, berkuasa	[adikuasa], [berkuasa]
re (m)	raja	[radʒ'a]
governante (m) (sovrano)	penguasa	[peŋuasa]

cavaliere (m)	ksatria	[ksatria]
feudatario (m)	tuan	[tuan]
feudale (agg)	feodal	[feodal]
vassallo (m)	vasal	[vasal]

duca (m)	duke	[duke]
conte (m)	earl	[earl]
barone (m)	baron	[baron]
vescovo (m)	uskup	[uskup]

armatura (f)	baju besi	[badʒ'u besi]
scudo (m)	perisai	[perisaj]
spada (f)	pedang	[pedaŋ]
visiera (f)	visor, topeng besi	[visor], [topeŋ besi]
cotta (f) di maglia	baju zirah	[badʒ'u zirah]

crociata (f)	Perang Salib	[peraŋ salib]
crociato (m)	kaum salib	[kaum salib]

territorio (m)	wilayah	[wilajah]
attaccare (vt)	menyerang	[menjeraŋ]
conquistare (vt)	menaklukkan	[menaklu'kan]
occupare (invadere)	menduduki	[menduduki]

assedio (m)	kepungan	[kepuŋan]
assediato (agg)	terkepung	[terkepuŋ]
assediare (vt)	mengepung	[meŋepuŋ]
inquisizione (f)	inkuisisi	[inkuisisi]
inquisitore (m)	inkuisitor	[inkuisitor]

tortura (f)	siksaan	[siksa'an]
crudele (agg)	kejam	[kedʒʲam]
eretico (m)	penganut bidah	[peŋanut bidah]
eresia (f)	bidah	[bidah]

navigazione (f)	pelayaran laut	[pelajaran laut]
pirata (m)	bajak laut	[badʒʲa' laut]
pirateria (f)	pembajakan	[pembadʒʲakan]
arrembaggio (m)	serangan terhadap kapal dari dekat	[seraŋan tərhadap kapal dari dekat]
bottino (m)	rampasan	[rampasan]
tesori (m)	harta karun	[harta karun]

scoperta (f)	penemuan	[penemuan]
scoprire (~ nuove terre)	menemukan	[mənemukan]
spedizione (f)	ekspedisi	[ekspedisi]

moschettiere (m)	musketir	[musketir]
cardinale (m)	kardinal	[kardinal]
araldica (f)	heraldik	[heraldi']
araldico (agg)	heraldik	[heraldi']

189. Leader. Capo. Le autorità

re (m)	raja	[radʒʲa]
regina (f)	ratu	[ratu]
reale (agg)	kerajaan, raja	[keradʒʲa'an], [radʒʲa]
regno (m)	kerajaan	[keradʒʲa'an]

| principe (m) | pangeran | [paŋeran] |
| principessa (f) | putri | [putri] |

presidente (m)	presiden	[presiden]
vicepresidente (m)	wakil presiden	[wakil presiden]
senatore (m)	senator	[senator]

monarca (m)	monark	[monar']
governante (m) (sovrano)	penguasa	[peŋuasa]
dittatore (m)	diktator	[diktator]
tiranno (m)	tiran	[tiran]
magnate (m)	magnat	[magnat]

direttore (m)	direktur	[direktur]
capo (m)	atasan	[atasan]
dirigente (m)	manajer	[manadʒʲer]
capo (m)	bos	[bos]
proprietario (m)	pemilik	[pemili']

leader (m)	pemimpin	[pemimpin]
capo (m) (~ delegazione)	kepala	[kepala]
autorità (f pl)	pihak berwenang	[piha' bərwenaŋ]
superiori (m pl)	atasan	[atasan]
governatore (m)	gabernur	[gabernur]
console (m)	konsul	[konsul]

diplomatico (m)	diplomat	[diplomat]
sindaco (m)	walikota	[walikota]
sceriffo (m)	sheriff	[ʃeriff]

imperatore (m)	kaisar	[kajsar]
zar (m)	tsar, raja	[tsar], [radʒia]
faraone (m)	firaun	[firaun]
khan (m)	khan	[han]

190. Strada. Via. Indicazioni

strada (f)	jalan	[dʒialan]
cammino (m)	jalan	[dʒialan]

superstrada (f)	jalan raya	[dʒialan raja]
autostrada (f)	jalan raya	[dʒialan raja]
strada (f) statale	jalan nasional	[dʒialan nasional]

strada (f) principale	jalan utama	[dʒialan utama]
strada (f) sterrata	jalan tanah	[dʒialan tanah]

viottolo (m)	jalan setapak	[dʒialan setapa']
sentiero (m)	jalan setapak	[dʒialan setapa']

Dove? (~ è?)	Di mana?	[di mana?]
Dove? (~ vai?)	Ke mana?	[ke mana?]
Di dove?, Da dove?	Dari mana?	[dari mana?]

direzione (f)	arah	[arah]
indicare (~ la strada)	menunjuk	[mənundʒiu']

a sinistra (girare ~)	ke kiri	[ke kiri]
a destra (girare ~)	ke kanan	[ke kanan]
dritto (avv)	terus lurus	[terus lurus]
indietro (tornare ~)	balik	[bali']

curva (f)	tikungan	[tikuŋan]
girare (~ a destra)	membelok	[membelo']
fare un'inversione a U	memutar arah	[memutar arah]

essere visibile	kelihatan	[kelihatan]
apparire (vi)	muncul	[muntʃul]

sosta (f) (breve fermata)	perhentian	[perhentian]
riposarsi, fermarsi (vr)	beristirahat	[beristirahat]
riposo (m)	istirahat	[istirahat]

perdersi (vr)	tersesat	[tərsesat]
portare verso ...	menuju ...	[mənudʒiu ...]
raggiungere (arrivare a)	sampai	[sampaj]
tratto (m) di strada	trayek	[trae']

asfalto (m)	aspal	[aspal]
cordolo (m)	kerb jalan	[kerb dʒialan]

fosso (m)	parit	[parit]
tombino (m)	lubang penutup jalan	[lubaŋ penutup dʒalan]
ciglio (m) della strada	bahu jalan	[bahu dʒalan]
buca (f)	lubang	[lubaŋ]

andare (a piedi)	berjalan	[bərdʒalan]
sorpassare (vt)	mendahului	[məndahului]

passo (m)	langkah	[laŋkah]
a piedi	berjalan kaki	[bərdʒalan kaki]

sbarrare (~ la strada)	merintangi	[merintaŋi]
sbarra (f)	palang jalan	[palaŋ dʒalan]
vicolo (m) cieco	jalan buntu	[dʒalan buntu]

191. Infrangere la legge. Criminali. Parte 1

bandito (m)	bandit	[bandit]
delitto (m)	kejahatan	[kedʒahatan]
criminale (m)	penjahat	[pendʒahat]

ladro (m)	pencuri	[pentʃuri]
rubare (vi, vt)	mencuri	[məntʃuri]
furto (m), ruberia (f)	pencurian	[pentʃurian]

rapire (vt)	menculik	[məntʃuliʔ]
rapimento (m)	penculikan	[pentʃulikan]
rapitore (m)	penculik	[pentʃuliʔ]

riscatto (m)	uang tebusan	[uaŋ tebusan]
chiedere il riscatto	menuntut uang tebusan	[mənuntut uaŋ tebusan]

rapinare (vt)	merampok	[merampoʔ]
rapina (f)	perampokan	[pərampokan]
rapinatore (m)	perampok	[pərampoʔ]

estorcere (vt)	memeras	[memeras]
estorsore (m)	pemeras	[pemeras]
estorsione (f)	pemerasan	[pemerasan]

uccidere (vt)	membunuh	[membunuh]
assassinio (m)	pembunuhan	[pembunuhan]
assassino (m)	pembunuh	[pembunuh]

sparo (m)	tembakan	[tembakan]
tirare un colpo	melepaskan	[melepaskan]
abbattere (con armi da fuoco)	menembak mati	[mənemba' mati]
sparare (vi)	menembak	[mənemba']
sparatoria (f)	penembakan	[penembakan]

incidente (m) (rissa, ecc.)	insiden, kejadian	[insiden], [kedʒadian]
rissa (f)	perkelahian	[pərkelahian]
Aiuto!	Tolong!	[toloŋ!]
vittima (f)	korban	[korban]

danneggiare (vt)	merusak	[merusaʔ]
danno (m)	kerusakan	[kerusakan]
cadavere (m)	jenazah, mayat	[dʒ'enazah], [majat]
grave (reato ~)	berat	[berat]

aggredire (vt)	menyerang	[menjeraŋ]
picchiare (vt)	memukul	[memukul]
malmenare (picchiare)	memukuli	[memukuli]
sottrarre (vt)	merebut	[merebut]
accoltellare a morte	menikam mati	[menikam mati]
mutilare (vt)	mencederai	[mentʃederaj]
ferire (vt)	melukai	[melukaj]

ricatto (m)	pemerasan	[pemerasan]
ricattare (vt)	memeras	[memeras]
ricattatore (m)	pemeras	[pemeras]

estorsione (f)	pemerasan	[pemerasan]
estortore (m)	pemeras	[pemeras]
gangster (m)	gangster, preman	[gaŋster], [preman]
mafia (f)	mafia	[mafia]

borseggiatore (m)	pencopet	[pentʃopet]
scassinatore (m)	perampok	[perampoʔ]
contrabbando (m)	penyelundupan	[penjelundupan]
contrabbandiere (m)	penyelundup	[penjelundup]

falsificazione (f)	pemalsuan	[pemalsuan]
falsificare (vt)	memalsukan	[memalsukan]
falso, falsificato (agg)	palsu	[palsu]

192. Infrangere la legge. Criminali. Parte 2

stupro (m)	pemerkosaan	[pemerkosaʔan]
stuprare (vt)	memerkosa	[memerkosa]
stupratore (m)	pemerkosa	[pemerkosa]
maniaco (m)	maniak	[maniaʔ]

prostituta (f)	pelacur	[pelatʃur]
prostituzione (f)	pelacuran	[pelatʃuran]
magnaccia (m)	germo	[germo]

drogato (m)	pecandu narkoba	[petʃandu narkoba]
trafficante (m) di droga	pengedar narkoba	[peŋedar narkoba]

far esplodere	meledakkan	[meledaʔkan]
esplosione (f)	ledakan	[ledakan]
incendiare (vt)	membakar	[membakar]
incendiario (m)	pelaku pembakaran	[pelaku pembakaran]

terrorismo (m)	terorisme	[terorisme]
terrorista (m)	teroris	[teroris]
ostaggio (m)	sandera	[sandera]
imbrogliare (vt)	menipu	[menipu]

imbroglio (m)	penipuan	[penipuan]
imbroglione (m)	penipu	[penipu]
corrompere (vt)	menyuap	[mənyuap]
corruzione (f)	penyuapan	[penyuapan]
bustarella (f)	uang suap, suapan	[uaŋ suap], [suapan]
veleno (m)	racun	[ratʃun]
avvelenare (vt)	meracuni	[meratʃuni]
avvelenarsi (vr)	meracuni diri sendiri	[meratʃuni diri sendiri]
suicidio (m)	bunuh diri	[bunuh diri]
suicida (m)	pelaku bunuh diri	[pelaku bunuh diri]
minacciare (vt)	mengancam	[mənantʃam]
minaccia (f)	ancaman	[antʃaman]
attentare (vi)	melakukan percobaan pembunuhan	[melakukan pərtʃoba'an pembunuhan]
attentato (m)	percobaan pembunuhan	[pərtʃoba'an pembunuhan]
rubare (~ una macchina)	mencuri	[məntʃuri]
dirottare (~ un aereo)	membajak	[membadʒˈaʔ]
vendetta (f)	dendam	[dendam]
vendicare (vt)	membalas dendam	[membalas dendam]
torturare (vt)	menyiksa	[mənjiksa]
tortura (f)	siksaan	[siksa'an]
maltrattare (vt)	menyiksa	[mənjiksa]
pirata (m)	bajak laut	[badʒˈa' laut]
teppista (m)	berandal	[bərandal]
armato (agg)	bersenjata	[bərsendʒˈata]
violenza (f)	kekerasan	[kekerasan]
illegale (agg)	ilegal	[ilegal]
spionaggio (m)	spionase	[spionase]
spiare (vi)	memata-matai	[memata-mataj]

193. Polizia. Legge. Parte 1

giustizia (f)	keadilan	[keadilan]
tribunale (m)	pengadilan	[peŋadilan]
giudice (m)	hakim	[hakim]
giurati (m)	anggota juri	[aŋgota dʒˈuri]
processo (m) con giuria	pengadilan juri	[peŋadilan dʒˈuri]
giudicare (vt)	mengadili	[məŋadili]
avvocato (m)	advokat, pengacara	[advokat], [penatʃara]
imputato (m)	terdakwa	[tərdakwa]
banco (m) degli imputati	bangku terdakwa	[baŋku tərdakwa]
accusa (f)	tuduhan	[tuduhan]
accusato (m)	terdakwa	[tərdakwa]

| condanna (f) | hukuman | [hukuman] |
| condannare (vt) | menjatuhkan hukuman | [məndʒatuhkan hukuman] |

colpevole (m)	bersalah	[bərsalah]
punire (vt)	menghukum	[məŋhukum]
punizione (f)	hukuman	[hukuman]

multa (f), ammenda (f)	denda	[denda]
ergastolo (m)	penjara seumur hidup	[pendʒara seumur hidup]
pena (f) di morte	hukuman mati	[hukuman mati]
sedia (f) elettrica	kursi listrik	[kursi listriʔ]
impiccagione (f)	tiang gantungan	[tiaŋ gantuŋan]

| giustiziare (vt) | menjalankan hukuman mati | [məndʒalankan hukuman mati] |
| esecuzione (f) | hukuman mati | [hukuman mati] |

prigione (f)	penjara	[pendʒara]
cella (f)	sel	[sel]
scorta (f)	pengawal	[peŋawal]
guardia (f) carceraria	sipir, penjaga penjara	[sipir], [pendʒaga pendʒara]
prigioniero (m)	tahanan	[tahanan]

| manette (f pl) | borgol | [borgol] |
| mettere le manette | memborgol | [memborgol] |

fuga (f)	pelarian	[pelarian]
fuggire (vi)	melarikan diri	[melarikan diri]
scomparire (vi)	menghilang	[məŋhilaŋ]
liberare (vt)	membebaskan	[membebaskan]
amnistia (f)	amnesti	[amnesti]

polizia (f)	polisi, kepolisian	[polisi], [kepolisian]
poliziotto (m)	polisi	[polisi]
commissariato (m)	kantor polisi	[kantor polisi]
manganello (m)	pentungan karet	[pentuŋan karet]
altoparlante (m)	pengeras suara	[peŋeras suara]

macchina (f) di pattuglia	mobil patroli	[mobil patroli]
sirena (f)	sirene	[sirene]
mettere la sirena	membunyikan sirene	[membunjikan sirene]
suono (m) della sirena	suara sirene	[suara sirene]

luogo (m) del crimine	tempat kejadian perkara	[tempat kedʒadian perkara]
testimone (m)	saksi	[saksi]
libertà (f)	kebebasan	[kebebasan]
complice (m)	kaki tangan	[kaki taŋan]
fuggire (vi)	melarikan diri	[melarikan diri]
traccia (f)	jejak	[dʒedʒaʔ]

194. Polizia. Legge. Parte 2

| ricerca (f) (~ di un criminale) | pencarian | [pentʃarian] |
| cercare (vt) | mencari ... | [mentʃari ...] |

175

sospetto (m)	kecurigaan	[ketʃuriga'an]
sospetto (agg)	mencurigakan	[mentʃurigakan]
fermare (vt)	menghentikan	[mǝŋhentikan]
arrestare (qn)	menahan	[mǝnahan]

causa (f)	kasus, perkara	[kasus], [pǝrkara]
inchiesta (f)	investigasi, penyidikan	[investigasi], [penjidikan]
detective (m)	detektif	[detektif]
investigatore (m)	penyidik	[penjidi']
versione (f)	hipotesis	[hipotesis]

movente (m)	motif	[motif]
interrogatorio (m)	interogasi	[interogasi]
interrogare (sospetto)	menginterogasi	[mǝŋinterogasi]
interrogare (vicini)	menanyai	[mǝnanjaj]
controllo (m) (~ di polizia)	pemeriksaan	[pemeriksa'an]

retata (f)	razia	[razia]
perquisizione (f)	penggeledahan	[peŋgeledahan]
inseguimento (m)	pengejaran, perburuan	[peɲedʒiaran], [pǝrburuan]
inseguire (vt)	mengejar	[mǝnedʒiar]
essere sulle tracce	melacak	[melatʃa']

arresto (m)	penahanan	[penahanan]
arrestare (qn)	menahan	[mǝnahan]
catturare (~ un ladro)	menangkap	[mǝnaŋkap]
cattura (f)	penangkapan	[penaŋkapan]

documento (m)	dokumen	[dokumen]
prova (f), reperto (m)	bukti	[bukti]
provare (vt)	membuktikan	[membuktikan]
impronta (f) del piede	jejak	[dʒiedʒia']
impronte (f pl) digitali	sidik jari	[sidi' dʒiari]
elemento (m) di prova	barang bukti	[baraŋ bukti]

alibi (m)	alibi	[alibi]
innocente (agg)	tidak bersalah	[tida' bersalah]
ingiustizia (f)	ketidakadilan	[ketidakadilan]
ingiusto (agg)	tidak adil	[tida' adil]

criminale (agg)	pidana	[pidana]
confiscare (vt)	menyita	[mǝnjita]
droga (f)	narkoba	[narkoba]
armi (f pl)	senjata	[sendʒiata]
disarmare (vt)	melucuti	[melutʃuti]
ordinare (vt)	memerintahkan	[memerintahkan]
sparire (vi)	menghilang	[mǝŋhilaŋ]

legge (f)	hukum	[hukum]
legale (agg)	sah	[sah]
illegale (agg)	tidak sah	[tida' sah]

responsabilità (f)	tanggung jawab	[taŋguŋ dʒiawab]
responsabile (agg)	bertanggung jawab	[bertaŋguŋ dʒiawab]

LA NATURA

La Terra. Parte 1

195. L'Universo

cosmo (m)	angkasa	[aŋkasa]
cosmico, spaziale (agg)	angkasa	[aŋkasa]
spazio (m) cosmico	ruang angkasa	[ruaŋ aŋkasa]
mondo (m)	dunia	[dunia]
universo (m)	jagat raya	[dʒagat raja]
galassia (f)	galaksi	[galaksi]
stella (f)	bintang	[bintaŋ]
costellazione (f)	gugusan bintang	[gugusan bintaŋ]
pianeta (m)	planet	[planet]
satellite (m)	satelit	[satelit]
meteorite (m)	meteorit	[meteorit]
cometa (f)	komet	[komet]
asteroide (m)	asteroid	[asteroid]
orbita (f)	orbit	[orbit]
ruotare (vi)	berputar	[berputar]
atmosfera (f)	atmosfer	[atmosfer]
il Sole	matahari	[matahari]
sistema (m) solare	tata surya	[tata surja]
eclisse (f) solare	gerhana matahari	[gerhana matahari]
la Terra	Bumi	[bumi]
la Luna	Bulan	[bulan]
Marte (m)	Mars	[mars]
Venere (f)	Venus	[venus]
Giove (m)	Yupiter	[yupiter]
Saturno (m)	Saturnus	[saturnus]
Mercurio (m)	Merkurius	[merkurius]
Urano (m)	Uranus	[uranus]
Nettuno (m)	Neptunus	[neptunus]
Plutone (m)	Pluto	[pluto]
Via (f) Lattea	Bimasakti	[bimasakti]
Orsa (f) Maggiore	Ursa Major	[ursa madʒor]
Stella (f) Polare	Bintang Utara	[bintaŋ utara]
marziano (m)	makhluk Mars	[mahlu' mars]
extraterrestre (m)	makhluk ruang angkasa	[mahlu' ruaŋ aŋkasa]

alieno (m)	alien, makhluk asing	[alien], [mahlu' asiŋ]
disco (m) volante	piring terbang	[piriŋ tərbaŋ]
nave (f) spaziale	kapal antariksa	[kapal antariksa]
stazione (f) spaziale	stasiun antariksa	[stasiun antariksa]
lancio (m)	peluncuran	[peluntʃuran]
motore (m)	mesin	[mesin]
ugello (m)	nosel	[nosel]
combustibile (m)	bahan bakar	[bahan bakar]
cabina (f) di pilotaggio	kokpit	[kokpit]
antenna (f)	antena	[antena]
oblò (m)	jendela	[dʒendela]
batteria (f) solare	sel surya	[sel surja]
scafandro (m)	pakaian antariksa	[pakajan antariksa]
imponderabilità (f)	keadaan tanpa bobot	[keada'an tanpa bobot]
ossigeno (m)	oksigen	[oksigen]
aggancio (m)	penggabungan	[peŋgabuŋan]
agganciarsi (vr)	bergabung	[bərgabuŋ]
osservatorio (m)	observatorium	[observatorium]
telescopio (m)	teleskop	[teleskop]
osservare (vt)	mengamati	[məŋamati]
esplorare (vt)	mengeksplorasi	[məŋeksplorasi]

196. La Terra

la Terra	Bumi	[bumi]
globo (m) terrestre	bola Bumi	[bola bumi]
pianeta (m)	planet	[planet]
atmosfera (f)	atmosfer	[atmosfer]
geografia (f)	geografi	[geografi]
natura (f)	alam	[alam]
mappamondo (m)	globe	[globe]
carta (f) geografica	peta	[peta]
atlante (m)	atlas	[atlas]
Europa (f)	Eropa	[eropa]
Asia (f)	Asia	[asia]
Africa (f)	Afrika	[afrika]
Australia (f)	Australia	[australia]
America (f)	Amerika	[amerika]
America (f) del Nord	Amerika Utara	[amerika utara]
America (f) del Sud	Amerika Selatan	[amerika selatan]
Antartide (f)	Antartika	[antartika]
Artico (m)	Arktika	[arktika]

197. Punti cardinali

nord (m)	utara	[utara]
a nord	ke utara	[ke utara]
al nord	di utara	[di utara]
del nord (agg)	utara	[utara]
sud (m)	selatan	[selatan]
a sud	ke selatan	[ke selatan]
al sud	di selatan	[di selatan]
del sud (agg)	selatan	[selatan]
ovest (m)	barat	[barat]
a ovest	ke barat	[ke barat]
all'ovest	di barat	[di barat]
dell'ovest, occidentale	barat	[barat]
est (m)	timur	[timur]
a est	ke timur	[ke timur]
all'est	di timur	[di timur]
dell'est, orientale	timur	[timur]

198. Mare. Oceano

mare (m)	laut	[laut]
oceano (m)	samudra	[samudra]
golfo (m)	teluk	[telu']
stretto (m)	selat	[selat]
terra (f) (terra firma)	daratan	[daratan]
continente (m)	benua	[benua]
isola (f)	pulau	[pulau]
penisola (f)	semenanjung, jazirah	[semenandʒ'uŋ], [dʒ'azirah]
arcipelago (m)	kepulauan	[kepulauan]
baia (f)	teluk	[telu']
porto (m)	pelabuhan	[pelabuhan]
laguna (f)	laguna	[laguna]
capo (m)	tanjung	[tandʒ'uŋ]
atollo (m)	pulau karang	[pulau karaŋ]
scogliera (f)	terumbu	[terumbu]
corallo (m)	karang	[karaŋ]
barriera (f) corallina	terumbu karang	[terumbu karaŋ]
profondo (agg)	dalam	[dalam]
profondità (f)	kedalaman	[kedalaman]
abisso (m)	jurang	[dʒ'uraŋ]
fossa (f) (~ delle Marianne)	palung	[paluŋ]
corrente (f)	arus	[arus]
circondare (vt)	berbatasan dengan	[berbatasan deŋan]

| litorale (m) | pantai | [pantaj] |
| costa (f) | pantai | [pantaj] |

alta marea (f)	air pasang	[air pasaŋ]
bassa marea (f)	air surut	[air surut]
banco (m) di sabbia	beting	[betiŋ]
fondo (m)	dasar	[dasar]

onda (f)	gelombang	[gelombaŋ]
cresta (f) dell'onda	puncak gelombang	[puntʃaʔ gelombaŋ]
schiuma (f)	busa, buih	[busa], [buih]

tempesta (f)	badai	[badaj]
uragano (m)	topan	[topan]
tsunami (m)	tsunami	[tsunami]
bonaccia (f)	angin tenang	[aŋin tenaŋ]
tranquillo (agg)	tenang	[tenaŋ]

| polo (m) | kutub | [kutub] |
| polare (agg) | kutub | [kutub] |

latitudine (f)	lintang	[lintaŋ]
longitudine (f)	garis bujur	[garis budʒʲur]
parallelo (m)	sejajar	[sedʒʲadʒʲar]
equatore (m)	khatulistiwa	[hatulistiwa]

cielo (m)	langit	[laŋit]
orizzonte (m)	horizon	[horizon]
aria (f)	udara	[udara]

faro (m)	mercusuar	[mertʃusuar]
tuffarsi (vr)	menyelam	[menjelam]
affondare (andare a fondo)	karam	[karam]
tesori (m)	harta karun	[harta karun]

199. Nomi dei mari e degli oceani

Oceano (m) Atlantico	Samudra Atlantik	[samudra atlantiʔ]
Oceano (m) Indiano	Samudra Hindia	[samudra hindia]
Oceano (m) Pacifico	Samudra Pasifik	[samudra pasifiʔ]
mar (m) Glaciale Artico	Samudra Arktik	[samudra arktiʔ]

mar (m) Nero	Laut Hitam	[laut hitam]
mar (m) Rosso	Laut Merah	[laut merah]
mar (m) Giallo	Laut Kuning	[laut kuniŋ]
mar (m) Bianco	Laut Putih	[laut putih]

mar (m) Caspio	Laut Kaspia	[laut kaspia]
mar (m) Morto	Laut Mati	[laut mati]
mar (m) Mediterraneo	Laut Tengah	[laut teŋah]

mar (m) Egeo	Laut Aegean	[laut aegean]
mar (m) Adriatico	Laut Adriatik	[laut adriatiʔ]
mar (m) Arabico	Laut Arab	[laut arab]

mar (m) del Giappone	Laut Jepang	[laut dʒʲepaŋ]
mare (m) di Bering	Laut Bering	[laut beriŋ]
mar (m) Cinese meridionale	Laut Cina Selatan	[laut tʃina selatan]
mar (m) dei Coralli	Laut Karang	[laut karaŋ]
mar (m) di Tasman	Laut Tasmania	[laut tasmania]
mar (m) dei Caraibi	Laut Karibia	[laut karibia]
mare (m) di Barents	Laut Barents	[laut barents]
mare (m) di Kara	Laut Kara	[laut kara]
mare (m) del Nord	Laut Utara	[laut utara]
mar (m) Baltico	Laut Baltik	[laut baltiʔ]
mare (m) di Norvegia	Laut Norwegia	[laut norwegia]

200. Montagne

monte (m), montagna (f)	gunung	[gunuŋ]
catena (f) montuosa	jajaran gunung	[dʒʲadʒʲaran gunuŋ]
crinale (m)	sisir gunung	[sisir gunuŋ]
cima (f)	puncak	[puntʃaʔ]
picco (m)	puncak	[puntʃaʔ]
piedi (m pl)	kaki	[kaki]
pendio (m)	lereng	[lereŋ]
vulcano (m)	gunung api	[gunuŋ api]
vulcano (m) attivo	gunung api yang aktif	[gunuŋ api yaŋ aktif]
vulcano (m) inattivo	gunung api yang tidak aktif	[gunuŋ api yaŋ tidaʔ aktif]
eruzione (f)	erupsi, letusan	[erupsi], [letusan]
cratere (m)	kawah	[kawah]
magma (m)	magma	[magma]
lava (f)	lava, lahar	[lava], [lahar]
fuso (lava ~a)	pijar	[pidʒʲar]
canyon (m)	kanyon	[kanjon]
gola (f)	jurang	[dʒʲuraŋ]
crepaccio (m)	celah	[tʃelah]
precipizio (m)	jurang	[dʒʲuraŋ]
passo (m), valico (m)	pass, celah	[pass], [tʃelah]
altopiano (m)	plato, dataran tinggi	[plato], [dataran tiŋgi]
falesia (f)	tebing	[tebiŋ]
collina (f)	bukit	[bukit]
ghiacciaio (m)	gletser	[gletser]
cascata (f)	air terjun	[air tərdʒʲun]
geyser (m)	geiser	[geyser]
lago (m)	danau	[danau]
pianura (f)	dataran	[dataran]
paesaggio (m)	landskap	[landskap]
eco (f)	gema	[gema]

alpinista (m)	pendaki gunung	[pendaki gunuŋ]
scalatore (m)	pemanjat tebing	[pemandʒat tebiŋ]
conquistare (~ una cima)	menaklukkan	[mənakluˀkan]
scalata (f)	pendakian	[pendakian]

201. Nomi delle montagne

Alpi (f pl)	Alpen	[alpen]
Monte (m) Bianco	Mont Blanc	[mon blan]
Pirenei (m pl)	Pirenia	[pirenia]

Carpazi (m pl)	Pegunungan Karpatia	[pegunuŋan karpatia]
gli Urali (m pl)	Pegunungan Ural	[pegunuŋan ural]
Caucaso (m)	Kaukasus	[kaukasus]
Monte (m) Elbrus	Elbrus	[elbrus]

Monti (m pl) Altai	Altai	[altaj]
Tien Shan (m)	Tien Shan	[tjen ʃan]
Pamir (m)	Pegunungan Pamir	[pegunuŋan pamir]
Himalaia (m)	Himalaya	[himalaja]
Everest (m)	Everest	[everest]

| Ande (f pl) | Andes | [andes] |
| Kilimangiaro (m) | Kilimanjaro | [kilimandʒaro] |

202. Fiumi

fiume (m)	sungai	[suŋaj]
fonte (f) (sorgente)	mata air	[mata air]
letto (m) (~ del fiume)	badan sungai	[badan suŋaj]
bacino (m)	basin	[basin]
sfociare nel ...	mengalir ke ...	[məŋalir ke ...]

| affluente (m) | anak sungai | [anaˀ suŋaj] |
| riva (f) | tebing sungai | [tebiŋ suŋaj] |

corrente (f)	arus	[arus]
a valle	ke hilir	[ke hilir]
a monte	ke hulu	[ke hulu]

inondazione (f)	banjir	[bandʒir]
piena (f)	banjir	[bandʒir]
straripare (vi)	membanjiri	[membandʒiri]
inondare (vt)	membanjiri	[membandʒiri]

| secca (f) | beting | [betiŋ] |
| rapida (f) | jeram | [dʒeram] |

diga (f)	dam, bendungan	[dam], [benduŋan]
canale (m)	kanal, terusan	[kanal], [terusan]
bacino (m) di riserva	waduk	[waduˀ]
chiusa (f)	pintu air	[pintu air]

specchio (m) d'acqua	kolam	[kolam]
palude (f)	rawa	[rawa]
pantano (m)	bencah, paya	[bentʃah], [paja]
vortice (m)	pusaran air	[pusaran air]

ruscello (m)	selokan	[selokan]
potabile (agg)	minum	[minum]
dolce (di acqua ~)	tawar	[tawar]

| ghiaccio (m) | es | [es] |
| ghiacciarsi (vr) | membeku | [membeku] |

203. Nomi dei fiumi

| Senna (f) | Seine | [seine] |
| Loira (f) | Loire | [loire] |

Tamigi (m)	Thames	[tems]
Reno (m)	Rein	[reyn]
Danubio (m)	Donau	[donau]

Volga (m)	Volga	[volga]
Don (m)	Don	[don]
Lena (f)	Lena	[lena]

Fiume (m) Giallo	Suang Kuning	[suaŋ kuniŋ]
Fiume (m) Azzurro	Yangtze	[yaŋtze]
Mekong (m)	Mekong	[mekoŋ]
Gange (m)	Gangga	[gaŋga]

Nilo (m)	Sungai Nil	[suŋaj nil]
Congo (m)	Kongo	[koŋo]
Okavango	Okavango	[okavaŋo]
Zambesi (m)	Zambezi	[zambezi]
Limpopo (m)	Limpopo	[limpopo]
Mississippi (m)	Mississippi	[misisipi]

204. Foresta

| foresta (f) | hutan | [hutan] |
| forestale (agg) | hutan | [hutan] |

foresta (f) fitta	hutan lebat	[hutan lebat]
boschetto (m)	hutan kecil	[hutan ketʃil]
radura (f)	pembukaan hutan	[pembuka'an hutan]

| roveto (m) | semak belukar | [sema' belukar] |
| boscaglia (f) | belukar | [belukar] |

sentiero (m)	jalan setapak	[dʒalan setapa']
calanco (m)	parit	[parit]
albero (m)	pohon	[pohon]

| foglia (f) | daun | [daun] |
| fogliame (m) | daun-daunan | [daun-daunan] |

caduta (f) delle foglie	daun berguguran	[daun berguguran]
cadere (vi)	luruh	[luruh]
cima (f)	puncak	[puntʃaʔ]

ramo (m), ramoscello (m)	cabang	[tʃabaŋ]
ramo (m)	dahan	[dahan]
gemma (f)	tunas	[tunas]
ago (m)	daun jarum	[daun dʒarum]
pigna (f)	buah pinus	[buah pinus]

cavità (f)	lubang pohon	[lubaŋ pohon]
nido (m)	sarang	[saraŋ]
tana (f) (del fox, ecc.)	lubang	[lubaŋ]

tronco (m)	batang	[bataŋ]
radice (f)	akar	[akar]
corteccia (f)	kulit	[kulit]
musco (m)	lumut	[lumut]

sradicare (vt)	mencabut	[mentʃabut]
abbattere (~ un albero)	menebang	[menebaŋ]
disboscare (vt)	deforestasi, penggundulan hutan	[deforestasi], [peŋgundulan hutan]
ceppo (m)	tunggul	[tuŋgul]

falò (m)	api unggun	[api uŋgun]
incendio (m) boschivo	kebakaran hutan	[kebakaran hutan]
spegnere (vt)	memadamkan	[memadamkan]

guardia (f) forestale	penjaga hutan	[pendʒaga hutan]
protezione (f)	perlindungan	[perlinduŋan]
proteggere (~ la natura)	melindungi	[melinduŋi]
bracconiere (m)	pemburu ilegal	[pemburu ilegal]
tagliola (f) (~ per orsi)	perangkap	[peraŋkap]

| raccogliere (vt) | memetik | [memetiʔ] |
| perdersi (vr) | tersesat | [tersesat] |

205. Risorse naturali

risorse (f pl) naturali	sumber daya alam	[sumber daja alam]
minerali (m pl)	bahan tambang	[bahan tambaŋ]
deposito (m) (~ di carbone)	endapan	[endapan]
giacimento (m) (~ petrolifero)	ladang	[ladaŋ]

estrarre (vt)	menambang	[menambaŋ]
estrazione (f)	pertambangan	[pertambaŋan]
minerale (m) grezzo	bijih	[bidʒih]
miniera (f)	tambang	[tambaŋ]
pozzo (m) di miniera	sumur tambang	[sumur tambaŋ]
minatore (m)	penambang	[penambaŋ]

gas (m)	gas	[gas]
gasdotto (m)	pipa saluran gas	[pipa saluran gas]

petrolio (m)	petroleum, minyak	[petroleum], [minja']
oleodotto (m)	pipa saluran minyak	[pipa saluran minja']
torre (f) di estrazione	sumur minyak	[sumur minja']
torre (f) di trivellazione	menara bor minyak	[mənara bor minja']
petroliera (f)	kapal tangki	[kapal taŋki]

sabbia (f)	pasir	[pasir]
calcare (m)	batu kapur	[batu kapur]
ghiaia (f)	kerikil	[kerikil]
torba (f)	gambut	[gambut]
argilla (f)	tanah liat	[tanah liat]
carbone (m)	arang	[araŋ]

ferro (m)	besi	[besi]
oro (m)	emas	[emas]
argento (m)	perak	[pera']
nichel (m)	nikel	[nikel]
rame (m)	tembaga	[tembaga]

zinco (m)	seng	[seŋ]
manganese (m)	mangan	[maŋan]
mercurio (m)	air raksa	[air raksa]
piombo (m)	timbal	[timbal]

minerale (m)	mineral	[mineral]
cristallo (m)	kristal, hablur	[kristal], [hablur]
marmo (m)	marmer	[marmer]
uranio (m)	uranium	[uranium]

La Terra. Parte 2

206. Tempo

tempo (m)	cuaca	[ʧuaʧa]
previsione (f) del tempo	prakiraan cuaca	[prakira'an ʧuaʧa]
temperatura (f)	temperatur, suhu	[temperatur], [suhu]
termometro (m)	termometer	[tərmometər]
barometro (m)	barometer	[barometer]
umido (agg)	lembap	[lembap]
umidità (f)	kelembapan	[kelembapan]
caldo (m), afa (f)	panas, gerah	[panas], [gerah]
molto caldo (agg)	panas terik	[panas təri']
fa molto caldo	panas	[panas]
fa caldo	hangat	[haŋat]
caldo, mite (agg)	hangat	[haŋat]
fa freddo	dingin	[diŋin]
freddo (agg)	dingin	[diŋin]
sole (m)	matahari	[matahari]
splendere (vi)	bersinar	[bərsinar]
di sole (una giornata ~)	cerah	[ʧerah]
sorgere, levarsi (vr)	terbit	[terbit]
tramontare (vi)	terbenam	[tərbenam]
nuvola (f)	awan	[awan]
nuvoloso (agg)	berawan	[bərawan]
nube (f) di pioggia	awan mendung	[awan menduŋ]
nuvoloso (agg)	mendung	[menduŋ]
pioggia (f)	hujan	[hudʒian]
piove	hujan turun	[hudʒian turun]
piovoso (agg)	hujan	[hudʒian]
piovigginare (vi)	gerimis	[gerimis]
pioggia (f) torrenziale	hujan lebat	[hudʒian lebat]
acquazzone (m)	hujan lebat	[hudʒian lebat]
forte (una ~ pioggia)	lebat	[lebat]
pozzanghera (f)	kubangan	[kubaŋan]
bagnarsi (~ sotto la pioggia)	kehujanan	[kehudʒianan]
foschia (f), nebbia (f)	kabut	[kabut]
nebbioso (agg)	berkabut	[berkabut]
neve (f)	salju	[saldʒiu]
nevica	turun salju	[turun saldʒiu]

207. Rigide condizioni metereologiche. Disastri naturali

temporale (m)	hujan badai	[huʤan badaj]
fulmine (f)	kilat	[kilat]
lampeggiare (vi)	berkilau	[bərkilau]
tuono (m)	petir	[petir]
tuonare (vi)	bergemuruh	[bərgemuruh]
tuona	bergemuruh	[bərgemuruh]
grandine (f)	hujan es	[huʤan es]
grandina	hujan es	[huʤan es]
inondare (vt)	membanjiri	[membanʤiri]
inondazione (f)	banjir	[banʤir]
terremoto (m)	gempa bumi	[gempa bumi]
scossa (f)	gempa	[gempa]
epicentro (m)	episentrum	[episentrum]
eruzione (f)	erupsi, letusan	[erupsi], [letusan]
lava (f)	lava, lahar	[lava], [lahar]
tromba (f) d'aria	puting beliung	[putiŋ beliuŋ]
tornado (m)	tornado	[tornado]
tifone (m)	topan	[topan]
uragano (m)	topan	[topan]
tempesta (f)	badai	[badaj]
tsunami (m)	tsunami	[tsunami]
ciclone (m)	siklon	[siklon]
maltempo (m)	cuaca buruk	[ʧuaʧa buruʔ]
incendio (m)	kebakaran	[kebakaran]
disastro (m)	bencana	[benʧana]
meteorite (m)	meteorit	[meteorit]
valanga (f)	longsor	[loŋsor]
slavina (f)	salju longsor	[salʤu loŋsor]
tempesta (f) di neve	badai salju	[badaj salʤu]
bufera (f) di neve	badai salju	[badaj salʤu]

208. Rumori. Suoni

silenzio (m)	kesunyian	[kesunjian]
suono (m)	bunyi	[bunji]
rumore (m)	bising	[bisiŋ]
far rumore	membuat bising	[membuat bisiŋ]
rumoroso (agg)	bising	[bisiŋ]
ad alta voce (parlare ~)	keras	[keras]
alto (voce ~a)	lantang	[lantaŋ]
costante (agg)	terus menerus	[terus menerus]

grido (m)	teriakan	[təriakan]
gridare (vi)	berteriak	[bərteria⁊]
sussurro (m)	bisikan	[bisikan]
sussurrare (vi, vt)	berbisik	[bərbisi⁊]
abbaiamento (m)	salak	[sala⁊]
abbaiare (vi)	menyalak	[mənjala⁊]
gemito (m) (~ di dolore)	rintihan	[rintihan]
gemere (vi)	merintih	[merintih]
tosse (f)	batuk	[batu⁊]
tossire (vi)	batuk	[batu⁊]
fischio (m)	siulan	[siulan]
fischiare (vi)	bersiul	[bərsiul]
bussata (f)	ketukan	[ketukan]
bussare (vi)	mengetuk	[mənŋetuʲ]
crepitare (vi)	retak	[reta⁊]
crepitio (m)	gemeretak	[gemereta⁊]
sirena (f)	sirene	[sirene]
sirena (f) (di fabbrica)	peluit	[peluit]
emettere un fischio	membunyikan peluit	[membunjikan peluit]
colpo (m) di clacson	klakson	[klakson]
clacsonare (vi)	membunyikan klakson	[membunjikan klakson]

209. Inverno

inverno (m)	musim dingin	[musim diŋin]
invernale (agg)	musim dingin	[musim diŋin]
d'inverno	pada musim dingin	[pada musim diŋin]
neve (f)	salju	[saldʒʲu]
nevica	turun salju	[turun saldʒʲu]
nevicata (f)	hujan salju	[hudʒʲan saldʒʲu]
mucchio (m) di neve	timbunan salju	[timbunan saldʒʲu]
fiocco (m) di neve	kepingan salju	[kepiŋan saldʒʲu]
palla (f) di neve	bola salju	[bola saldʒʲu]
pupazzo (m) di neve	patung salju	[patuŋ saldʒʲu]
ghiacciolo (m)	tetes air beku	[tetes air beku]
dicembre (m)	Desember	[desember]
gennaio (m)	Januari	[dʒʲanuari]
febbraio (m)	Februari	[februari]
gelo (m)	dingin	[diŋin]
gelido (aria ~a)	dingin	[diŋin]
sotto zero	di bawah nol	[di bawah nol]
primi geli (m pl)	es pertama	[es pertama]
brina (f)	embun beku	[embun beku]
freddo (m)	cuaca dingin	[tʃuatʃa diŋin]

fa freddo	dingin	[diɲin]
pelliccia (f)	mantel bulu	[mantel bulu]
manopole (f pl)	sarung tangan	[saruŋ taŋan]
ammalarsi (vr)	sakit, jatuh sakit	[sakit], [dʒatuh sakit]
raffreddore (m)	pilek, selesma	[pilek], [selesma]
raffreddarsi (vr)	masuk angin	[masu' aŋin]
ghiaccio (m)	es	[es]
ghiaccio (m) trasparente	es hitam	[es hitam]
ghiacciarsi (vr)	membeku	[membeku]
banco (m) di ghiaccio	gumpalan es terapung	[gumpalan es terapuŋ]
sci (m pl)	ski	[ski]
sciatore (m)	pemain ski	[pemajn ski]
sciare (vi)	bermain ski	[bərmajn ski]
pattinare (vi)	berseluncur	[bərseluntʃur]

Fauna

210. Mammiferi. Predatori

predatore (m)	predator, pemangsa	[predator], [pemaŋsa]
tigre (f)	harimau	[harimau]
leone (m)	singa	[siŋa]
lupo (m)	serigala	[serigala]
volpe (m)	rubah	[rubah]
giaguaro (m)	jaguar	[dʒˈaguar]
leopardo (m)	leopard, macan tutul	[leopard], [matʃan tutul]
ghepardo (m)	cheetah	[tʃeetah]
pantera (f)	harimau kumbang	[harimau kumbaŋ]
puma (f)	singa gunung	[siŋa gunuŋ]
leopardo (m) delle nevi	harimau bintang salju	[harimau bintaŋ saldʒˈu]
lince (f)	lynx	[links]
coyote (m)	koyote	[koyot]
sciacallo (m)	jakal	[dʒˈakal]
iena (f)	hiena	[hiena]

211. Animali selvatici

animale (m)	binatang	[binataŋ]
bestia (f)	binatang buas	[binataŋ buas]
scoiattolo (m)	bajing	[badʒiŋ]
riccio (m)	landak susu	[landaʔ susu]
lepre (f)	terwelu	[tɘrwelu]
coniglio (m)	kelinci	[kelintʃi]
tasso (m)	luak	[luaʔ]
procione (f)	rakun	[rakun]
criceto (m)	hamster	[hamster]
marmotta (f)	marmut	[marmut]
talpa (f)	tikus mondok	[tikus mondoʔ]
topo (m)	tikus	[tikus]
ratto (m)	tikus besar	[tikus besar]
pipistrello (m)	kelelawar	[kelelawar]
ermellino (m)	ermin	[ermin]
zibellino (m)	sabel	[sabel]
martora (f)	marten	[marten]
donnola (f)	musang	[musaŋ]
visone (m)	cerpelai	[tʃerpelaj]

| castoro (m) | beaver | [beaver] |
| lontra (f) | berang-berang | [bəraŋ-bəraŋ] |

cavallo (m)	kuda	[kuda]
alce (m)	rusa besar	[rusa besar]
cervo (m)	rusa	[rusa]
cammello (m)	unta	[unta]

bisonte (m) americano	bison	[bison]
bisonte (m) europeo	aurochs	[oroks]
bufalo (m)	kerbau	[kerbau]

zebra (f)	kuda belang	[kuda belaŋ]
antilope (f)	antelop	[antelop]
capriolo (m)	kijang	[kidʒʲaŋ]
daino (m)	rusa	[rusa]
camoscio (m)	chamois	[ʃemva]
cinghiale (m)	babi hutan jantan	[babi hutan dʒʲantan]

balena (f)	ikan paus	[ikan paus]
foca (f)	anjing laut	[andʒiŋ laut]
tricheco (m)	walrus	[walrus]
otaria (f)	anjing laut berbulu	[andʒiŋ laut bərbulu]
delfino (m)	lumba-lumba	[lumba-lumba]

orso (m)	beruang	[bəruaŋ]
orso (m) bianco	beruang kutub	[bəruaŋ kutub]
panda (m)	panda	[panda]

scimmia (f)	monyet	[monjet]
scimpanzè (m)	simpanse	[simpanse]
orango (m)	orang utan	[oraŋ utan]
gorilla (m)	gorila	[gorila]
macaco (m)	kera	[kera]
gibbone (m)	siamang, ungka	[siamaŋ], [uŋka]

elefante (m)	gajah	[gadʒʲah]
rinoceronte (m)	badak	[badaʔ]
giraffa (f)	jerapah	[dʒʲerapah]
ippopotamo (m)	kuda nil	[kuda nil]

| canguro (m) | kanguru | [kaŋuru] |
| koala (m) | koala | [koala] |

mangusta (f)	garangan	[garaŋan]
cincillà (f)	chinchilla	[tʃintʃilla]
moffetta (f)	sigung	[siguŋ]
istrice (m)	landak	[landaʔ]

212. Animali domestici

gatta (f)	kucing betina	[kutʃiŋ betina]
gatto (m)	kucing jantan	[kutʃiŋ dʒʲantan]
cane (m)	anjing	[andʒiŋ]

cavallo (m)	kuda	[kuda]
stallone (m)	kuda jantan	[kuda dʒʲantan]
giumenta (f)	kuda betina	[kuda betina]
mucca (f)	sapi	[sapi]
toro (m)	sapi jantan	[sapi dʒʲantan]
bue (m)	lembu jantan	[lembu dʒʲantan]
pecora (f)	domba	[domba]
montone (m)	domba jantan	[domba dʒʲantan]
capra (f)	kambing betina	[kambiŋ betina]
caprone (m)	kambing jantan	[kambiŋ dʒʲantan]
asino (m)	keledai	[keledaj]
mulo (m)	bagal	[bagal]
porco (m)	babi	[babi]
porcellino (m)	anak babi	[anaʔ babi]
coniglio (m)	kelinci	[kelintʃi]
gallina (f)	ayam betina	[ajam betina]
gallo (m)	ayam jago	[ajam dʒʲago]
anatra (f)	bebek	[bebeʔ]
maschio (m) dell'anatra	bebek jantan	[bebeʔ dʒʲantan]
oca (f)	angsa	[aŋsa]
tacchino (m)	kalkun jantan	[kalkun dʒʲantan]
tacchina (f)	kalkun betina	[kalkun betina]
animali (m pl) domestici	binatang piaraan	[binataŋ piaraʔan]
addomesticato (agg)	jinak	[dʒinaʔ]
addomesticare (vt)	menjinakkan	[mendʒinaʔkan]
allevare (vt)	membiakkan	[membiaʔkan]
fattoria (f)	peternakan	[peternakan]
pollame (m)	unggas	[uŋgas]
bestiame (m)	ternak	[ternaʔ]
branco (m), mandria (f)	kawanan	[kawanan]
scuderia (f)	kandang kuda	[kandaŋ kuda]
porcile (m)	kandang babi	[kandaŋ babi]
stalla (f)	kandang sapi	[kandaŋ sapi]
conigliera (f)	sangkar kelinci	[saŋkar kelintʃi]
pollaio (m)	kandang ayam	[kandaŋ ajam]

213. Cani. Razze canine

cane (m)	anjing	[andʒiŋ]
cane (m) da pastore	anjing gembala	[andʒiŋ gembala]
pastore (m) tedesco	anjing gembala jerman	[andʒiŋ gembala dʒʲerman]
barbone (m)	pudel	[pudel]
bassotto (m)	anjing tekel	[andʒiŋ tekel]
bulldog (m)	buldog	[buldog]

boxer (m)	**boxer**	[bokser]
mastino (m)	**Mastiff**	[mastiff]
rottweiler (m)	**Rottweiler**	[rotweyler]
dobermann (m)	**Doberman**	[doberman]
bassotto (m)	**Basset**	[basset]
bobtail (m)	**bobtail**	[bobteyl]
dalmata (m)	**Dalmatian**	[dalmatian]
cocker (m)	**Cocker Spaniel**	[koker spaniel]
terranova (m)	**Newfoundland**	[njufaundland]
sanbernardo (m)	**Saint Bernard**	[sen bərnar]
husky (m)	**Husky**	[haski]
chow chow (m)	**Chow Chow**	[ʧau ʧau]
volpino (m)	**Spitz**	[spits]
carlino (m)	**Pug**	[pag]

214. Versi emessi dagli animali

abbaiamento (m)	**salak**	[salaʔ]
abbaiare (vi)	**menyalak**	[mənjalaʔ]
miagolare (vi)	**mengeong**	[məŋeoŋ]
fare le fusa	**mendengkur**	[məndeŋkur]
muggire (vacca)	**melenguh**	[meleŋuh]
muggire (toro)	**menguak**	[məŋuaʔ]
ringhiare (vi)	**menggeram**	[məŋgeram]
ululato (m)	**auman**	[auman]
ululare (vi)	**mengaum**	[məŋaum]
guaire (vi)	**merengek**	[mereŋeʔ]
belare (pecora)	**mengembik**	[məŋembiʔ]
grugnire (maiale)	**menguik**	[məŋuiʔ]
squittire (vi)	**memekik**	[memekiʔ]
gracidare (rana)	**berdengkang**	[bərdeŋkaŋ]
ronzare (insetto)	**mendengung**	[məndeŋuŋ]
frinire (vi)	**mencicit**	[mənʧiʧit]

215. Cuccioli di animali

cucciolo (m)	**anak**	[anaʔ]
micino (m)	**anak kucing**	[anaʔ kuʧiŋ]
topolino (m)	**anak tikus**	[anaʔ tikus]
cucciolo (m) di cane	**anak anjing**	[anaʔ anʤiŋ]
leprotto (m)	**anak terwelu**	[anaʔ tərwelu]
coniglietto (m)	**anak kelinci**	[anaʔ kelinʧi]
cucciolo (m) di lupo	**anak serigala**	[anaʔ serigala]
cucciolo (m) di volpe	**anak rubah**	[anaʔ rubah]

cucciolo (m) di orso	anak beruang	[ana' bəruaŋ]
cucciolo (m) di leone	anak singa	[ana' siŋa]
cucciolo (m) di tigre	anak harimau	[ana' harimau]
elefantino (m)	anak gajah	[ana' gadʒ¡ah]

porcellino (m)	anak babi	[ana' babi]
vitello (m)	anak sapi	[ana' sapi]
capretto (m)	anak kambing	[ana' kambiŋ]
agnello (m)	anak domba	[ana' domba]
cerbiatto (m)	anak rusa	[ana' rusa]
cucciolo (m) di cammello	anak unta	[ana' unta]

piccolo (m) di serpente	anak ular	[ana' ular]
piccolo (m) di rana	anak katak	[ana' kata']

uccellino (m)	anak burung	[ana' buruŋ]
pulcino (m)	anak ayam	[ana' ajam]
anatroccolo (m)	anak bebek	[ana' bebe']

216. Uccelli

uccello (m)	burung	[buruŋ]
colombo (m), piccione (m)	burung dara	[buruŋ dara]
passero (m)	burung gereja	[buruŋ geredʒa]
cincia (f)	burung tit	[buruŋ tit]
gazza (f)	burung murai	[buruŋ muraj]

corvo (m)	burung raven	[buruŋ raven]
cornacchia (f)	burung gagak	[buruŋ gaga']
taccola (f)	burung gagak kecil	[buruŋ gaga' ketʃil]
corvo (m) nero	burung rook	[buruŋ roo']

anatra (f)	bebek	[bebe']
oca (f)	angsa	[aŋsa]
fagiano (m)	burung kuau	[buruŋ kuau]

aquila (f)	rajawali	[radʒ¡awali]
astore (m)	elang	[elaŋ]
falco (m)	alap-alap	[alap-alap]
grifone (m)	hering	[heriŋ]
condor (m)	kondor	[kondor]

cigno (m)	angsa	[aŋsa]
gru (f)	burung jenjang	[buruŋ dʒ¡endʒ¡aŋ]
cicogna (f)	bangau	[baŋau]

pappagallo (m)	burung nuri	[buruŋ nuri]
colibrì (m)	burung kolibri	[buruŋ kolibri]
pavone (m)	burung merak	[buruŋ mera']

struzzo (m)	burung unta	[buruŋ unta]
airone (m)	kuntul	[kuntul]
fenicottero (m)	burung flamingo	[buruŋ flamiŋo]
pellicano (m)	pelikan	[pelikan]

| usignolo (m) | burung bulbul | [buruŋ bulbul] |
| rondine (f) | burung walet | [buruŋ walet] |

tordo (m)	burung jalak	[buruŋ dʒ‘ala’]
tordo (m) sasello	burung jalak suren	[buruŋ dʒ‘ala’ suren]
merlo (m)	burung jalak hitam	[buruŋ dʒ‘ala’ hitam]

rondone (m)	burung apus-apus	[buruŋ apus-apus]
allodola (f)	burung lark	[buruŋ lar’]
quaglia (f)	burung puyuh	[buruŋ puyuh]

picchio (m)	burung pelatuk	[buruŋ pelatu’]
cuculo (m)	burung kukuk	[buruŋ kuku’]
civetta (f)	burung hantu	[buruŋ hantu]
gufo (m) reale	burung hantu bertanduk	[buruŋ hantu bertandu’]
urogallo (m)	burung murai kayu	[buruŋ muraj kaju]
fagiano (m) di monte	burung belibis hitam	[buruŋ belibis hitam]
pernice (f)	ayam hutan	[ajam hutan]

storno (m)	burung starling	[buruŋ starliŋ]
canarino (m)	burung kenari	[buruŋ kenari]
francolino (m) di monte	ayam hutan hazel	[ajam hutan hazel]
fringuello (m)	burung chaffinch	[buruŋ tʃaffintʃ]
ciuffolotto (m)	burung bullfinch	[buruŋ bullfintʃ]

gabbiano (m)	burung camar	[buruŋ tʃamar]
albatro (m)	albatros	[albatros]
pinguino (m)	penguin	[peŋuin]

217. Uccelli. Cinguettio e versi

cantare (vi)	menyanyi	[menjanji]
gridare (vi)	berteriak	[berteria’]
cantare (gallo)	berkokok	[berkoko’]
chicchirichì (m)	kukuruyuk	[kukuruyu’]

chiocciare (gallina)	berkotek	[berkote’]
gracchiare (vi)	berkaok-kaok	[berkao’-kao’]
fare qua qua	meleter	[meleter]
pigolare (vi)	berdecit	[berdetʃit]
cinguettare (vi)	berkicau	[berkitʃau]

218. Pesci. Animali marini

abramide (f)	ikan bream	[ikan bream]
carpa (f)	ikan karper	[ikan karper]
perca (f)	ikan tilapia	[ikan tilapia]
pesce (m) gatto	lais junggang	[lajs dʒ‘uŋgaŋ]
luccio (m)	ikan pike	[ikan paik]

| salmone (m) | salmon | [salmon] |
| storione (m) | ikan sturgeon | [ikan sturdʒ‘en] |

aringa (f)	ikan haring	[ikan hariŋ]
salmone (m)	ikan salem	[ikan salem]
scombro (m)	ikan kembung	[ikan kembuŋ]
sogliola (f)	ikan sebelah	[ikan sebelah]
lucioperca (f)	ikan seligi tenggeran	[ikan seligi teŋgeran]
merluzzo (m)	ikan kod	[ikan kod]
tonno (m)	tuna	[tuna]
trota (f)	ikan forel	[ikan forel]
anguilla (f)	belut	[belut]
torpedine (f)	ikan pari listrik	[ikan pari listriʔ]
murena (f)	belut moray	[belut morey]
piranha (f)	ikan piranha	[ikan piranha]
squalo (m)	ikan hiu	[ikan hiu]
delfino (m)	lumba-lumba	[lumba-lumba]
balena (f)	ikan paus	[ikan paus]
granchio (m)	kepiting	[kepitiŋ]
medusa (f)	ubur-ubur	[ubur-ubur]
polpo (m)	gurita	[gurita]
stella (f) marina	bintang laut	[bintaŋ laut]
riccio (m) di mare	landak laut	[landaʔ laut]
cavalluccio (m) marino	kuda laut	[kuda laut]
ostrica (f)	tiram	[tiram]
gamberetto (m)	udang	[udaŋ]
astice (m)	udang karang	[udaŋ karaŋ]
aragosta (f)	lobster berduri	[lobster berduri]

219. Anfibi. Rettili

serpente (m)	ular	[ular]
velenoso (agg)	berbisa	[bərbisa]
vipera (f)	ular viper	[ular viper]
cobra (m)	kobra	[kobra]
pitone (m)	ular sanca	[ular santʃa]
boa (m)	ular boa	[ular boa]
biscia (f)	ular tanah	[ular tanah]
serpente (m) a sonagli	ular derik	[ular deriʔ]
anaconda (f)	ular anakonda	[ular anakonda]
lucertola (f)	kadal	[kadal]
iguana (f)	iguana	[iguana]
varano (m)	biawak	[biawaʔ]
salamandra (f)	salamander	[salamander]
camaleonte (m)	bunglon	[buŋlon]
scorpione (m)	kalajengking	[kaladʒⁱeŋkiŋ]
tartaruga (f)	kura-kura	[kura-kura]
rana (f)	katak	[kataʔ]

| rospo (m) | kodok | [kodoʔ] |
| coccodrillo (m) | buaya | [buaja] |

220. Insetti

insetto (m)	serangga	[seraŋga]
farfalla (f)	kupu-kupu	[kupu-kupu]
formica (f)	semut	[semut]
mosca (f)	lalat	[lalat]
zanzara (f)	nyamuk	[njamuʔ]
scarabeo (m)	kumbang	[kumbaŋ]

vespa (f)	tawon	[tawon]
ape (f)	lebah	[lebah]
bombo (m)	kumbang	[kumbaŋ]
tafano (m)	lalat kerbau	[lalat kerbau]

| ragno (m) | laba-laba | [laba-laba] |
| ragnatela (f) | sarang laba-laba | [saraŋ laba-laba] |

libellula (f)	capung	[tʃapuŋ]
cavalletta (f)	belalang	[belalaŋ]
farfalla (f) notturna	ngengat	[ŋeŋat]

scarafaggio (m)	kecoa	[ketʃoa]
zecca (f)	kutu	[kutu]
pulce (f)	kutu loncat	[kutu lontʃat]
moscerino (m)	agas	[agas]

locusta (f)	belalang	[belalaŋ]
lumaca (f)	siput	[siput]
grillo (m)	jangkrik	[dʒʲaŋkriʔ]
lucciola (f)	kunang-kunang	[kunaŋ-kunaŋ]
coccinella (f)	kumbang koksi	[kumbaŋ koksi]
maggiolino (m)	kumbang Cockchafer	[kumbaŋ kokʃafer]

sanguisuga (f)	lintah	[lintah]
bruco (m)	ulat	[ulat]
verme (m)	cacing	[tʃatʃin]
larva (f)	larva	[larva]

221. Animali. Parti del corpo

becco (m)	paruh	[paruh]
ali (f pl)	sayap	[sajap]
zampa (f)	kaki	[kaki]
piumaggio (m)	bulu-bulu	[bulu-bulu]
penna (f), piuma (f)	bulu	[bulu]
cresta (f)	jambul	[dʒʲambul]

| branchia (f) | insang | [insaŋ] |
| uova (f pl) | telur ikan | [telur ikan] |

larva (f)	larva	[larva]
pinna (f)	sirip	[sirip]
squama (f)	sisik	[sisi']

zanna (f)	taring	[tariŋ]
zampa (f)	kaki	[kaki]
muso (m)	moncong	[montʃoŋ]
bocca (f)	mulut	[mulut]
coda (f)	ekor	[ekor]
baffi (m pl)	kumis	[kumis]

zoccolo (m)	tapak, kuku	[tapak], [kuku]
corno (m)	tanduk	[tandu']

carapace (f)	cangkang	[tʃaŋkaŋ]
conchiglia (f)	kerang	[keraŋ]
guscio (m) dell'uovo	kulit telur	[kulit telur]

pelo (m)	bulu	[bulu]
pelle (f)	kulit	[kulit]

222. Azioni degli animali

volare (vi)	terbang	[tərbaŋ]
volteggiare (vi)	berputar-putar	[bərputar-putar]

volare via	terbang	[tərbaŋ]
battere le ali	mengepakkan	[məŋepa'kan]

beccare (vi)	mematuk	[mematu']
covare (vt)	mengeram	[məŋeram]

sgusciare (vi)	menetas	[mənetas]
fare il nido	membuat sarang	[membuat saraŋ]

strisciare (vi)	merayap, merangkak	[merajap], [meraŋka']
pungere (insetto)	menyengat	[mənjeŋat]
mordere (vt)	menggigit	[məŋgigit]

fiutare (vt)	mencium	[məntʃium]
abbaiare (vi)	menyalak	[mənjala']
sibilare (vi)	mendesis	[məndesis]

spaventare (vt)	menakuti	[mənakuti]
attaccare (vt)	menyerang	[mənjeraŋ]

rodere (osso, ecc.)	menggerogoti	[məŋgerogoti]
graffiare (vt)	mencakar	[məntʃakar]
nascondersi (vr)	bersembunyi	[bərsembunji]

giocare (vi)	bermain	[bərmajn]
cacciare (vt)	berburu	[bərburu]
ibernare (vi)	hibernasi, tidur	[hibernasi], [tidur]
estinguersi (vr)	punah	[punah]

223. Animali. Ambiente naturale

ambiente (m) naturale	habitat	[habitat]
migrazione (f)	migrasi	[migrasi]
monte (m), montagna (f)	gunung	[gunuŋ]
scogliera (f)	terumbu	[terumbu]
falesia (f)	tebing	[tebiŋ]
foresta (f)	hutan	[hutan]
giungla (f)	rimba	[rimba]
savana (f)	sabana	[sabana]
tundra (f)	tundra	[tundra]
steppa (f)	stepa	[stepa]
deserto (m)	gurun	[gurun]
oasi (f)	oasis, oase	[oasis], [oase]
mare (m)	laut	[laut]
lago (m)	danau	[danau]
oceano (m)	samudra	[samudra]
palude (f)	rawa	[rawa]
di acqua dolce	air tawar	[air tawar]
stagno (m)	kolam	[kolam]
fiume (m)	sungai	[suŋaj]
tana (f) (dell'orso)	goa	[goa]
nido (m)	sarang	[saraŋ]
cavità (f) (~ in un albero)	lubang pohon	[lubaŋ pohon]
tana (f) (del fox, ecc.)	lubang	[lubaŋ]
formicaio (m)	sarang semut	[saraŋ semut]

224. Cura degli animali

zoo (m)	kebun binatang	[kebun binataŋ]
riserva (f) naturale	cagar alam	[ʧagar alam]
allevatore (m)	peternak, penangkar	[peternak], [penaŋkar]
gabbia (f) all'aperto	kandang terbuka	[kandaŋ terbuka]
gabbia (f)	sangkar	[saŋkar]
canile (m)	rumah anjing	[rumah anʤiŋ]
piccionaia (f)	rumah burung dara	[rumah buruŋ dara]
acquario (m)	akuarium	[akuarium]
delfinario (m)	dolfinarium	[dolfinarium]
allevare (vt)	mengembangbiakkan	[məŋembaŋbia'kan]
cucciolata (f)	mengerami	[məŋerami]
addomesticare (vt)	menjinakkan	[mənʤina'kan]
ammaestrare (vt)	melatih	[melatih]
mangime (m)	pakan	[pakan]
dare da mangiare	memberi pakan	[memberi pakan]

negozio (m) di animali	toko binatang piaraan	[toko binataŋ piara'an]
museruola (f)	berangus	[beraŋus]
collare (m)	kalung anjing	[kaluŋ andʒiŋ]
nome (m) (di un cane, ecc.)	nama	[nama]
pedigree (m)	silsilah, trah	[silsilah], [trah]

225. Animali. Varie

branco (m)	kawanan	[kawanan]
stormo (m)	kawanan	[kawanan]
banco (m)	kawanan	[kawanan]
mandria (f)	kawanan	[kawanan]
maschio (m)	jantan	[dʒʲantan]
femmina (f)	betina	[betina]
affamato (agg)	lapar	[lapar]
selvatico (agg)	liar	[liar]
pericoloso (agg)	berbahaya	[bərbahaja]

226. Cavalli

cavallo (m)	kuda	[kuda]
razza (f)	keturunan	[keturunan]
puledro (m)	anak kuda	[ana' kuda]
giumenta (f)	kuda betina	[kuda betina]
mustang (m)	mustang	[mustaŋ]
pony (m)	kuda poni	[kuda poni]
cavallo (m) da tiro pesante	kuda penarik	[kuda penari']
criniera (f)	surai	[suraj]
coda (f)	ekor	[ekor]
zoccolo (m)	tapak, kuku	[tapak], [kuku]
ferro (m) di cavallo	ladam	[ladam]
ferrare (vt)	memakaikan ladam	[memakajkan ladam]
fabbro (m)	tukang besi	[tukaŋ besi]
sella (f)	pelana	[pelana]
staffa (f)	sanggurdi	[saŋgurdi]
briglia (f)	kendali	[kendali]
redini (m pl)	tali kendali	[tali kendali]
frusta (f)	cemeti	[tʃemeti]
fantino (m)	penunggang	[penuŋgaŋ]
sellare (vt)	memelanai	[memelanaj]
montare in sella	berpelana	[bərpelana]
galoppo (m)	congklang	[derap]
galoppare (vi)	mencongklang	[məntʃoŋlaŋ]

trotto (m)	**derap, drap**	[derap], [drap]
andare al trotto	**menderap**	[mənderap]
cavallo (m) da corsa	**kuda pacuan**	[kuda paʧuan]
corse (f pl)	**pacuan kuda**	[paʧuan kuda]
scuderia (f)	**kandang kuda**	[kandaŋ kuda]
dare da mangiare	**memberi pakan**	[memberi pakan]
fieno (m)	**rumput kering**	[rumput keriŋ]
abbeverare (vt)	**memberi minum**	[memberi minum]
lavare (~ il cavallo)	**membersihkan**	[membersihkan]
carro (m)	**pedati**	[pedati]
pascolare (vi)	**bergembala**	[bərgembala]
nitrire (vi)	**meringkuk**	[meriŋkuʔ]
dare un calcio	**menendang**	[mənendaŋ]

Flora

227. Alberi

albero (m)	pohon	[pohon]
deciduo (agg)	daun luruh	[daun luruh]
conifero (agg)	pohon jarum	[pohon dʒarum]
sempreverde (agg)	selalu hijau	[selalu hidʒau]
melo (m)	pohon apel	[pohon apel]
pero (m)	pohon pir	[pohon pir]
ciliegio (m)	pohon ceri manis	[pohon tʃeri manis]
amareno (m)	pohon ceri asam	[pohon tʃeri asam]
prugno (m)	pohon plum	[pohon plum]
betulla (f)	pohon berk	[pohon berʔ]
quercia (f)	pohon eik	[pohon eiʔ]
tiglio (m)	pohon linden	[pohon linden]
pioppo (m) tremolo	pohon aspen	[pohon aspen]
acero (m)	pohon mapel	[pohon mapel]
abete (m)	pohon den	[pohon den]
pino (m)	pohon pinus	[pohon pinus]
larice (m)	pohon larch	[pohon lartʃ]
abete (m) bianco	pohon fir	[pohon fir]
cedro (m)	pohon aras	[pohon aras]
pioppo (m)	pohon poplar	[pohon poplar]
sorbo (m)	pohon rowan	[pohon rowan]
salice (m)	pohon dedalu	[pohon dedalu]
alno (m)	pohon alder	[pohon alder]
faggio (m)	pohon nothofagus	[pohon notofagus]
olmo (m)	pohon elm	[pohon elm]
frassino (m)	pohon abu	[pohon abu]
castagno (m)	kastanye	[kastanje]
magnolia (f)	magnolia	[magnolia]
palma (f)	palem	[palem]
cipresso (m)	pokok cipres	[pokoʔ sipres]
mangrovia (f)	bakau	[bakau]
baobab (m)	baobab	[baobab]
eucalipto (m)	kayu putih	[kaju putih]
sequoia (f)	sequoia	[sekuoia]

228. Arbusti

cespuglio (m)	rumpun	[rumpun]
arbusto (m)	semak	[semaʔ]

| vite (f) | pohon anggur | [pohon aŋgur] |
| vigneto (m) | kebun anggur | [kebun aŋgur] |

lampone (m)	pohon frambus	[pohon frambus]
ribes (m) nero	pohon blackcurrant	[pohon ble'karen]
ribes (m) rosso	pohon redcurrant	[pohon redkaren]
uva (f) spina	pohon arbei hijau	[pohon arbei hidʒ̍au]

acacia (f)	pohon akasia	[pohon akasia]
crespino (m)	pohon barberis	[pohon barberis]
gelsomino (m)	melati	[melati]

ginepro (m)	pohon juniper	[pohon dʒ̍uniper]
roseto (m)	pohon mawar	[pohon mawar]
rosa (f) canina	pohon mawar liar	[pohon mawar liar]

229. Funghi

fungo (m)	jamur	[dʒ̍amur]
fungo (m) commestibile	jamur makanan	[dʒ̍amur makanan]
fungo (m) velenoso	jamur beracun	[dʒ̍amur beratʃun]
cappello (m)	kepala jamur	[kepala dʒ̍amur]
gambo (m)	batang jamur	[bataŋ dʒ̍amur]

porcino (m)	jamur boletus	[dʒ̍amur boletus]
boleto (m) rufo	jamur topi jingga	[dʒ̍amur topi dʒiŋga]
porcinello (m)	jamur boletus berk	[dʒ̍amur boletus ber']
gallinaccio (m)	jamur chanterelle	[dʒ̍amur tʃanterelle]
rossola (f)	jamur rusula	[dʒ̍amur rusula]

spugnola (f)	jamur morel	[dʒ̍amur morel]
ovolaccio (m)	jamur Amanita muscaria	[dʒ̍amur amanita mustʃaria]
fungo (m) moscario	jamur topi kematian	[dʒ̍amur topi kematian]

230. Frutti. Bacche

| frutto (m) | buah | [buah] |
| frutti (m pl) | buah-buahan | [buah-buahan] |

mela (f)	apel	[apel]
pera (f)	pir	[pir]
prugna (f)	plum	[plum]

fragola (f)	stroberi	[stroberi]
amarena (f)	buah ceri asam	[buah tʃeri asam]
ciliegia (f)	buah ceri manis	[buah tʃeri manis]
uva (f)	buah anggur	[buah aŋgur]

lampone (m)	buah frambus	[buah frambus]
ribes (m) nero	blackcurrant	[ble'karen]
ribes (m) rosso	redcurrant	[redkaren]
uva (f) spina	buah arbei hijau	[buah arbei hidʒ̍au]

mirtillo (m) di palude	buah kranberi	[buah kranberi]
arancia (f)	jeruk manis	[dʒʲeruʔ manis]
mandarino (m)	jeruk mandarin	[dʒʲeruʔ mandarin]
ananas (m)	nanas	[nanas]
banana (f)	pisang	[pisaŋ]
dattero (m)	buah kurma	[buah kurma]

limone (m)	jeruk sitrun	[dʒʲeruʔ sitrun]
albicocca (f)	aprikot	[aprikot]
pesca (f)	persik	[persiʔ]
kiwi (m)	kiwi	[kiwi]
pompelmo (m)	jeruk Bali	[dʒʲeruʔ bali]

bacca (f)	buah beri	[buah beri]
bacche (f pl)	buah-buah beri	[buah-buah beri]
mirtillo (m) rosso	buah cowberry	[buah kowberi]
fragola (f) di bosco	stroberi liar	[stroberi liar]
mirtillo (m)	buah bilberi	[buah bilberi]

231. Fiori. Piante

| fiore (m) | bunga | [buŋa] |
| mazzo (m) di fiori | buket | [buket] |

rosa (f)	mawar	[mawar]
tulipano (m)	tulip	[tulip]
garofano (m)	bunga anyelir	[buŋa anjelir]
gladiolo (m)	bunga gladiol	[buŋa gladiol]

fiordaliso (m)	cornflower	[kornflawa]
campanella (f)	bunga lonceng biru	[buŋa lontʃeŋ biru]
soffione (m)	dandelion	[dandelion]
camomilla (f)	bunga margrit	[buŋa margrit]

aloe (m)	lidah buaya	[lidah buaja]
cactus (m)	kaktus	[kaktus]
ficus (m)	pohon ara	[pohon ara]

giglio (m)	bunga lili	[buŋa lili]
geranio (m)	geranium	[geranium]
giacinto (m)	bunga bakung lembayung	[buŋa bakuŋ lembajuŋ]

mimosa (f)	putri malu	[putri malu]
narciso (m)	bunga narsis	[buŋa narsis]
nasturzio (m)	bunga nasturtium	[buŋa nasturtium]

orchidea (f)	anggrek	[aŋgreʔ]
peonia (f)	bunga peoni	[buŋa peoni]
viola (f)	bunga violet	[buŋa violet]

viola (f) del pensiero	bunga pansy	[buŋa pansi]
nontiscordardimé (m)	bunga jangan-lupakan-daku	[buŋa dʒʲaŋan-lupakan-daku]
margherita (f)	bunga desi	[buŋa desi]

papavero (m)	bunga madat	[buɲa madat]
canapa (f)	rami	[rami]
menta (f)	mint	[min]

| mughetto (m) | lili lembah | [lili lembah] |
| bucaneve (m) | bunga tetesan salju | [buɲa tetesan saldʒʲu] |

ortica (f)	jelatang	[dʒʲelataŋ]
acetosa (f)	daun sorrel	[daun sorrel]
ninfea (f)	lili air	[lili air]
felce (f)	pakis	[pakis]
lichene (m)	lichen	[litʃen]

serra (f)	rumah kaca	[rumah katʃa]
prato (m) erboso	halaman berumput	[halaman berumput]
aiuola (f)	bedeng bunga	[bedeŋ buɲa]

pianta (f)	tumbuhan	[tumbuhan]
erba (f)	rumput	[rumput]
filo (m) d'erba	sehelai rumput	[sehelaj rumput]

foglia (f)	daun	[daun]
petalo (m)	kelopak	[kelopaʔ]
stelo (m)	batang	[bataŋ]
tubero (m)	ubi	[ubi]

| germoglio (m) | tunas | [tunas] |
| spina (f) | duri | [duri] |

fiorire (vi)	berbunga	[berbuɲa]
appassire (vi)	layu	[laju]
odore (m), profumo (m)	bau	[bau]
tagliare (~ i fiori)	memotong	[memotoŋ]
cogliere (vt)	memetik	[memetiʔ]

232. Cereali, granaglie

grano (m)	biji-bijian	[bidʒi-bidʒian]
cereali (m pl)	padi-padian	[padi-padian]
spiga (f)	bulir	[bulir]

frumento (m)	gandum	[gandum]
segale (f)	gandum hitam	[gandum hitam]
avena (f)	oat	[oat]
miglio (m)	jawawut	[dʒʲawawut]
orzo (m)	jelai	[dʒʲelaj]

mais (m)	jagung	[dʒʲaguŋ]
riso (m)	beras	[beras]
grano (m) saraceno	buckwheat	[bakvit]

pisello (m)	kacang polong	[katʃaŋ poloŋ]
fagiolo (m)	kacang buncis	[katʃaŋ buntʃis]
soia (f)	kacang kedelai	[katʃaŋ kedelaj]

| lenticchie (f pl) | kacang lentil | [katʃaŋ lentil] |
| fave (f pl) | kacang-kacangan | [katʃaŋ-katʃaŋan] |

233. Ortaggi. Verdure

| ortaggi (m pl) | sayuran | [sajuran] |
| verdura (f) | sayuran hijau | [sajuran hidʒiau] |

pomodoro (m)	tomat	[tomat]
cetriolo (m)	mentimun, ketimun	[mentimun], [ketimun]
carota (f)	wortel	[wortel]
patata (f)	kentang	[kentaŋ]
cipolla (f)	bawang	[bawaŋ]
aglio (m)	bawang putih	[bawaŋ putih]

cavolo (m)	kol	[kol]
cavolfiore (m)	kembang kol	[kembaŋ kol]
cavoletti (m pl) di Bruxelles	kol Brussels	[kol brusels]
broccolo (m)	brokoli	[brokoli]

barbabietola (f)	ubi bit merah	[ubi bit merah]
melanzana (f)	terung, terong	[teruŋ], [teroŋ]
zucchina (f)	labu siam	[labu siam]
zucca (f)	labu	[labu]
rapa (f)	turnip	[turnip]

prezzemolo (m)	peterseli	[peterseli]
aneto (m)	adas sowa	[adas sowa]
lattuga (f)	selada	[selada]
sedano (m)	seledri	[seledri]
asparago (m)	asparagus	[asparagus]
spinaci (m pl)	bayam	[bajam]

pisello (m)	kacang polong	[katʃaŋ poloŋ]
fave (f pl)	kacang-kacangan	[katʃaŋ-katʃaŋan]
mais (m)	jagung	[dʒiaguŋ]
fagiolo (m)	kacang buncis	[katʃaŋ buntʃis]

peperone (m)	cabai	[tʃabaj]
ravanello (m)	radis	[radis]
carciofo (m)	artisyok	[artiʃoʔ]

GEOGRAFIA REGIONALE

Paesi. Nazionalità

234. Europa occidentale

Europa (f)	Eropa	[eropa]
Unione (f) Europea	Uni Eropa	[uni eropa]
europeo (m)	orang Eropa	[oraŋ eropa]
europeo (agg)	Eropa	[eropa]
Austria (f)	Austria	[austria]
austriaco (m)	lelaki Austria	[lelaki austria]
austriaca (f)	wanita Austria	[wanita austria]
austriaco (agg)	Austria	[austria]
Gran Bretagna (f)	Britania Raya	[britania raja]
Inghilterra (f)	Inggris	[iŋgris]
britannico (m), inglese (m)	lelaki Inggris	[lelaki iŋgris]
britannica (f), inglese (f)	wanita Inggris	[wanita iŋgris]
inglese (agg)	Inggris	[iŋgris]
Belgio (m)	Belgia	[belgia]
belga (m)	lelaki Belgia	[lelaki belgia]
belga (f)	wanita Belgia	[wanita belgia]
belga (agg)	Belgia	[belgia]
Germania (f)	Jerman	[dʒʲerman]
tedesco (m)	lelaki Jerman	[lelaki dʒʲerman]
tedesca (f)	wanita Jerman	[wanita dʒʲerman]
tedesco (agg)	Jerman	[dʒʲerman]
Paesi Bassi (m pl)	Belanda	[belanda]
Olanda (f)	Belanda	[belanda]
olandese (m)	lelaki Belanda	[lelaki belanda]
olandese (f)	wanita Belanda	[wanita belanda]
olandese (agg)	Belanda	[belanda]
Grecia (f)	Yunani	[yunani]
greco (m)	lelaki Yunani	[lelaki yunani]
greca (f)	wanita Yunani	[wanita yunani]
greco (agg)	Yunani	[yunani]
Danimarca (f)	Denmark	[denmarʔ]
danese (m)	lelali Denmark	[lelali denmarʔ]
danese (f)	wanita Denmark	[wanita denmarʔ]
danese (agg)	Denmark	[denmarʔ]
Irlanda (f)	Irlandia	[irlandia]
irlandese (m)	lelaki Irlandia	[lelaki irlandia]

irlandese (f)	wanita Irlandia	[wanita irlandia]
irlandese (agg)	Irlandia	[irlandia]
Islanda (f)	Islandia	[islandia]
islandese (m)	lelaki Islandia	[lelaki islandia]
islandese (f)	wanita Islandia	[wanita islandia]
islandese (agg)	Islandia	[islandia]
Spagna (f)	Spanyol	[spanjol]
spagnolo (m)	lelaki Spanyol	[lelaki spanjol]
spagnola (f)	wanita Spanyol	[wanita spanjol]
spagnolo (agg)	Spanyol	[spanjol]
Italia (f)	Italia	[italia]
italiano (m)	lelaki Italia	[lelaki italia]
italiana (f)	wanita Italia	[wanita italia]
italiano (agg)	Italia	[italia]
Cipro (m)	Siprus	[siprus]
cipriota (m)	lelaki Siprus	[lelaki siprus]
cipriota (f)	wanita Siprus	[wanita siprus]
cipriota (agg)	Siprus	[siprus]
Malta (f)	Malta	[malta]
maltese (m)	lelaki Malta	[lelaki malta]
maltese (f)	wanita Malta	[wanita malta]
maltese (agg)	Malta	[malta]
Norvegia (f)	Norwegia	[norwegia]
norvegese (m)	lelaki Norwegia	[lelaki norwegia]
norvegese (f)	wanita Norwegia	[wanita norwegia]
norvegese (agg)	Norwegia	[norwegia]
Portogallo (f)	Portugal	[portugal]
portoghese (m)	lelaki Portugis	[lelaki portugis]
portoghese (f)	wanita Portugis	[wanita portugis]
portoghese (agg)	Portugis	[portugis]
Finlandia (f)	Finlandia	[finlandia]
finlandese (m)	lelaki Finlandia	[lelaki finlandia]
finlandese (f)	wanita Finlandia	[wanita finlandia]
finlandese (agg)	Finlandia	[finlandia]
Francia (f)	Prancis	[prantʃis]
francese (m)	lelaki Prancis	[lelaki prantʃis]
francese (f)	wanita Prancis	[wanita prantʃis]
francese (agg)	Prancis	[prantʃis]
Svezia (f)	Swedia	[swedia]
svedese (m)	lelaki Swedia	[lelaki swedia]
svedese (f)	wanita Swedia	[wanita swedia]
svedese (agg)	Swedia	[swedia]
Svizzera (f)	Swiss	[swiss]
svizzero (m)	lelaki Swiss	[lelaki swiss]
svizzera (f)	wanita Swiss	[wanita swiss]

svizzero (agg)	Swiss	[swiss]
Scozia (f)	Skotlandia	[skotlandia]
scozzese (m)	lelaki Skotlandia	[lelaki skotlandia]
scozzese (f)	wanita Skotlandia	[wanita skotlandia]
scozzese (agg)	Skotlandia	[skotlandia]

Vaticano (m)	Vatikan	[vatikan]
Liechtenstein (m)	Liechtenstein	[lajhtensteyn]
Lussemburgo (m)	Luksemburg	[luksemburg]
Monaco (m)	Monako	[monako]

235. Europa centrale e orientale

Albania (f)	Albania	[albania]
albanese (m)	lelaki Albania	[lelaki albania]
albanese (f)	wanita Albania	[wanita albania]
albanese (agg)	Albania	[albania]

Bulgaria (f)	Bulgaria	[bulgaria]
bulgaro (m)	lelaki Bulgaria	[lelaki bulgaria]
bulgara (f)	wanita Bulgaria	[wanita bulgaria]
bulgaro (agg)	Bulgaria	[bulgaria]

Ungheria (f)	Hongaria	[hoŋaria]
ungherese (m)	lelaki Hongaria	[lelaki hoŋaria]
ungherese (f)	wanita Hongaria	[wanita hoŋaria]
ungherese (agg)	Hongaria	[hoŋaria]

Lettonia (f)	Latvia	[latvia]
lettone (m)	lelaki Latvia	[lelaki latvia]
lettone (f)	wanita Latvia	[wanita latvia]
lettone (agg)	Latvia	[latvia]

Lituania (f)	Lituania	[lituania]
lituano (m)	lelaki Lituania	[lelaki lituania]
lituana (f)	wanita Lituania	[wanita lituania]
lituano (agg)	Lituania	[lituania]

Polonia (f)	Polandia	[polandia]
polacco (m)	lelaki Polandia	[lelaki polandia]
polacca (f)	wanita Polandia	[wanita polandia]
polacco (agg)	Polandia	[polandia]

Romania (f)	Romania	[romania]
rumeno (m)	lelaki Romania	[lelaki romania]
rumena (f)	wanita Romania	[wanita romania]
rumeno (agg)	Romania	[romania]

Serbia (f)	Serbia	[serbia]
serbo (m)	lelaki Serbia	[lelaki serbia]
serba (f)	wanita Serbia	[wanita serbia]
serbo (agg)	Serbia	[serbia]
Slovacchia (f)	Slowakia	[slowakia]
slovacco (m)	lelaki Slowakia	[lelaki slowakia]

| slovacca (f) | wanita Slowakia | [wanita slowakia] |
| slovacco (agg) | Slowakia | [slowakia] |

Croazia (f)	Kroasia	[kroasia]
croato (m)	lelaki Kroasia	[lelaki kroasia]
croata (f)	wanita Kroasia	[wanita kroasia]
croato (agg)	Kroasia	[kroasia]

Repubblica (f) Ceca	Republik Ceko	[republi' tʃeko]
ceco (m)	lelaki Ceko	[lelaki tʃeko]
ceca (f)	wanita Ceko	[wanita tʃeko]
ceco (agg)	Ceko	[tʃeko]

Estonia (f)	Estonia	[estonia]
estone (m)	lelaki Estonia	[lelaki estonia]
estone (f)	wanita Estonia	[wanita estonia]
estone (agg)	Estonia	[estonia]

Bosnia-Erzegovina (f)	Bosnia-Hercegovina	[bosnia-hersegovina]
Macedonia (f)	Makedonia	[makedonia]
Slovenia (f)	Slovenia	[slovenia]
Montenegro (m)	Montenegro	[montenegro]

236. Paesi dell'ex Unione Sovietica

Azerbaigian (m)	Azerbaijan	[azerbajdʒʲan]
azerbaigiano (m)	lelaki Azerbaijan	[lelaki azerbajdʒʲan]
azerbaigiana (f)	wanita Azerbaijan	[wanita azerbajdʒʲan]
azerbaigiano (agg)	Azerbaijan	[azerbajdʒʲan]

Armenia (f)	Armenia	[armenia]
armeno (m)	lelaki Armenia	[lelaki armenia]
armena (f)	wanita Armenia	[wanita armenia]
armeno (agg)	Armenia	[armenia]

Bielorussia (f)	Belarusia	[belarusia]
bielorusso (m)	lelaki Belarusia	[lelaki belarusia]
bielorussa (f)	wanita Belarusia	[wanita belarusia]
bielorusso (agg)	Belarusia	[belarusia]

Georgia (f)	Georgia	[dʒordʒia]
georgiano (m)	lelaki Georgia	[lelaki dʒordʒia]
georgiana (f)	wanita Georgia	[wanita georgia]
georgiano (agg)	Georgia	[dʒordʒia]

Kazakistan (m)	Kazakistan	[kazakstan]
kazaco (m)	lelaki Kazakh	[lelaki kazah]
kazaca (f)	wanita Kazakh	[wanita kazah]
kazaco (agg)	Kazakh	[kazah]

Kirghizistan (m)	Kirgizia	[kirgizia]
kirghiso (m)	lelaki Kirgiz	[lelaki kirgiz]
kirghisa (f)	wanita Kirgiz	[wanita kirgiz]
kirghiso (agg)	Kirgiz	[kirgiz]

Moldavia (f)	Moldova	[moldova]
moldavo (m)	lelaki Moldova	[lelaki moldova]
moldava (f)	wanita Moldova	[wanita moldova]
moldavo (agg)	Moldova	[moldova]

Russia (f)	Rusia	[rusia]
russo (m)	lelaki Rusia	[lelaki rusia]
russa (f)	wanita Rusia	[wanita rusia]
russo (agg)	Rusia	[rusia]

Tagikistan (m)	Tajikistan	[tadʒikistan]
tagico (m)	lelaki Tajik	[lelaki tadʒiʔ]
tagica (f)	wanitaTajik	[wanitatadʒiʔ]
tagico (agg)	Tajik	[tadʒiʔ]

Turkmenistan (m)	Turkmenistan	[turkmenistan]
turkmeno (m)	lelaki Turkmen	[lelaki turkmen]
turkmena (f)	wanita Turkmen	[wanita turkmen]
turkmeno (agg)	Turkmen	[turkmen]

Uzbekistan (m)	Uzbekistan	[uzbekistan]
usbeco (m)	lelaki Uzbek	[lelaki uzbeʔ]
usbeca (f)	wanita Uzbek	[wanita uzbeʔ]
usbeco (agg)	Uzbek	[uzbeʔ]

Ucraina (f)	Ukraina	[ukrajna]
ucraino (m)	lelaki Ukraina	[lelaki ukrajna]
ucraina (f)	wanita Ukraina	[wanita ukrajna]
ucraino (agg)	Ukraina	[ukrajna]

237. Asia

| Asia (f) | Asia | [asia] |
| asiatico (agg) | Asia | [asia] |

Vietnam (m)	Vietnam	[vjetnam]
vietnamita (m)	lelaki Vietnam	[lelaki vjetnam]
vietnamita (f)	wanita Vietnam	[wanita vjetnam]
vietnamita (agg)	Vietnam	[vjetnam]

India (f)	India	[india]
indiano (m)	lelaki India	[lelaki india]
indiana (f)	wanita India	[wanita india]
indiano (agg)	India	[india]

Israele (m)	Israel	[israel]
israeliano (m)	lelaki Israel	[lelaki israel]
israeliana (f)	wanita Israel	[wanita israel]
israeliano (agg)	Israel	[israel]

ebreo (m)	lelaki Yahudi	[lelaki yahudi]
ebrea (f)	wanita Yahudi	[wanita yahudi]
ebraico (agg)	Yahudi	[yahudi]
Cina (f)	Tiongkok	[tjoŋkoʔ]

cinese (m)	lelaki Tionghoa	[lelaki tioŋhoa]
cinese (f)	wanita Tionghoa	[wanita tioŋhoa]
cinese (agg)	Tionghua	[tjoŋhua]

coreano (m)	lelaki Korea	[lelaki korea]
coreana (f)	wanita Korea	[wanita korea]
coreano (agg)	Korea	[korea]

Libano (m)	Lebanon	[lebanon]
libanese (m)	lelaki Lebanon	[lelaki lebanon]
libanese (f)	wanita Lebanon	[wanita lebanon]
libanese (agg)	Lebanon	[lebanon]

Mongolia (f)	Mongolia	[moŋolia]
mongolo (m)	lelaki Mongolia	[lelaki moŋolia]
mongola (f)	wanita Mongolia	[wanita moŋolia]
mongolo (agg)	Mongolia	[moŋolia]

Malesia (f)	Malaysia	[malajsia]
malese (m)	lelaki Malaysia	[lelaki malajsia]
malese (f)	wanita Malaysia	[wanita malajsia]
malese (agg)	Melayu	[melaju]

Pakistan (m)	Pakistan	[pakistan]
pakistano (m)	lelaki Pakistan	[lelaki pakistan]
pakistana (f)	wanita Pakistan	[wanita pakistan]
pakistano (agg)	Pakistan	[pakistan]

Arabia Saudita (f)	Arab Saudi	[arab saudi]
arabo (m), saudita (m)	lelaki Arab	[lelaki arab]
araba (f), saudita (f)	wanita Arab	[wanita arab]
arabo (agg)	Arab	[arab]

Tailandia (f)	Thailand	[tajland]
tailandese (m)	lelaki Thai	[lelaki taj]
tailandese (f)	wanita Thai	[wanita tajwan]
tailandese (agg)	Thai	[taj]

Taiwan (m)	Taiwan	[tajwan]
taiwanese (m)	lelaki Taiwan	[lelaki tajwan]
taiwanese (f)	wanita Taiwan	[wanita tajwan]
taiwanese (agg)	Taiwan	[tajwan]

Turchia (f)	Turki	[turki]
turco (m)	lelaki Turki	[lelaki turki]
turca (f)	wanita Turki	[wanita turki]
turco (agg)	Turki	[turki]

Giappone (m)	Jepang	[dʒʲepaŋ]
giapponese (m)	lelaki Jepang	[lelaki dʒʲepaŋ]
giapponese (f)	wanita Jepang	[wanita dʒʲepaŋ]
giapponese (agg)	Jepang	[dʒʲepaŋ]

Afghanistan (m)	Afghanistan	[afganistan]
Bangladesh (m)	Bangladesh	[baŋladeʃ]
Indonesia (f)	Indonesia	[indonesia]

Giordania (f)	Yordania	[yordania]
Iraq (m)	Irak	[ira?]
Iran (m)	Iran	[iran]
Cambogia (f)	Kamboja	[kambodʒia]
Kuwait (m)	Kuwait	[kuweyt]

Laos (m)	Laos	[laos]
Birmania (f)	Myanmar	[myanmar]
Nepal (m)	Nepal	[nepal]
Emirati (m pl) Arabi	Uni Emirat Arab	[uni emirat arab]

Siria (f)	Suriah	[suriah]
Palestina (f)	Palestina	[palestina]
Corea (f) del Sud	Korea Selatan	[korea selatan]
Corea (f) del Nord	Korea Utara	[korea utara]

238. America del Nord

Stati (m pl) Uniti d'America	Amerika Serikat	[amerika serikat]
americano (m)	lelaki Amerika	[lelaki amerika]
americana (f)	wanita Amerika	[wanita amerika]
americano (agg)	Amerika	[amerika]

Canada (m)	Kanada	[kanada]
canadese (m)	lelaki Kanada	[lelaki kanada]
canadese (f)	wanita Kanada	[wanita kanada]
canadese (agg)	Kanada	[kanada]

Messico (m)	Meksiko	[meksiko]
messicano (m)	lelaki Meksiko	[lelaki meksiko]
messicana (f)	wanita Meksiko	[wanita meksiko]
messicano (agg)	Meksiko	[meksiko]

239. America centrale e America del Sud

Argentina (f)	Argentina	[argentina]
argentino (m)	lelaki Argentina	[lelaki argentina]
argentina (f)	wanita Argentina	[wanita argentina]
argentino (agg)	Argentina	[argentina]

Brasile (m)	Brasil	[brasil]
brasiliano (m)	lelaki Brasil	[lelaki brasil]
brasiliana (f)	wanita Brasil	[wanita brasil]
brasiliano (agg)	Brasil	[brasil]

Colombia (f)	Kolombia	[kolombia]
colombiano (m)	lelaki Kolombia	[lelaki kolombia]
colombiana (f)	wanita Kolombia	[wanita kolombia]
colombiano (agg)	Kolombia	[kolombia]

| Cuba (f) | Kuba | [kuba] |
| cubano (m) | lelaki Kuba | [lelaki kuba] |

| cubana (f) | wanita Kuba | [wanita kuba] |
| cubano (agg) | Kuba | [kuba] |

Cile (m)	Chili	[ʧili]
cileno (m)	lelaki Chili	[lelaki ʧili]
cilena (f)	wanita Chili	[wanita ʧili]
cileno (agg)	Chili	[ʧili]

Bolivia (f)	Bolivia	[bolivia]
Venezuela (f)	Venezuela	[venezuela]
Paraguay (m)	Paraguay	[paraguaj]
Perù (m)	Peru	[peru]

Suriname (m)	Suriname	[suriname]
Uruguay (m)	Uruguay	[uruguaj]
Ecuador (m)	Ekuador	[ekuador]

Le Bahamas	Kepulauan Bahama	[kepulauan bahama]
Haiti (m)	Haiti	[haiti]
Repubblica (f) Dominicana	Republik Dominika	[republi' dominika]
Panama (m)	Panama	[panama]
Giamaica (f)	Jamaika	[ʤamajka]

240. Africa

Egitto (m)	Mesir	[mesir]
egiziano (m)	lelaki Mesir	[lelaki mesir]
egiziana (f)	wanita Mesir	[wanita mesir]
egiziano (agg)	Mesir	[mesir]

Marocco (m)	Maroko	[maroko]
marocchino (m)	lelaki Maroko	[lelaki maroko]
marocchina (f)	wanita Maroko	[wanita maroko]
marocchino (agg)	Maroko	[maroko]

Tunisia (f)	Tunisia	[tunisia]
tunisino (m)	lelaki Tunisia	[lelaki tunisia]
tunisina (f)	wanita Tunisia	[wanita tunisia]
tunisino (agg)	Tunisia	[tunisia]

Ghana (m)	Ghana	[gana]
Zanzibar	Zanzibar	[zanzibar]
Kenya (m)	Kenya	[kenia]
Libia (f)	Libia	[libia]
Madagascar (m)	Madagaskar	[madagaskar]

Namibia (f)	Namibia	[namibia]
Senegal (m)	Senegal	[senegal]
Tanzania (f)	Tanzania	[tanzania]
Repubblica (f) Sudafricana	Afrika Selatan	[afrika selatan]

africano (m)	lelaki Afrika	[lelaki afrika]
africana (f)	wanita Afrika	[wanita afrika]
africano (agg)	Afrika	[afrika]

241. Australia. Oceania

Australia (f)	Australia	[australia]
australiano (m)	lelaki Australia	[lelaki australia]
australiana (f)	wanita Australia	[wanita australia]
australiano (agg)	Australia	[australia]

Nuova Zelanda (f)	Selandia Baru	[selandia baru]
neozelandese (m)	lelaki Selandia Baru	[lelaki selandia baru]
neozelandese (f)	wanita Selandia Baru	[wanita selandia baru]
neozelandese (agg)	Selandia Baru	[selandia baru]

| Tasmania (f) | Tasmania | [tasmania] |
| Polinesia (f) Francese | Polinesia Prancis | [polinesia prantʃis] |

242. Città

L'Aia	Den Hague	[den hag]
Amburgo	Hamburg	[hamburg]
Amsterdam	Amsterdam	[amsterdam]
Ankara	Ankara	[ankara]
Atene	Athena	[atena]
L'Avana	Havana	[havana]

Baghdad	Bagdad	[bagdad]
Bangkok	Bangkok	[baŋko']
Barcellona	Barcelona	[bartʃelona]
Beirut	Beirut	[beyrut]
Berlino	Berlin	[berlin]

Bombay, Mumbai	Mumbai	[mumbaj]
Bonn	Bonn	[bonn]
Bordeaux	Bordeaux	[bordo]
Bratislava	Bratislava	[bratislava]
Bruxelles	Brussel	[brusel]
Bucarest	Bukares	[bukares]
Budapest	Budapest	[budapest]

Il Cairo	Kairo	[kajro]
Calcutta	Kolkata	[kolkata]
Chicago	Chicago	[tʃikago]
Città del Messico	Meksiko	[meksiko]
Copenaghen	Kopenhagen	[kopenhagen]

Dar es Salaam	Darussalam	[darussalam]
Delhi	Delhi	[delhi]
Dubai	Dubai	[dubaj]
Dublino	Dublin	[dublin]
Düsseldorf	Düsseldorf	[dyuseldorf]

Firenze	Firenze	[firenze]
Francoforte	Frankfurt	[frankfurt]
Gerusalemme	Yerusalem	[erusalem]

Ginevra	Jenewa	[dʒenewa]
Hanoi	Hanoi	[hanoi]
Helsinki	Helsinki	[helsinki]
Hiroshima	Hiroshima	[hiroʃima]
Hong Kong	Hong Kong	[hoŋ koŋ]
Istanbul	Istambul	[istambul]
Kiev	Kiev	[kiev]
Kuala Lumpur	Kuala Lumpur	[kuala lumpur]
Lione	Lyons	[lion]
Lisbona	Lisbon	[lisbon]
Londra	London	[london]
Los Angeles	Los Angeles	[los enzheles]
Madrid	Madrid	[madrid]
Marsiglia	Marseille	[marseille]
Miami	Miami	[miami]
Monaco di Baviera	Munich	[munitʃ]
Montreal	Montréal	[montreal]
Mosca	Moskow	[moskow]
Nairobi	Nairobi	[najrobi]
Napoli	Napoli	[napoli]
New York	New York	[nju yorʔ]
Nizza	Nice	[nitʃe]
Oslo	Oslo	[oslo]
Ottawa	Ottawa	[ottawa]
Parigi	Paris	[paris]
Pechino	Beijing	[beydʒin]
Praga	Praha	[praha]
Rio de Janeiro	Rio de Janeiro	[rio de dʒianeyro]
Roma	Roma	[roma]
San Pietroburgo	Saint Petersburg	[sajnt petersburg]
Seoul	Seoul	[seoul]
Shanghai	Shanghai	[ʃanhaj]
Sidney	Sydney	[sidni]
Singapore	Singapura	[siŋapura]
Stoccolma	Stockholm	[stokholm]
Taipei	Taipei	[tajpey]
Tokio	Tokyo	[tokio]
Toronto	Toronto	[toronto]
Varsavia	Warsawa	[warsawa]
Venezia	Venesia	[venesia]
Vienna	Wina	[wina]
Washington	Washington	[waʃiŋton]

243. Politica. Governo. Parte 1

politica (f)	politik	[politiʔ]
politico (agg)	politis	[politis]

politico (m)	politisi, politikus	[politisi], [politikus]
stato (m) (nazione, paese)	negara	[negara]
cittadino (m)	warganegara	[warganegara]
cittadinanza (f)	kewarganegaraan	[kewarganegara'an]
emblema (m) nazionale	lambang negara	[lambaŋ negara]
inno (m) nazionale	lagu kebangsaan	[lagu kebaŋsa'an]
governo (m)	pemerintah	[pemerintah]
capo (m) di Stato	kepala negara	[kepala negara]
parlamento (m)	parlemen	[parlemen]
partito (m)	partai	[partaj]
capitalismo (m)	kapitalisme	[kapitalisme]
capitalistico (agg)	kapitalis	[kapitalis]
socialismo (m)	sosialisme	[sosialisme]
socialista (agg)	sosialis	[sosialis]
comunismo (m)	komunisme	[komunisme]
comunista (agg)	komunis	[komunis]
comunista (m)	orang komunis	[oraŋ komunis]
democrazia (f)	demokrasi	[demokrasi]
democratico (m)	demokrat	[demokrat]
democratico (agg)	demokratis	[demokratis]
partito (m) democratico	Partai Demokrasi	[partaj demokrasi]
liberale (m)	orang liberal	[oraŋ liberal]
liberale (agg)	liberal	[liberal]
conservatore (m)	orang yang konservatif	[oraŋ yaŋ konservatif]
conservatore (agg)	konservatif	[konservatif]
repubblica (f)	republik	[republi']
repubblicano (m)	pendukung Partai Republik	[pendukuŋ partaj republi']
partito (m) repubblicano	Partai Republik	[partaj republi']
elezioni (f pl)	pemilu	[pemilu]
eleggere (vt)	memilih	[memilih]
elettore (m)	pemilih	[pemilih]
campagna (f) elettorale	kampanye pemilu	[kampane pemilu]
votazione (f)	pemungutan suara	[pemuŋutan suara]
votare (vi)	memberikan suara	[memberikan suara]
diritto (m) di voto	hak suara	[ha' suara]
candidato (m)	kandidat, calon	[kandidat], [ʧalon]
candidarsi (vr)	mencalonkan diri	[menʧalonkan diri]
campagna (f)	kampanye	[kampanje]
d'opposizione (agg)	oposisi	[oposisi]
opposizione (f)	oposisi	[oposisi]
visita (f)	kunjungan	[kundʒ¦uŋan]
visita (f) ufficiale	kunjungan resmi	[kundʒ¦uŋan resmi]
internazionale (agg)	internasional	[internasional]

| trattative (f pl) | negosiasi, perundingan | [negosiasi], [pərundiŋan] |
| negoziare (vi) | bernegosiasi | [bərnegosiasi] |

244. Politica. Governo. Parte 2

società (f)	masyarakat	[maʃarakat]
costituzione (f)	Konstitusi,	[konstitusi],
	Undang-Undang Dasar	[undaŋ-undaŋ dasar]
potere (m) (~ politico)	kekuasaan	[kekuasa'an]
corruzione (f)	korupsi	[korupsi]

| legge (f) | hukum | [hukum] |
| legittimo (agg) | sah | [sah] |

| giustizia (f) | keadilan | [keadilan] |
| giusto (imparziale) | adil | [adil] |

comitato (m)	komite	[komite]
disegno (m) di legge	rancangan undang-undang	[rantʃaŋan undaŋ-undaŋ]
bilancio (m)	anggaran belanja	[aŋgaran belandʒa]
politica (f)	kebijakan	[kebidʒ̷akan]
riforma (f)	reformasi	[reformasi]
radicale (agg)	radikal	[radikal]

forza (f) (potenza)	kuasa	[kuasa]
potente (agg)	adikuasa, berkuasa	[adikuasa], [bərkuasa]
sostenitore (m)	pendukung	[pendukuŋ]
influenza (f)	pengaruh	[peŋaruh]

regime (m) (~ militare)	rezim	[rezim]
conflitto (m)	konflik	[konfli']
complotto (m)	komplotan	[komplotan]
provocazione (f)	provokasi	[provokasi]

rovesciare (~ un regime)	menggulingkan	[məŋguliŋkan]
rovesciamento (m)	penggulingan	[peŋguliŋan]
rivoluzione (f)	revolusi	[revolusi]
colpo (m) di Stato	kudeta	[kudeta]
golpe (m) militare	kudeta militer	[kudeta militer]

crisi (f)	krisis	[krisis]
recessione (f) economica	resesi ekonomi	[resesi ekonomi]
manifestante (m)	pendemo	[pendemo]
manifestazione (f)	demonstrasi	[demonstrasi]
legge (f) marziale	darurat militer	[darurat militer]
base (f) militare	pangkalan militer	[paŋkalan militer]

| stabilità (f) | stabilitas | [stabilitas] |
| stabile (agg) | stabil | [stabil] |

sfruttamento (m)	eksploitasi	[eksploitasi]
sfruttare (~ i lavoratori)	mengeksploitasi	[məŋeksploitasi]
razzismo (m)	rasisme	[rasisme]
razzista (m)	rasis	[rasis]

fascismo (m)	**fasisme**	[fasisme]
fascista (m)	**fasis**	[fasis]

245. Paesi. Varie

straniero (m)	**orang asing**	[oraŋ asiŋ]
straniero (agg)	**asing**	[asiŋ]
all'estero	**di luar negeri**	[di luar negeri]
emigrato (m)	**emigran**	[emigran]
emigrazione (f)	**emigrasi**	[emigrasi]
emigrare (vi)	**beremigrasi**	[beremigrasi]
Ovest (m)	**Barat**	[barat]
Est (m)	**Timur**	[timur]
Estremo Oriente (m)	**Timur Jauh**	[timur dʒauh]
civiltà (f)	**peradaban**	[peradaban]
umanità (f)	**umat manusia**	[umat manusia]
mondo (m)	**dunia**	[dunia]
pace (f)	**perdamaian**	[perdamajan]
mondiale (agg)	**sedunia**	[sedunia]
patria (f)	**tanah air**	[tanah air]
popolo (m)	**rakyat**	[rakjat]
popolazione (f)	**populasi, penduduk**	[populasi], [penduduʔ]
gente (f)	**orang-orang**	[oraŋ-oraŋ]
nazione (f)	**bangsa**	[baŋsa]
generazione (f)	**generasi**	[generasi]
territorio (m)	**wilayah**	[wilajah]
regione (f)	**kawasan**	[kawasan]
stato (m)	**negara bagian**	[negara bagian]
tradizione (f)	**tradisi**	[tradisi]
costume (m)	**adat**	[adat]
ecologia (f)	**ekologi**	[ekologi]
indiano (m)	**orang Indian**	[oraŋ indian]
zingaro (m)	**lelaki Gipsi**	[lelaki gipsi]
zingara (f)	**wanita Gipsi**	[wanita gipsi]
di zingaro	**Gipsi, Rom**	[gipsi], [rom]
impero (m)	**kekaisaran**	[kekajsaran]
colonia (f)	**koloni, negeri jajahan**	[koloni], [negeri dʒadʒahan]
schiavitù (f)	**perbudakan**	[perbudakan]
invasione (f)	**invasi, penyerbuan**	[invasi], [penerbuan]
carestia (f)	**kelaparan, paceklik**	[kelaparan], [patʃekliʔ]

246. Principali gruppi religiosi. Credi religiosi

religione (f)	**agama**	[agama]
religioso (agg)	**religius**	[religius]

fede (f)	keyakinan, iman	[keyakinan], [iman]
credere (vi)	percaya	[pertʃaja]
credente (m)	penganut agama	[peɲanut agama]

| ateismo (m) | ateisme | [ateisme] |
| ateo (m) | ateis | [ateis] |

cristianesimo (m)	agama Kristen	[agama kristen]
cristiano (m)	orang Kristen	[oraŋ kristen]
cristiano (agg)	Kristen	[kristen]

cattolicesimo (m)	agama Katolik	[agama katoliʔ]
cattolico (m)	orang Katolik	[oraŋ katoliʔ]
cattolico (agg)	Katolik	[katoliʔ]

Protestantesimo (m)	Protestanisme	[protestanisme]
Chiesa (f) protestante	Gereja Protestan	[geredʒʲa protestan]
protestante (m)	Protestan	[protestan]

Ortodossia (f)	Kristen Ortodoks	[kristen ortodoks]
Chiesa (f) ortodossa	Gereja Kristen Ortodoks	[geredʒʲa kristen ortodoks]
ortodosso (m)	Ortodoks	[ortodoks]

Presbiterianesimo (m)	Gereja Presbiterian	[geredʒʲa presbiterian]
Chiesa (f) presbiteriana	Gereja Presbiterian	[geredʒʲa presbiterian]
presbiteriano (m)	penganut	[peɲanut
	Gereja Presbiterian	geredʒʲa presbiterian]

| Luteranesimo (m) | Gereja Lutheran | [geredʒʲa luteran] |
| luterano (m) | pengikut Gereja Lutheran | [peɲikut geredʒʲa luteran] |

| confessione (f) battista | Gereja Baptis | [geredʒʲa baptis] |
| battista (m) | penganut Gereja Baptis | [peɲanut geredʒʲa baptis] |

Chiesa (f) anglicana	Gereja Anglikan	[geredʒʲa aŋlikan]
anglicano (m)	penganut Anglikanisme	[peɲanut aŋlikanisme]
mormonismo (m)	Mormonisme	[mormonisme]
mormone (m)	Mormon	[mormon]

| giudaismo (m) | agama Yahudi | [agama yahudi] |
| ebreo (m) | orang Yahudi | [oraŋ yahudi] |

| buddismo (m) | agama Buddha | [agama budda] |
| buddista (m) | penganut Buddha | [peɲanut budda] |

| Induismo (m) | agama Hindu | [agama hindu] |
| induista (m) | penganut Hindu | [peɲanut hindu] |

Islam (m)	Islam	[islam]
musulmano (m)	Muslim	[muslim]
musulmano (agg)	Muslim	[muslim]

sciismo (m)	Syi'ah	[ʃi-a]
sciita (m)	penganut Syi'ah	[peɲanut ʃi-a]
sunnismo (m)	Sunni	[sunni]
sunnita (m)	ahli Sunni	[ahli sunni]

247. Religioni. Sacerdoti

prete (m)	pendeta	[pendeta]
Papa (m)	Paus	[paus]
monaco (m)	biarawan, rahib	[biarawan], [rahib]
monaca (f)	biarawati	[biarawati]
pastore (m)	pastor	[pastor]
abate (m)	abbas	[abbas]
vicario (m)	vikaris	[vikaris]
vescovo (m)	uskup	[uskup]
cardinale (m)	kardinal	[kardinal]
predicatore (m)	pengkhotbah	[peŋhotbah]
predica (f)	khotbah	[hotbah]
parrocchiani (m)	ahli paroki	[ahli paroki]
credente (m)	penganut agama	[peɲanut agama]
ateo (m)	ateis	[ateis]

248. Fede. Cristianesimo. Islam

Adamo	Adam	[adam]
Eva	Hawa	[hawa]
Dio (m)	Tuhan	[tuhan]
Signore (m)	Tuhan	[tuhan]
Onnipotente (m)	Yang Maha Kuasa	[yaŋ maha kuasa]
peccato (m)	dosa	[dosa]
peccare (vi)	berdosa	[berdosa]
peccatore (m)	pedosa lelaki	[pedosa lelaki]
peccatrice (f)	pedosa wanita	[pedosa wanita]
inferno (m)	neraka	[neraka]
paradiso (m)	surga	[surga]
Gesù	Yesus	[yesus]
Gesù Cristo	Yesus Kristus	[yesus kristus]
Spirito (m) Santo	Roh Kudus	[roh kudus]
Salvatore (m)	Juru Selamat	[dʒˈuru selamat]
Madonna	Perawan Maria	[perawan maria]
Diavolo (m)	Iblis	[iblis]
del diavolo	setan	[setan]
Satana (m)	setan	[setan]
satanico (agg)	setan	[setan]
angelo (m)	malaikat	[malajkat]
angelo (m) custode	malaikat pelindung	[malajkat pelinduŋ]
angelico (agg)	malaikat	[malajkat]

apostolo (m)	rasul	[rasul]
arcangelo (m)	malaikat utama	[malajkat utama]
Anticristo (m)	Antikristus	[antikristus]
Chiesa (f)	Gereja	[geredʒia]
Bibbia (f)	Alkitab	[alkitab]
biblico (agg)	Alkitab	[alkitab]
Vecchio Testamento (m)	Perjanjian Lama	[pərdʒiandʒian lama]
Nuovo Testamento (m)	Perjanjian Baru	[pərdʒiandʒian baru]
Vangelo (m)	Injil	[indʒil]
Sacra Scrittura (f)	Kitab Suci	[kitab sutʃi]
Il Regno dei Cieli	Surga	[surga]
comandamento (m)	Perintah Allah	[pərintah allah]
profeta (m)	nabi	[nabi]
profezia (f)	ramalan	[ramalan]
Allah	Allah	[alah]
Maometto	Muhammad	[muhammad]
Corano (m)	Al Quran	[al kurˀan]
moschea (f)	masjid	[masdʒid]
mullah (m)	mullah	[mullah]
preghiera (f)	sembahyang, doa	[sembahjaŋ], [doa]
pregare (vi, vt)	bersembahyang, berdoa	[bərsembahjaŋ], [bərdoa]
pellegrinaggio (m)	ziarah	[ziarah]
pellegrino (m)	peziarah	[peziarah]
La Mecca (f)	Mekah	[mekah]
chiesa (f)	gereja	[geredʒia]
tempio (m)	kuil, candi	[kuil], [tʃandi]
cattedrale (f)	katedral	[katedral]
gotico (agg)	Gotik	[gotiˀ]
sinagoga (f)	sinagoga, kanisah	[sinagoga], [kanisah]
moschea (f)	masjid	[masdʒid]
cappella (f)	kapel	[kapel]
abbazia (f)	keabbasan	[keabbasan]
convento (m) di suore	biara	[biara]
monastero (m)	biara	[biara]
campana (f)	lonceng	[lontʃeŋ]
campanile (m)	menara lonceng	[mənara lontʃeŋ]
suonare (campane)	berbunyi	[bərbunji]
croce (f)	salib	[salib]
cupola (f)	kubah	[kubah]
icona (f)	ikon	[ikon]
anima (f)	jiwa	[dʒiwa]
destino (m), sorte (f)	takdir	[takdir]
male (m)	kejahatan	[kedʒiahatan]
bene (m)	kebaikan	[kebajkan]
vampiro (m)	vampir	[vampir]

strega (f)	tukang sihir	[tukaŋ sihir]
demone (m)	iblis	[iblis]
spirito (m)	roh	[roh]

| redenzione (f) | penebusan | [penebusan] |
| redimere (vt) | menebus | [menebus] |

messa (f)	misa	[misa]
dire la messa	menyelenggarakan misa	[menjeleŋgarakan misa]
confessione (f)	pengakuan dosa	[peŋakuan dosa]
confessarsi (vr)	mengaku dosa	[menaku dosa]

santo (m)	santo	[santo]
sacro (agg)	suci, kudus	[sutʃi], [kudus]
acqua (f) santa	air suci	[air sutʃi]

rito (m)	ritus	[ritus]
rituale (agg)	ritual	[ritual]
sacrificio (m) (offerta)	pengorbangan	[peŋorbaŋan]

superstizione (f)	takhayul	[tahajul]
superstizioso (agg)	bertakhayul	[bertahajul]
vita (f) dell'oltretomba	akhirat	[ahirat]
vita (f) eterna	hidup abadi	[hidup abadi]

VARIE

249. Varie parole utili

aiuto (m)	bantuan	[bantuan]
barriera (f) (ostacolo)	rintangan	[rintaŋan]
base (f)	basis, dasar	[basis], [dasar]
bilancio (m) (equilibrio)	keseimbangan	[keseimbaŋan]
categoria (f)	kategori	[kategori]
causa (f) (ragione)	sebab	[sebab]
coincidenza (f)	kebetulan	[kebetulan]
comodo (agg)	nyaman	[njaman]
compenso (m)	kompensasi, ganti rugi	[kompensasi], [ganti rugi]
confronto (m)	perbandingan	[pərbandiŋan]
cosa (f) (oggetto, articolo)	barang	[baraŋ]
crescita (f)	pertumbuhan	[pertumbuhan]
differenza (f)	perbedaan	[pərbeda'an]
effetto (m)	efek, pengaruh	[efek], [peŋaruh]
elemento (m)	unsur	[unsur]
errore (m)	kesalahan	[kesalahan]
esempio (m)	contoh	[ʧontoh]
fatto (m)	fakta	[fakta]
forma (f) (aspetto)	bentuk, rupa	[bentuk], [rupa]
frequente (agg)	kerap, sering	[kerap], [seriŋ]
genere (m) (tipo, sorta)	jenis	[dʒienis]
grado (m) (livello)	tingkat	[tiŋkat]
ideale (m)	ideal	[ideal]
inizio (m)	permulaan	[pərmula'an]
labirinto (m)	labirin	[labirin]
modo (m) (maniera)	cara	[ʧara]
momento (m)	saat, waktu	[sa'at], [waktu]
oggetto (m) (cosa)	objek	[obdʒie']
originale (m) (non è una copia)	orisinal, dokumen asli	[orisinal], [dokumen asli]
ostacolo (m)	rintangan	[rintaŋan]
parte (f) (~ di qc)	bagian	[bagian]
particella (f)	partikel, bagian kecil	[partikel], [bagian keʧil]
pausa (f)	perhentian	[pərhentian]
pausa (f) (sosta)	istirahat	[istirahat]
posizione (f)	posisi	[posisi]
principio (m)	prinsip	[prinsip]
problema (m)	masalah	[masalah]
processo (m)	proses	[proses]
progresso (m)	kemajuan	[kemadʒiuan]

| proprietà (f) (qualità) | sifat | [sifat] |
| reazione (f) | reaksi | [reaksi] |

rischio (m)	risiko	[risiko]
ritmo (m)	tempo, laju	[tempo], [laʤu]
scelta (f)	pilihan	[pilihan]
segreto (m)	rahasia	[rahasia]
serie (f)	rangkaian	[raŋkajan]

sfondo (m)	latar belakang	[latar belakaŋ]
sforzo (m) (fatica)	usaha	[usaha]
sistema (m)	sistem	[sistem]
situazione (f)	situasi	[situasi]
soluzione (f)	solusi, penyelesaian	[solusi], [penjelesajan]

standard (agg)	standar	[standar]
standard (m)	standar	[standar]
stile (m)	gaya	[gaja]
sviluppo (m)	perkembangan	[perkembaŋan]
tabella (f) (delle calorie, ecc.)	tabel	[tabel]

termine (m)	akhir	[ahir]
termine (m) (parola)	istilah	[istilah]
tipo (m)	jenis	[ʤenis]
turno (m) (aspettare il proprio ~)	giliran	[giliran]
urgente (agg)	segera	[segera]

urgentemente	segera	[segera]
utilità (f)	kegunaan	[keguna'an]
variante (f)	varian	[varian]
verità (f)	kebenaran	[kebenaran]
zona (f)	zona	[zona]

250. Modificatori. Aggettivi. Parte 1

a buon mercato	murah	[murah]
abbronzato (agg)	hitam terbakar matahari	[hitam terbakar matahari]
acido, agro (sapore)	masam	[masam]
affamato (agg)	lapar	[lapar]
affilato (coltello ~)	tajam	[taʤam]

allegro (agg)	riang, gembira	[riaŋ], [gembira]
alto (voce ~a)	lantang	[lantaŋ]
amaro (sapore)	pahit	[pahit]
antico (civiltà, ecc.)	kuno	[kuno]
aperto (agg)	terbuka	[terbuka]

artificiale (agg)	buatan	[buatan]
bagnato (vestiti ~i)	basah	[basah]
basso (~a voce)	lirih	[lirih]
bello (agg)	cantik	[ʧanti']
breve (di breve durata)	sebentar	[sebentar]
bruno (agg)	berkulit hitam	[berkulit hitam]

225

buio, scuro (stanza ~a)	gelap	[gelap]
buono (un libro, ecc.)	baik	[baj']
buono, gentile	baik hati	[baj' hati]
buono, gustoso	enak	[ena']

caldo (agg)	panas	[panas]
calmo (agg)	sunyi	[sunji]
caro (agg)	mahal	[mahal]
cattivo (agg)	buruk, jelek	[buruk], [dʒ'ele']
centrale (agg)	sentral	[sentral]

chiaro (un significato ~)	jelas	[dʒ'elas]
chiaro, tenue (un colore ~)	muda	[muda]
chiuso (agg)	tertutup	[tərtutup]
cieco (agg)	buta	[buta]
civile (società ~)	sipil	[sipil]

clandestino (agg)	rahasia, diam-diam	[rahasia], [diam-diam]
collegiale (decisione ~)	bersama	[bərsama]
compatibile (agg)	serasi, cocok	[serasi], [tʃotʃo']
complicato (progetto, ecc.)	rumit	[rumit]

contento (agg)	puas	[puas]
continuo (agg)	panjang	[pandʒ'aŋ]
continuo (ininterrotto)	kontinu, terus menerus	[kontinu], [tərus menerus]
cortese (gentile)	baik	[baj']
corto (non lungo)	pendek	[pende']

crudo (non cotto)	mentah	[məntah]
denso (fumo ~)	pekat	[pekat]
destro (lato ~)	kanan	[kanan]
di seconda mano	bekas	[bekas]
di sole (una giornata ~)	cerah	[tʃerah]

differente (agg)	berbagai	[bərbagaj]
difficile (decisione)	sukar, sulit	[sukar], [sulit]
distante (agg)	jauh	[dʒ'auh]
diverso (agg)	berbeda	[bərbeda]
dolce (acqua ~)	tawar	[tawar]

dolce (gusto)	manis	[manis]
dolce, tenero	lembut	[lembut]
dritto (linea, strada ~a)	lurus	[lurus]
duro (non morbido)	keras	[keras]
eccellente (agg)	sangat baik	[saŋat bai']

eccessivo (esagerato)	berlebihan	[bərlebihan]
enorme (agg)	sangat besar	[saŋat besar]
esterno (agg)	luar	[luar]
facile (agg)	mudah	[mudah]

faticoso (agg)	melelahkan	[melelahkan]
felice (agg)	bahagia	[bahagia]
fertile (terreno)	subur	[subur]
fioco, soffuso (luce ~a)	redup	[redup]
fitto (nebbia ~a)	tebal	[tebal]

forte (una persona ~)	kuat	[kuat]
fosco (oscuro)	suram	[suram]
fragile (porcellana, vetro)	rapuh	[rapuh]
freddo (bevanda, tempo)	dingin	[diŋin]

fresco (freddo moderato)	sejuk	[sedʒ¹uʔ]
fresco (pane ~)	segar	[segar]
gentile (agg)	sopan	[sopan]
giovane (agg)	muda	[muda]
giusto (corretto)	benar	[benar]

gradevole (voce ~)	indah	[indah]
grande (agg)	besar	[besar]
grasso (cibo ~)	berlemak	[berlemaʔ]
grato (agg)	berterima kasih	[berterima kasih]

gratuito (agg)	gratis	[gratis]
idoneo (adatto)	sesuai	[sesuaj]
il più alto	tertinggi	[tertiŋgi]
il più importante	paling penting	[paliŋ pentiŋ]
il più vicino	terdekat	[terdekat]

immobile (agg)	tak bergerak	[taʔ bergeraʔ]
importante (agg)	penting	[pentiŋ]
impossibile (agg)	mustahil	[mustahil]
incomprensibile (agg)	tak dapat dimengerti	[taʔ dapat dimeŋerti]
indispensabile	tak tergantikan	[taʔ tergantikan]

inesperto (agg)	tak berpengalaman	[taʔ berpeŋalaman]
insignificante (agg)	kecil	[ketʃil]
intelligente (agg)	pandai, pintar	[pandaj], [pintar]
interno (agg)	dalam	[dalam]

intero (agg)	seluruh	[seluruh]
largo (strada ~a)	lebar	[lebar]
legale (agg)	sah	[sah]
leggero (che pesa poco)	ringan	[riŋan]
libero (agg)	bebas	[bebas]

limitato (agg)	terbatas	[terbatas]
liquido (agg)	cair	[tʃair]
liscio (superficie ~a)	rata, halus	[rata], [halus]
lontano (agg)	jauh	[dʒ¹auh]
lungo (~a strada, ecc.)	panjang	[pandʒ¹aŋ]

251. Modificatori. Aggettivi. Parte 2

magnifico (agg)	cantik	[tʃantiʔ]
magro (uomo ~)	kurus	[kurus]
malato (agg)	sakit	[sakit]
maturo (un frutto ~)	masak	[masaʔ]
meticoloso, accurato	cermat	[tʃermat]
miope (agg)	rabun jauh	[rabun dʒ¹auh]
misterioso (agg)	misterius	[misterius]

molto magro (agg)	ramping	[rampiŋ]
molto povero (agg)	papa, sangat miskin	[papa], [saŋat miskin]
morbido (~ al tatto)	empuk	[empuʔ]
morto (agg)	mati	[mati]
nativo (paese ~)	asli	[asli]
necessario (agg)	perlu	[perlu]
negativo (agg)	negatif	[negatif]
nervoso (agg)	gugup, grogi	[gugup], [grogi]
non difficile	tidak sukar	[tidaʾ sukar]
non molto grande	tidak besar	[tidaʾ besar]
noncurante (negligente)	ceroboh	[tʃeroboh]
normale (agg)	normal	[normal]
notevole (agg)	signifikan, luar biasa	[signifikan], [luar biasa]
nuovo (agg)	baru	[baru]
obbligatorio (agg)	wajib	[wadʒib]
opaco (colore)	kusam	[kusam]
opposto (agg)	bertentangan	[bertentaŋan]
ordinario (comune)	biasa	[biasa]
originale (agg)	orisinal, asli	[orisinal], [asli]
ostile (agg)	bermusuhan	[bermusuhan]
passato (agg)	lalu	[lalu]
per bambini	kanak-kanak	[kanaʾ-kanaʾ]
perfetto (agg)	cemerlang	[tʃemerlaŋ]
pericoloso (agg)	berbahaya	[berbahaja]
permanente (agg)	tetap	[tetap]
personale (agg)	pribadi	[pribadi]
pesante (agg)	berat	[berat]
piatto (schermo ~)	datar	[datar]
piatto, piano (superficie ~a)	rata, datar	[rata], [datar]
piccolo (agg)	kecil	[ketʃil]
pieno (bicchiere, ecc.)	penuh	[penuh]
poco chiaro (agg)	tidak jelas	[tidaʾ dʒielas]
poco profondo (agg)	dangkal	[daŋkal]
possibile (agg)	mungkin	[muŋkin]
posteriore (agg)	belakang	[belakaŋ]
povero (agg)	miskin	[miskin]
precedente (agg)	sebelumnya	[sebelumnja]
preciso, esatto	tepat	[tepat]
premuroso (agg)	penuh perhatian	[penuh perhatian]
presente (agg)	sekarang ini, saat ini	[sekaraŋ ini], [saʾat ini]
principale (più importante)	utama	[utama]
principale (primario)	utama	[utama]
privato (agg)	pribadi	[pribadi]
probabile (agg)	mungkin	[muŋkin]
prossimo (spazio)	dekat	[dekat]
pubblico (agg)	umum	[umum]
pulito (agg)	bersih	[bersih]

puntuale (una persona ~)	tepat waktu	[tepat waktu]
raro (non comune)	jarang	[dʒaraŋ]
rischioso (agg)	riskan	[riskan]

salato (cibo)	asin	[asin]
scorso (il mese ~)	lalu	[lalu]
secco (asciutto)	kering	[keriŋ]
semplice (agg)	mudah, sederhana	[mudah], [sederhana]

sereno (agg)	tak berawan	[taʔ berawan]
sicuro (non pericoloso)	aman	[aman]
simile (agg)	mirip	[mirip]
sinistro (agg)	kiri	[kiri]

soddisfatto (agg)	puas	[puas]
solido (parete ~a)	kuat, kukuh	[kuat], [kukuh]
spazioso (stanza ~a)	lapang, luas	[lapaŋ], [luas]
speciale (agg)	khusus	[husus]
spesso (un muro ~)	tebal	[tebal]

sporco (agg)	kotor	[kotor]
stanco (esausto)	lelah	[lelah]
straniero (studente ~)	asing	[asiŋ]
stretto (scarpe ~e)	ketat	[ketat]
stretto (un vicolo ~)	sempit	[sempit]

stupido (agg)	bodoh	[bodoh]
successivo, prossimo	depan	[depan]
supplementare (agg)	tambahan	[tambahan]
surgelato (cibo ~)	beku	[beku]

tiepido (agg)	hangat	[haŋat]
tranquillo (agg)	tenang	[tenaŋ]
trasparente (agg)	transparan	[transparan]
triste (infelice)	sedih	[sedih]

triste, mesto	sedih	[sedih]
uguale (identico)	sama, serupa	[sama], [serupa]
ultimo (agg)	terakhir	[terahir]
umido (agg)	lembap	[lembap]
unico (situazione ~a)	unik	[uniʔ]

vecchio (una casa ~a)	tua	[tua]
veloce, rapido	cepat	[tʃepat]
vicino, accanto (avv)	dekat	[dekat]
vicino, prossimo	tetangga	[tetaŋga]
vuoto (un bicchiere ~)	kosong	[kosoŋ]

I 500 VERBI PRINCIPALI

252. Verbi A-C

abbagliare (vt)	menyilaukan	[mənjilaukan]
abbassare (vt)	menurunkan	[mənurunkan]
abbracciare (vt)	memeluk	[memelu']
abitare (vi)	tinggal	[tiŋgal]
accarezzare (vt)	mengusap	[məŋusap]
accendere (~ la tv, ecc.)	menyalakan	[mənjalakan]
accendere (con una fiamma)	menyalakan	[mənjalakan]
accompagnare (vt)	menemani	[mənemani]
accorgersi (vr)	memperhatikan	[memperhatikan]
accusare (vt)	menuduh	[mənuduh]
aderire a ...	ikut, bergabung	[ikut], [bərgabuŋ]
adulare (vt)	menyanjung	[mənjandʒ'uŋ]
affermare (vt)	menegaskan	[mənegaskan]
afferrare (la palla, ecc.)	menangkap	[mənaŋkap]
affittare (dare in affitto)	menyewa	[mənjewa]
aggiungere (vt)	menambah	[mənambah]
agire (Come intendi ~?)	bertindak	[bərtinda']
agitare (scuotere)	mengguncang	[məŋguntʃaŋ]
agitare la mano	melambaikan	[melambajkan]
aiutare (vt)	membantu	[membantu]
alleggerire (~ la vita)	meringankan	[meriŋankan]
allenare (vt)	melatih	[melatih]
allenarsi (vr)	berlatih	[bərlatih]
alludere (vi)	mengisyaratkan	[mənjiʃaratkan]
alzarsi (dal letto)	bangun	[baŋun]
amare (qn)	mencintai	[məntʃintaj]
ammaestrare (vt)	melatih	[melatih]
ammettere (~ qc)	mengakui	[məŋakui]
ammirare (vi)	mengagumi	[məŋagumi]
amputare (vt)	mengamputasi	[məŋamputasi]
andare (in macchina)	naik	[nai']
andare a letto	tidur	[tidur]
annegare (vi)	tenggelam	[teŋgelam]
annoiarsi (vr)	bosan	[bosan]
annotare (vt)	mencatat	[məntʃatat]
annullare (vt)	membatalkan	[membatalkan]
apparire (vi)	muncul	[muntʃul]
appartenere (vi)	kepunyaan ...	[kepunja'an ...]

appendere (~ le tende)	menggantungkan	[məŋgantuŋkan]
applaudire (vi, vt)	bertepuk tangan	[bərtepuʔ taŋan]
aprire (vt)	membuka	[membuka]

arrendersi (vr)	mengalah	[məŋalah]
arrivare (di un treno)	datang	[dataŋ]
arrossire (vi)	tersipu	[tərsipu]
asciugare (~ i capelli)	mengeringkan	[məŋeriŋkan]

ascoltare (vi)	mendengarkan	[məndeŋarkan]
aspettare (vt)	menunggu	[mənuŋgu]
aspettarsi (vr)	mengharapkan	[məŋharapkan]
aspirare (vi)	bercita-cita ...	[bərtʃita-tʃita ...]

assistere (vt)	membantu	[membantu]
assomigliare a ...	menyerupai, mirip	[mənerupaj], [mirip]
assumere (~ personale)	mempekerjakan	[mempekerdʒʲakan]
attaccare (vt)	menyerang	[mənjeraŋ]
aumentare (vi)	bertambah	[bərtambah]

aumentare (vt)	menambah	[mənambah]
autorizzare (vt)	membenarkan	[membenarkan]
avanzare (vi)	maju	[madʒʲu]
avere (vt)	mempunyai	[mempunjaj]
avere fretta	tergesa-gesa	[tərgesa-gesa]

avere paura	takut	[takut]
avvertire (vt)	memperingatkan	[memperiŋatkan]
avviare (un progetto)	meluncurkan	[meluntʃurkan]
avvicinarsi (vr)	mendekati	[məndekati]

basarsi su ...	berdasarkan ...	[bərdasarkan ...]
bastare (vi)	cukup	[tʃukup]
battersi (~ contro il nemico)	berjuang	[bərdʒʲuaŋ]
bere (vi, vt)	minum	[minum]
bruciare (vt)	membakar	[membakar]

bussare (alla porta)	mengetuk	[məŋetuʔ]
cacciare (vt)	berburu	[bərburu]
cacciare via	mengusir	[məŋusir]
calmare (vt)	menenangkan	[mənenaŋkan]

cambiare (~ opinione)	mengubah	[məŋubah]
camminare (vi)	berjalan	[bərdʒʲalan]
cancellare (gomma per ~)	menghapuskan	[məŋhapuskan]
canzonare (vt)	mencemooh	[məntʃemooh]

capeggiare (vt)	memimpin	[memimpin]
capire (vt)	mengerti	[məŋerti]
capovolgere (~ qc)	membalikkan	[membaliʔkan]
caricare (~ un camion)	memuat	[memuat]
caricare (~ una pistola)	mengisi	[məŋisi]

cenare (vi)	makan malam	[makan malam]
cercare (vt)	mencari ...	[məntʃari ...]
cessare (vt)	menghentikan	[məŋhentikan]

chiamare (nominare)	menamakan	[mənamakan]
chiamare (rivolgersi a)	memanggil	[memaŋgil]
chiedere (~ aiuto)	memanggil	[memaŋgil]
chiedere (domandare)	meminta	[meminta]
chiudere (~ la finestra)	menutup	[mənutup]
citare (vt)	mengutip	[məŋutip]
cogliere (fiori, ecc.)	memetik	[memeti']
collaborare (vi)	bekerja sama	[bekerdʒʲa sama]
collocare (vt)	menempatkan	[mənempatkan]
coltivare (vt)	menanam	[mənanam]
combattere (vi)	bertempur	[bərtempur]
cominciare (vt)	memulai	[memulaj]
compensare (vt)	mengganti rugi	[məŋganti rugi]
competere (vi)	bersaing	[bərsajŋ]
compilare (vt)	menyusun	[mənyusun]
complicare (vt)	memperumit	[memperumit]
comporre	menggubah	[məŋgubah]
(~ un brano musicale)		
comportarsi (vr)	berkelakuan	[bərkelakuan]
comprare (vt)	membeli	[membeli]
compromettere (vt)	mencemarkan	[mənt∫emarkan]
concentrarsi (vr)	berkonsentrasi	[bərkonsentrasi]
condannare (vt)	menjatuhkan hukuman	[məndʒʲatuhkan hukuman]
confessarsi (vr)	mengaku salah	[məŋaku salah]
confondere (vt)	bingung membedakan	[biŋuŋ membedakan]
confrontare (vt)	membandingkan	[membandiŋkan]
congratularsi (con qn per qc)	mengucapkan selamat	[məŋut∫apkan selamat]
conoscere (qn)	kenal	[kenal]
consigliare (vt)	menasihati	[mənasihati]
consultare (medico, ecc.)	berkonsultasi dengan	[bərkonsultasi deŋan]
contagiare (vt)	menulari	[mənulari]
contagiarsi (vr)	terinfeksi, tertular ...	[tərinfeksi], [tərtular ...]
contare (calcolare)	menghitung	[məŋhituŋ]
contare su ...	mengharapkan ...	[məŋharapkan ...]
continuare (vt)	meneruskan	[məneruskan]
controllare (vt)	mengontrol	[məŋontrol]
convincere (vt)	meyakinkan	[meyakinkan]
convincersi (vr)	yakin	[yakin]
coordinare (vt)	mengoordinasikan	[məŋoordinasikan]
correggere (vt)	mengoreksi	[məŋoreksi]
correre (vi)	berlari	[bərlari]
costare (vt)	berharga	[bərharga]
costringere (vt)	memaksa	[memaksa]
creare (vt)	menciptakan	[mənt∫iptakan]
credere (vt)	percaya	[pərt∫aja]
curare (vt)	merawat	[merawat]

253. Verbi D-G

dare (vt)	memberi	[memberi]
dare da mangiare	memberi makan	[memberi makan]
dare istruzioni	mengajari	[məŋadʒ'ari]
decidere (~ di fare qc)	memutuskan	[memutuskan]
decollare (vi)	lepas landas	[lepas landas]
decorare (adornare)	menghiasi	[məŋhiasi]
decorare (qn)	menganugerahi	[məŋanugerahi]
dedicare (~ un libro)	mendedikasikan	[məndedikasikan]
denunciare (vt)	mengadukan	[məŋadukan]
desiderare (vt)	menghendaki	[məŋhendaki]
difendere (~ un paese)	membela	[membela]
difendersi (vr)	membela diri	[membela diri]
dimenticare (vt)	melupakan	[melupakan]
dipendere da ...	tergantung pada ...	[tərgantuŋ pada ...]
dire (~ la verità)	berkata	[bərkata]
dirigere (~ un'azienda)	memimpin	[memimpin]
discutere (vt)	membicarakan	[membitʃarakan]
disprezzare (vt)	benci, membenci	[bentʃi], [membentʃi]
distribuire (~ volantini, ecc.)	mengedarkan	[məŋedarkan]
distribuire (vt)	membagi-bagikan	[membagi-bagikan]
distruggere (~ documenti)	menghancurkan	[məŋhantʃurkan]
disturbare (vt)	mengganggu	[məŋgaŋu]
diventare pensieroso	termenung	[tərmenuŋ]
diventare, divenire	menjadi	[məndʒ'adi]
divertire (vt)	menghibur	[məŋhibur]
divertirsi (vr)	bersukaria	[bərsukaria]
dividere (vt)	membagi	[membagi]
dovere (v aus)	harus	[harus]
dubitare (vi)	ragu-ragu	[ragu-ragu]
eliminare (un ostacolo)	menyingkirkan	[mənjiŋkirkan]
emanare (~ odori)	memancarkan	[memantʃarkan]
emanare odore	berbau	[berbau]
emergere (sommergibile)	timbul ke permukaan air	[timbul ke pərmuka'an air]
entrare (vi)	masuk, memasuki	[masuk], [memasuki]
equipaggiare (vt)	memperlengkapi	[memperleŋkapi]
ereditare (vt)	mewarisi	[mewarisi]
esaminare (~ una proposta)	mempertimbangkan	[mempertimbaŋkan]
escludere (vt)	memecat	[memetʃat]
esigere (vt)	menuntut	[mənuntut]
esistere (vi)	ada	[ada]
esprimere (vt)	mengungkapkan	[məŋuŋkapkan]
essere (vi)	ialah, adalah	[ialah], [adalah]
essere arrabbiato con ...	marah (dengan ...)	[marah (deŋan ...)]
essere causa di ...	menyebabkan ...	[mənebabkan ...]

essere conservato	diawetkan	[diawetkan]
essere d'accordo	setuju	[setudʒʲu]
essere diverso da ...	berbeza	[bərbeza]
essere in guerra	berperang	[bərperaŋ]
essere necessario	dibutuhkan	[dibutuhkan]
essere perplesso	bingung	[biŋuŋ]

essere preoccupato	khawatir	[hawatir]
essere sdraiato	berbaring	[bərbariŋ]
estinguere (~ un incendio)	memadamkan	[memadamkan]
evitare (vt)	mengelak	[məŋelaʔ]
far arrabbiare	membuat marah	[membuat marah]

far conoscere	memperkenalkan	[memperkenalkan]
far fare il bagno	memandikan	[memandikan]
fare (vt)	membuat	[membuat]
fare colazione	sarapan	[sarapan]
fare copie	memperbanyak	[memperbanja?]

fare foto	memotret	[memotret]
fare il bagno	berenang	[bərenaŋ]
fare il bucato	mencuci	[mənʧuʧi]
fare la conoscenza di ...	berkenalan	[bərkenalan]

fare le pulizie	membereskan	[membereskan]
fare un bagno	mandi	[mandi]
fare un rapporto	melaporkan	[melaporkan]
fare un tentativo	mencoba	[mənʧoba]

fare, preparare	memasak	[memasa?]
fermarsi (vr)	berhenti	[bərhenti]
fidarsi (vt)	mempercayai	[memperʧajaj]
finire, terminare (vt)	mengakhiri	[məŋahiri]

firmare (~ un documento)	menandatangani	[mənandataŋani]
formare (vt)	membentuk	[membentu?]
garantire (vt)	menjamin	[məndʒʲamin]
gettare (~ il sasso, ecc.)	melemparkan	[melemparkan]
giocare (vi)	bermain	[bərmajn]

girare (~ a destra)	membelok, berbelok	[membelok], [bərbelo?]
girare lo sguardo	berpaling	[bərpaliŋ]
gradire (vt)	suka	[suka]
graffiare (vt)	mencakar	[mənʧakar]

gridare (vi)	berteriak	[bərteria?]
guardare (~ fisso, ecc.)	melihat	[melihat]
guarire (vi)	sembuh	[sembuh]
guidare (~ un veicolo)	menyetir mobil	[mənjetir mobil]

254. Verbi I-O

| illuminare (vt) | menyinari | [mənjinari] |
| imballare (vt) | membungkus | [membuŋkus] |

| imitare (vt) | meniru | [məniru] |
| immaginare (vt) | membayangkan | [membajaŋkan] |

importare (vt)	mengimpor	[məŋimpor]
incantare (vt)	memesona	[memesona]
indicare (~ la strada)	menunjuk	[mənundʒʲuʔ]
indignarsi (vr)	marah	[marah]

indirizzare (vt)	mengarahkan	[məŋarahkan]
indovinare (vt)	menerka	[mənerka]
influire (vt)	memengaruhi	[memeŋaruhi]
informare (vt)	menginformasikan	[məŋinformasikan]

informare di ...	memberi tahu	[memberi tahu]
ingannare (vt)	menipu	[mənipu]
innaffiare (vt)	menyiram	[mənjiram]
innamorarsi di ...	jatuh cinta (dengan ...)	[dʒʲatuh tʃinta (dəŋan ...)]

insegnare (qn)	mengajar	[məŋadʒʲar]
inserire (vt)	menyisipkan	[mənjisipkan]
insistere (vi)	mendesak	[məndesaʔ]
insultare (vt)	menghina	[məŋhina]
interessare (vt)	menimbulkan minat	[mənimbulkan minat]

interessarsi di ...	menaruh minat pada ...	[mənaruh minat pada ...]
intervenire (vi)	campur tangan	[tʃampur taŋan]
intraprendere (vt)	mengusahakan	[məŋusahakan]
intravedere (vt)	memperhatikan	[memperhatikan]
inventare (vt)	menemukan	[mənemukan]

inviare (~ una lettera)	mengirim	[məŋirim]
invidiare (vt)	iri	[iri]
invitare (vt)	mengundang	[məŋundaŋ]
irritare (vt)	menjengkelkan	[məndʒʲeŋkelkan]

irritarsi (vr)	jengkel	[dʒʲeŋkel]
iscrivere (su una lista)	mendaftarkan	[məndaftarkan]
isolare (vt)	mengisolasi	[məŋisolasi]
ispirare (vt)	mengilhami	[məŋilhami]
lamentarsi (vr)	mengeluh	[məŋeluh]

lasciar cadere	menjatuhkan	[məndʒʲatuhkan]
lasciare (abbandonare)	meninggalkan	[məniŋgalkan]
lasciare (ombrello, ecc.)	meninggalkan	[məniŋgalkan]
lavare (vt)	mencuci	[məntʃutʃi]

lavorare (vi)	bekerja	[bekerdʒʲa]
legare (~ qn a un albero)	mengikat ke ...	[məŋikat ke ...]
legare (~ un prigioniero)	mengikat	[məŋikat]
leggere (vi, vt)	membaca	[membatʃa]

liberare (vt)	membebaskan	[membebaskan]
liberarsi (~ di qn, qc)	terhindar dari ...	[tərhindar dari ...]
limitare (vt)	membatasi	[membatasi]
lottare (sport)	bergulat	[bərgulat]
mancare le lezioni	absen	[absen]

235

mangiare (vi, vt)	makan	[makan]
memorizzare (vt)	menghafalkan	[məŋhafalkan]
mentire (vi)	berbohong	[bərbohoŋ]

menzionare (vt)	menyebut	[mənjebut]
meritare (vt)	patut	[patut]
mescolare (vt)	mencampur	[məntʃampur]
mettere fretta a ...	menggesa-gesakan	[məŋgesa-gesakan]
mettere in ordine	membereskan	[membereskan]

mettere via	membenahi	[membenahi]
mettere, collocare	meletakkan	[meleta'kan]
minacciare (vt)	mengancam	[məŋantʃam]
mirare, puntare su ...	membidik	[membidi']
moltiplicare (vt)	mengalikan	[məŋalikan]

mostrare (vt)	menunjukkan	[mənundʒu'kan]
nascondere (vt)	menyembunyikan	[mənjembunjikan]
negare (vt)	memungkiri	[memuŋkiri]
negoziare (vi)	bernegosiasi	[bərnegosiasi]

noleggiare (~ una barca)	menyewa	[mənjewa]
nominare (incaricare)	melantik	[melanti']
nuotare (vi)	berenang	[bərenaŋ]
obbedire (vi)	mematuhi	[mematuhi]

obiettare (vt)	berkeberatan	[bərkeberatan]
occorrere (vi)	dibutuhkan	[dibutuhkan]
odorare (sentire odore)	mencium	[məntʃium]
offendere (qn)	menyinggung	[mənjiŋguŋ]

omettere (vt)	menghilangkan	[məniŋgalkan]
ordinare (~ il pranzo)	memesan	[memesan]
ordinare (mil.)	memerintahkan	[memerintahkan]
organizzare (vt)	mengatur	[məŋatur]

origliare (vi)	mencuri dengar	[məntʃuri deŋar]
ormeggiarsi (vr)	merapat	[merapat]
osare (vt)	berani	[bərani]
osservare (vt)	mengamati	[məŋamati]

255. Verbi P-R

pagare (vi, vt)	membayar	[membajar]
parlare con ...	bebicara dengan ...	[bebitʃara deŋan ...]
partecipare (vi)	turut serta	[turut serta]
partire (vi)	pergi	[pergi]

peccare (vi)	berdosa	[bərdosa]
penetrare (vi)	menyusup	[mənyusup]
pensare (credere)	yakin	[yakin]
pensare (vi, vt)	berpikir	[bərpikir]
perdere (ombrello, ecc.)	kehilangan	[kehilaŋan]
perdonare (vt)	memaafkan	[mema'afkan]

| permettere (vt) | mengizinkan | [məŋizinkan] |
| pesare (~ molto) | berbobot | [bərbobot] |

pescare (vi)	memancing	[memantʃiŋ]
pettinarsi (vr)	bersisir, menyisir	[bərsisir], [menjisir]
piacere (vi)	suka	[suka]
piangere (vi)	menangis	[mənaŋis]

pianificare (~ di fare qc)	merencanakan	[merentʃanakan]
picchiare (vt)	memukul	[memukul]
picchiarsi (vr)	berkelahi	[bərkelahi]
portare (qc a qn)	membawa	[membawa]

portare via	membawa pulang	[membawa pulaŋ]
possedere (vt)	memiliki	[memiliki]
potere (vi)	bisa	[bisa]
pranzare (vi)	makan siang	[makan siaŋ]

preferire (vt)	lebih suka	[lebih suka]
pregare (vi, vt)	bersembahyang, berdoa	[bərsembahjaŋ], [bərdoa]
prendere (vt)	mengambil	[məŋambil]
prendere in prestito	meminjam	[memindʒʲam]

prendere nota	mencatat	[məntʃatat]
prenotare (~ un tavolo)	memesan	[memesan]
preoccupare (vt)	membuat khawatir	[membuat hawatir]
preoccuparsi (vr)	khawatir	[hawatir]

preparare (~ un piano)	menyiapkan	[mənjiapkan]
presentare (~ qn)	memperkenalkan	[memperkenalkan]
preservare (~ la pace)	melestarikan	[melestarikan]
prevalere (vi)	mendominasi	[mendominasi]

prevedere (vt)	menduga	[menduga]
privare (vt)	merampas	[merampas]
progettare (edificio, ecc.)	mendesain	[mendesajn]
promettere (vt)	berjanji	[bərdʒʲandʒi]

pronunciare (vt)	melafalkan	[melafalkan]
proporre (vt)	mengusulkan	[məŋusulkan]
proteggere (vt)	melindungi	[melinduŋi]
protestare (vi)	memprotes	[memprotes]

provare (vt)	membuktikan	[membuktikan]
provocare (vt)	memicu	[memitʃu]
pubblicizzare (vt)	mengiklankan	[məŋiklankan]
pulire (vt)	membersihkan	[membersihkan]

pulirsi (vr)	membersihkan	[membersihkan]
punire (vt)	menghukum	[məŋhukum]
raccomandare (vt)	merekomendasi	[merekomendasi]
raccontare (~ una storia)	menceritakan	[məntʃeritakan]
raddoppiare (vt)	menggandakan	[məŋgandakan]

| rafforzare (vt) | mengukuhkan | [məŋukuhkan] |
| raggiungere (arrivare a) | mencapai | [məntʃapaj] |

raggiungere (obiettivo)	mencapai	[mənʧapaj]
rammaricarsi (vr)	menyesal	[mənjesal]

rasarsi (vr)	bercukur	[bərʧukur]
realizzare (vt)	melaksanakan	[melaksanakan]
recitare (~ un ruolo)	berperan	[bərperan]
regolare (~ un conflitto)	menyelesaikan	[mənjelesajkan]

respirare (vi)	bernapas	[bərnapas]
riconoscere (~ qn)	mengenali	[məɲenali]
ricordare (a qn di fare qc)	mengingatkan ...	[məŋiŋatkan ...]
ricordare (vt)	ingat	[iŋat]
ricordarsi di (~ qn)	mengingat	[məŋiŋat]

ridere (vi)	tertawa	[tərtawa]
ridurre (vt)	mengurangi	[məɲuraŋi]
riempire (vt)	memenuhi	[memenuhi]
rifare (vt)	mengulangi	[məɲulaŋi]

rifiutare (vt)	menolak	[mənola']
rimandare (vt)	mengirim kembali	[məɲirim kembali]
rimproverare (vt)	menegur	[mənegur]
rimuovere (~ una macchia)	menghapuskan	[məŋhapuskan]

ringraziare (vt)	mengucapkan terima kasih	[məɲuʧapkan tərima kasih]
riparare (vt)	memperbaiki	[memperbajki]
ripetere (ridire)	mengulangi	[məɲulaŋi]
riposarsi (vr)	beristirahat	[bəristirahat]
risalire a (data, periodo)	berasal dari tahun ...	[bərasal dari tahun ...]

rischiare (vi, vt)	merisikokan	[merisikokan]
risolvere (~ un problema)	menyelesaikan	[mənjelesajkan]
rispondere (vi, vt)	menjawab	[mənʤawab]
ritornare (vi)	kembali	[kembali]

rivolgersi a ...	memanggil	[memaŋgil]
rompere (~ un oggetto)	memecahkan	[memeʧahkan]
rovesciare (~ il vino, ecc.)	menumpahkan	[mənumpahkan]
rubare (~ qc)	mencuri	[mənʧuri]

256. Verbi S-V

salpare (vi)	bertolak	[bərtola']
salutare (vt)	menyambut	[mənjambut]
salvare (~ la vita a qn)	menyelamatkan	[mənjelamatkan]
sapere (qc)	tahu	[tahu]

sbagliare (vi)	salah	[salah]
scaldare (vt)	memanaskan	[memanaskan]
scambiare (vt)	menukar	[mənukar]
scambiarsi (vr)	bertukar	[bərtukar]

scavare (~ un tunnel)	menggali	[məŋgali]
scegliere (vt)	memilih	[memilih]

| scendere (~ per le scale) | turun | [turun] |
| scherzare (vi) | bergurau | [bərgurau] |

schiacciare (~ un insetto)	menghancurkan	[məŋhantʃurkan]
scoppiare (vi)	putus	[putus]
scoprire (vt)	menanyakan	[mənanjakan]
scoprire (vt)	menemukan	[mənemukan]

screpolarsi (vr)	retak	[retaʔ]
scrivere (vi, vt)	menulis	[mənulis]
scusare (vt)	memaafkan	[mema'afkan]
scusarsi (vr)	meminta maaf	[meminta ma'af]
sedere (vi)	duduk	[dudu']

sedersi (vr)	duduk	[dudu']
segnare (~ con una croce)	menandai	[mənandaj]
seguire (vt)	mengikuti ...	[məŋikuti ...]
selezionare (vt)	memilih	[memilih]
seminare (vt)	menanam	[mənanam]

semplificare (vt)	menyederhanakan	[mənjederhanakan]
sentire (percepire)	merasa	[merasa]
servire (~ al tavolo)	melayani	[melajani]
sgridare (vt)	memarahi, menegur	[memarahi], [menegur]

significare (vt)	berarti	[bərarti]
slegare (vt)	membuka ikatan	[membuka ikatan]
smettere di parlare	berhenti berbicara	[bərhenti bərbitʃara]
soddisfare (vt)	memuaskan	[memuaskan]

soffiare (vento, ecc.)	meniup	[məniup]
soffrire (provare dolore)	menderita	[mənderita]
sognare (fantasticare)	bermimpi	[bərmimpi]
sognare (fare sogni)	bermimpi	[bərmimpi]

sopportare (~ il freddo)	menahan	[mənahan]
sopravvalutare (vt)	menilai terlalu tinggi	[mənilaj tərlalu tiŋi]
sorpassare (vt)	melewati	[melewati]
sorprendere (stupire)	mengherankan	[məŋherankan]
sorridere (vi)	tersenyum	[tərsenyum]

sospettare (vt)	mencurigai	[məntʃurigaj]
sospirare (vi)	mendesah	[mendesah]
sostenere (~ una causa)	mendukung	[mendukuŋ]
sottolineare (vt)	menggaris bawahi	[məŋgaris bawahi]

sottovalutare (vt)	meremehkan	[meremehkan]
sovrastare (vi)	mejulang tinggi ...	[medʒulaŋ tiŋi ...]
sparare (vi)	menembak	[mənembaʔ]
spargersi (zucchero, ecc.)	tercecer	[tərtʃetʃer]

sparire (vi)	menghilang	[məŋhilaŋ]
spegnere (~ la luce)	mematikan	[mematikan]
sperare (vi, vt)	berharap	[bərharap]
spiare (vt)	mencuri lihat	[məntʃuri lihat]
spiegare (vt)	menjelaskan	[məndʒelaskan]

spingere (~ la porta)	mendorong	[məndoroŋ]
splendere (vi)	bersinar	[bərsinar]
sporcarsi (vr)	kena kotor	[kena kotor]

sposarsi (vr)	menikah, beristri	[mənikah], [bəristri]
spostare (~ i mobili)	memindahkan	[memindahkan]
sputare (vi)	meludah	[meludah]
staccare (vt)	memotong	[memotoŋ]
stancare (vt)	melelahkan	[melelahkan]

stancarsi (vr)	lelah	[lelah]
stare (sul tavolo)	terletak	[tərletaʔ]
stare (vi)	sedang	[sedaŋ]
stare bene (vestito)	pas, cocok	[pas], [ʧoʧoʔ]

stirare (con ferro da stiro)	menyeterika	[mənjeterika]
strappare (vt)	merobek	[merobeʔ]
studiare (vt)	mempelajari	[mempeladʒ'ari]
stupirsi (vr)	heran	[heran]

supplicare (vt)	memohon	[memohon]
supporre (vt)	menduga	[mənduga]
sussultare (vi)	tersentak	[tərsentaʔ]
svegliare (vt)	membangunkan	[membaŋunkan]

tacere (vi)	diam	[diam]
tagliare (vt)	memotong	[memotoŋ]
tenere (conservare)	menyimpan	[mənjimpan]
tentare (vt)	mencoba	[mənʧoba]

tirare (~ la corda)	menarik	[mənariʔ]
toccare (~ il braccio)	menyentuh	[mənjentuh]
togliere (rimuovere)	mengangkat	[məŋaŋkat]
tradurre (vt)	menerjemahkan	[mənerdʒ'emahkan]

trarre una conclusione	menarik kesimpulan	[mənariʔ kesimpulan]
trasformare (vt)	mengubah	[məŋubah]
trattenere (vt)	menahan	[mənahan]
tremare (~ dal freddo)	menggigil	[məŋgigil]

trovare (vt)	menemukan	[mənemukan]
tuffarsi (vr)	menyelam	[mənjelam]
uccidere (vt)	membunuh	[membunuh]
udire (percepire suoni)	mendengar	[məndeŋar]

unire (vt)	menyatukan	[mənjatukan]
usare (vt)	menggunakan ...	[məŋgunakan ...]
uscire (andare fuori)	keluar	[keluar]
uscire (libro)	terbit	[terbit]

utilizzare (vt)	memakai	[memakaj]
vaccinare (vt)	memvaksinasi	[memvaksinasi]
vantarsi (vr)	membual	[membual]
vendere (vt)	menjual	[məndʒ'ual]
vendicare (vt)	membalas dendam	[membalas dendam]
versare (~ l'acqua, ecc.)	menuangkan	[mənuaŋkan]

vietare (vt)	melarang	[melaraŋ]
vivere (vi)	hidup	[hidup]
volare (vi)	terbang	[tərbaŋ]
voler dire (significare)	berarti	[bərarti]
volere (desiderare)	mau, ingin	[mau], [iŋin]
votare (vi)	memberikan suara	[memberikan suara]

Printed in Great Britain
by Amazon